高等职业教育计算机类课程
新形态一体化教材

高等职业教育"新专标"
计算机类课程系列教材

openEuler
操作系统项目化教程

主　编　陈金莲　谢晖晖　杨志刚
副主编　邓　浩　曾庆华　邹圣林　司敏娜　李胜勇

中国教育出版传媒集团
高等教育出版社·北京

内容提要

本书以国产操作系统 openEuler 为平台,采用"项目引领、任务驱动"的编写模式,以企业真实的系统运维场景为依托,打造出理论与实践并重的实用型教材。

本书分为三大模块,包括操作系统入门、系统管理与应用、常用服务配置与应用。通过 12 个典型项目串联全书内容,构建完整的知识与能力框架。每个项目包括学习目标、知识储备、项目实施、能力拓展、思考与练习等环节,并辅以"IT 工程师素养小课堂"专栏,融入国产软硬件产业背景、国产芯片发展等拓展内容。

本书配有微课视频、PPT 课件、电子教案、习题解答等丰富的数字化学习资源。与本书配套的数字课程"openEuler 操作系统应用"在"智慧职教"平台(www.icve.com.cn)上线,学习者可登录平台进行在线学习,授课教师可调用本课程构建符合自身教学特色的 SPOC 课程,详见"智慧职教"服务指南。授课教师也可登录"高等教育出版社产品信息检索系统"(xuanshu.hep.com.cn)搜索并下载本书配套教学资源,首次使用本系统的用户,请先进行注册并完成教师资格认证。

本书适合作为高等职业院校电子信息类相关专业的操作系统课程教材,也适合企业系统运维从业人员及 openEuler 认证备考者参考使用。

图书在版编目(CIP)数据

openEuler 操作系统项目化教程 / 陈金莲,谢晖晖,杨志刚主编. -- 北京:高等教育出版社,2025.8.

ISBN 978-7-04-065192-8

Ⅰ. TP316.85

中国国家版本馆 CIP 数据核字第 2025PG3341 号

openEuler Caozuo Xitong Xiangmuhua Jiaocheng

策划编辑	刘子峰	责任编辑	刘子峰	封面设计	赵 阳	版式设计	马 云
责任绘图	裴一丹	责任校对	陈 杨	责任印制	刁 毅		

出版发行	高等教育出版社	网 址	http://www.hep.edu.cn
社 址	北京市西城区德外大街 4 号		http://www.hep.com.cn
邮政编码	100120	网上订购	http://www.hepmall.com.cn
印 刷	北京市大天乐投资管理有限公司		http://www.hepmall.com
开 本	787 mm×1092 mm 1/16		http://www.hepmall.cn
印 张	17.75		
字 数	420 千字	版 次	2025 年 8 月第 1 版
购书热线	010-58581118	印 次	2025 年 8 月第 1 次印刷
咨询电话	400-810-0598	定 价	48.50 元

本书如有缺页、倒页、脱页等质量问题,请到所购图书销售部门联系调换
版权所有 侵权必究
物 料 号 65192-00

"智慧职教"服务指南

"智慧职教"（www.icve.com.cn）是由高等教育出版社建设和运营的职业教育数字教学资源共建共享平台和在线课程教学服务平台，与教材配套课程相关的部分包括资源库平台、职教云平台和 App 等。用户通过平台注册，登录即可使用该平台。

- 资源库平台：为学习者提供本教材配套课程及资源的浏览服务。

登录"智慧职教"平台，在首页搜索框中搜索"openEuler 操作系统应用"，找到对应作者主持的课程，加入课程参加学习，即可浏览课程资源。

- 职教云平台：帮助任课教师对本教材配套课程进行引用、修改，再发布为个性化课程（SPOC）。

1. 登录职教云平台，在首页单击"新增课程"按钮，根据提示设置要构建的个性化课程的基本信息。

2. 进入课程编辑页面设置教学班级后，在"教学管理"的"教学设计"中"导入"教材配套课程，可根据教学需要进行修改，再发布为个性化课程。

- App：帮助任课教师和学生基于新构建的个性化课程开展线上线下混合式、智能化教与学。

1. 在应用市场搜索"智慧职教+"App，下载安装。

2. 登录 App，任课教师指导学生加入个性化课程，并利用 App 提供的各类功能，开展课前、课中、课后的教学互动，构建智慧课堂。

"智慧职教"使用帮助及常见问题解答请访问 help.icve.com.cn。

前　　言

当前，全球信息技术正经历深刻变革，自主可控与信息安全成为国家战略的重要支撑。党的二十大报告中明确提出，要"加快实现高水平科技自立自强""推动创新链产业链资金链人才链深度融合"，强调核心技术自主创新是推动高质量发展的关键，也为国产软硬件产业的发展指明了方向。在此背景下，国产操作系统的研发与应用不仅是技术自主可控的关键突破，更是保障国家信息安全、实现数字经济高质量发展的重要基石。国产操作系统作为信息基础设施的"底座"，其研发与应用成为实现科技强国目标的重要环节。

国产操作系统 openEuler 凭借其开源、安全、高效的技术特性，已成为众多国产软件产品的中坚力量。同时，该系统针对国产芯片也不断进行深度优化，并已广泛应用于服务器、云计算、边缘计算等领域，为千行万业的数字化转型提供了坚实支撑。

本书的编写正是基于这一背景，以 openEuler 为核心载体，将行业需求与教学目标深度融合。通过系统化、项目化的设计，帮助学习者掌握国产操作系统的部署、运维与开发技能，同时培养其自主创新意识与信息安全素养，为相关应用企业输送既懂理论又擅长实践的复合型人才。

本书分为三大模块，包括操作系统入门、系统管理与应用、常用服务配置与应用，并通过 12 个典型项目串联全书内容，构建完整的知识与能力框架。每个项目包括学习目标、知识储备、项目实施、能力拓展、思考与练习等环节，并辅以"IT 工程师素养小课堂"专栏，融入国产软硬件产业背景、国产芯片发展等拓展内容，以期为国产软硬件产业输送兼具专业技能与职业素养的高素质技能人才，满足数字经济时代国产化信息技术岗位需求。

本书主要特色如下。

1．贯彻党的二十大精神，强化自主创新意识：本书深度融入"科技自立自强"理念，通过介绍 openEuler 的国产化演进历程与技术突破，激发学生的民族自豪感与创新使命感。项目设计中强调对国产芯片、操作系统的适配与优化，引导学生关注核心技术自主可控的重要性。

2．德育元素有机渗透，培养职业素养：每个项目设置"IT 工程师素养小课堂"栏目，结合行业新知（如信创产业发展、数据安全）与传统文化（如"技艺之道，唯手熟尔"），培养学生的信息安全意识、精益求精的工匠精神以及团队协作能力。例如，在"用户权限管理"项目中，通过分析账号安全威胁与保护策略，强化学生的职业道德与社会责任感。

3．产教深度融合，对接真实场景：本书内容由高校教师与企业专家联合开发，将企业真实场景需求拆解为任务点，结合 HCIA 和 HCIP 认证考点，确保教学内容与行业需求无缝衔接。通过虚拟化环境搭建、多服务器协同运维等实战任务，提升学生的工程实践能力，助力"岗课赛证"融通培养。

4．项目驱动，注重能力进阶：采用"基础任务+拓展任务"双轨设计，既满足初学者夯实基础的需求，又为进阶学习者提供技术深化的空间。例如，"存储管理"项目不仅涵盖

MBR/GPT 分区操作，还引入 LVM 逻辑卷管理与数据保护策略，培养学生的综合运维能力。

  本书条理清晰、难易可控，理论结合实际，讲解深入浅出、通俗易懂，并附有大量的逻辑图、表格、实例和 HCIA/HCIP 模拟题。此外，本书配有丰富的数字化教学资源，如任务实录、难点突破微课、技能拓展阅读、HCIA/HCIP 在线模拟答题和测试等，并提供完整的在线课程，体现现代信息技术与教育教学的深度融合，进一步推动教育数字化发展。希望本书能为广大学子打开 openEuler 世界的大门，助其成长为兼具技术实力与家国情怀的"数字工匠"，为构建安全可控的信息技术体系贡献自己的力量。

  本书由黄冈职业技术学院的陈金莲、湖北财税职业学院的谢晖晖、湖北黄冈应急管理职业技术学院的杨志刚担任主编，湖北国土资源职业学院的邓浩、联想（上海）科技有限公司的曾庆华、武汉誉天互联科技有限责任公司的邹圣林、黄冈科技职业学院的司敏娜、长江工程职业技术学院的李胜勇担任副主编。本书的编写也得到华为技术有限公司及多所高职院校的大力支持，在此感谢华为开源团队提供技术指导与资源开放，感谢多位一线工程师分享行业实践经验，并感谢各位参编教师的辛勤付出与创新探索。同时，特别致敬所有为国产操作系统发展默默奉献的开发者与教育工作者，正是他们的努力，为本书奠定了坚实的技术与思想基础。

  由于编者的水平有限，书中难免存在疏漏和不足之处，敬请广大读者批评指正。

编 者

2025 年 4 月

目 录

模块 1　操作系统入门

项目 1　操作系统概述及 openEuler 系统安装 ················ 3
【学习目标】 ·································· 3
1.1　知识储备 ······························· 3
 1.1.1　操作系统概述 ················ 3
 1.1.2　Linux 发展历程 ············· 4
 1.1.3　openEuler 简介 ············· 4
1.2　项目实施 ······························· 6
 任务 1：VirtualBox 应用 ············ 6
 任务 2：openEuler 系统安装 ········ 9
 任务 3：实现远程登录 ·············· 15
1.3　能力拓展 ····························· 16
 拓展任务 1：修改系统的启动顺序和固件类型 ···················· 16
 拓展任务 2：在宿主机与虚拟机之间传输数据 ···················· 18
【IT 工程师素养小课堂】行业新知——信创概述 ························· 19
1.4　项目小结 ····························· 19
1.5　思考与练习 ·························· 20

项目 2　命令行基础 ·················· 21
【学习目标】 ································ 21
2.1　知识储备 ····························· 21
 2.1.1　命令及命令格式 ············· 21
 2.1.2　内部命令与外部命令 ········ 22
 2.1.3　命令的执行 ·················· 22
 2.1.4　命令提示符解析 ············· 23
 2.1.5　X-Windows ················· 24
2.2　项目实施 ····························· 24
 任务 1：命令入门 ·················· 24
 任务 2：关机、重启类命令应用 ··· 25
 任务 3：其他入门命令应用 ········ 26
 任务 4：使用帮助命令 ············· 30
2.3　能力拓展 ····························· 31
 拓展任务 1：如何提高命令输入速度 ···· 31
 拓展任务 2：常见错误信息分析 ···· 33
2.4　项目小结 ····························· 34
2.5　思考与练习 ·························· 34

项目 3　文件系统操作 ··············· 36
【学习目标】 ································ 36
3.1　知识储备 ····························· 36
 3.1.1　文件系统概述 ················ 36
 3.1.2　Linux 文件系统结构 ········ 37
 3.1.3　路径 ··························· 38
 3.1.4　Linux 文件类型 ············· 38
3.2　项目实施 ····························· 39
 任务 1：目录管理 ·················· 39
 任务 2：文件管理操作 ············· 42
 任务 3：文本处理操作 ············· 44
 任务 4：文件的压缩与解压缩 ····· 47
 任务 5：vim 编辑器的基本应用 ·· 50
 任务 6：文本的非交互编辑 ········ 52
3.3　能力拓展 ····························· 55
 拓展任务 1：文本编辑器 vim 扩展应用 ························· 55
 拓展任务 2：管道及重定向命令的应用 ························· 56
【IT 工程师素养小课堂】铸魂——国产操作系统介绍 ··················· 58
3.4　项目小结 ····························· 59
3.5　思考与练习 ·························· 59

模块 2　系统管理与应用

项目 4　用户及权限管理 65
【学习目标】 65
4.1　知识储备 65
4.1.1　Linux 用户及类型 65
4.1.2　Linux 用户配置文件 66
4.1.3　Linux 用户组及类型 67
4.1.4　Linux 用户组配置文件 68
4.1.5　Linux 文件权限 69
4.1.6　Linux 文件权限的数字表达法 69
4.2　项目实施 70
任务 1：管理用户账户 70
任务 2：管理用户组 72
任务 3：管理 Linux 文件权限 74
任务 4：管理文件访问控制列表 77
4.3　能力拓展 78
拓展任务 1：分析账号无法登录的各种原因 78
拓展任务 2：配置账号安全策略 /etc/login.defs 79
拓展任务 3：Linux 特殊权限的应用 80
拓展任务 4：初识 SELinux 83
【IT 工程师素养小课堂】信息社会中的账号密码威胁与防御指南 84
4.4　项目小结 86
4.5　思考与练习 86

项目 5　存储管理 89
【学习目标】 89
5.1　知识储备 89
5.1.1　存储系统 89
5.1.2　磁盘概述 90
5.1.3　磁盘分区表 90
5.1.4　Linux 系统中的磁盘标识 92
5.1.5　磁盘管理步骤 93
5.2　项目实施 94
任务 1：MBR 磁盘管理 94
任务 2：GPT 磁盘管理 101
任务 3：自动挂载分区 103
5.3　能力拓展 104
拓展任务 1：使用逻辑卷管理器（LVM） 104
拓展任务 2：管理交换分区 112
【IT 工程师素养小课堂】数据即资产——硬盘中数据面临的威胁与保护策略 114
5.4　项目小结 116
5.5　思考与练习 116

项目 6　网络管理 121
【学习目标】 121
6.1　知识储备 121
6.1.1　网络节点参数 121
6.1.2　网络管理工具 NetworkManager 122
6.2　项目实施 122
任务 1：ifconfig 命令的应用 122
任务 2：IP 命令的应用 123
任务 3：通过配置文件持久化网络参数 127
任务 4：nmcli 命令的应用 129
任务 5：其他常用网络命令的应用 133
6.3　能力拓展 135
拓展任务 1：VirtualBox 中虚拟网络的应用 135
拓展任务 2：firewalld 的应用 141
【IT 工程师素养小课堂】公用 Wi-Fi 安全隐患及规避方法 144
6.4　项目小结 145
6.5　思考与练习 145

项目 7　软件包管理 147
【学习目标】 147
7.1　知识储备 147
7.1.1　软件包概述 147
7.1.2　软件包间的依赖关系 148
7.2　项目实施 149
任务 1：简单软件包管理 149

任务 2：有复杂依赖关系的软件包
　　　管理 ·················· 151
任务 3：使用 dnf 命令行方式编辑
　　　仓库配置文件 ············ 156
7.3　能力拓展 ····················· 157
拓展任务 1：安装源代码包 ········· 157
拓展任务 2：配置本地软件源仓库 ··· 159
【IT 工程师素养小课堂】从 gpgcheck
属性到跨平台软件安全实践 ······ 161
7.4　项目小结 ····················· 162
7.5　思考与练习 ··················· 163

项目 8　任务与进程管理 ········· 165
【学习目标】 ························ 165
8.1　知识储备 ····················· 165
　　8.1.1　进程与程序 ············ 165
　　8.1.2　线程 ··················· 166
　　8.1.3　任务 ··················· 167
　　8.1.4　前台任务与后台任务 ··· 167
　　8.1.5　守护进程 ·············· 167
8.2　项目实施 ····················· 168
　　任务 1：一次性任务计划管理（at） ··· 168
　　任务 2：周期性任务计划管理
　　　　　（crontab） ············ 169
　　任务 3：进程管理 ············· 171
　　任务 4：作业管理 ············· 177
8.3　能力拓展 ····················· 178

拓展任务 1：管理守护进程 ········· 178
拓展任务 2：调整进程优先级 ······· 180
【IT 工程师素养小课堂】芯片生产
流程介绍 ······················· 182
8.4　项目小结 ····················· 183
8.5　思考与练习 ··················· 183

项目 9　脚本管理 ················· 186
【学习目标】 ························ 186
9.1　知识储备 ····················· 186
　　9.1.1　shell 脚本概述 ········ 186
　　9.1.2　脚本中的变量 ········· 187
　　9.1.3　运算符 ················ 187
　　9.1.4　脚本的执行逻辑 ······· 189
9.2　项目实施 ····················· 190
　　任务 1：顺序结构脚本的应用 ··· 190
　　任务 2：分支结构脚本的应用 ··· 192
　　任务 3：循环结构脚本的应用 ··· 194
9.3　能力拓展 ····················· 197
　　拓展任务 1：查看与修改环境变量 ······ 197
　　拓展任务 2：PATH 环境变量的应用 ··· 198
　　拓展任务 3：用配置文件修改环境
　　　　　　　变量 ··············· 199
【IT 工程师素养小课堂】塑芯——
国产芯片介绍 ·················· 200
9.4　项目小结 ····················· 201
9.5　思考与练习 ··················· 202

模块 3　常用服务配置与应用

项目 10　NFS 服务配置与
　　　　应用 ····················· 209
【学习目标】 ························ 209
10.1　知识储备 ···················· 209
　　10.1.1　NFS 概述 ············· 209
　　10.1.2　RPC ·················· 210
　　10.1.3　NFS 服务的工作流程 ··· 211
10.2　项目实施 ···················· 211
　　任务 1：NFS 服务基本应用 ···· 211
　　任务 2：NFS 配置文件分析 ···· 214
10.3　能力拓展 ···················· 217

拓展任务 1：客户端无法挂载共享目录
　　　　　原因分析 ··············· 217
拓展任务 2：NFS 服务的性能优化 ··· 218
拓展任务 3：认识网络存储 ········· 219
【IT 工程师素养小课堂】今天，
你 AI 了吗? ···················· 219
10.4　项目小结 ···················· 220
10.5　思考与练习 ·················· 221

项目 11　DNS 服务配置与
　　　　应用 ····················· 222
【学习目标】 ························ 222

11.1 知识储备 222
　11.1.1 DNS 概述 222
　11.1.2 DNS 的逻辑结构 223
　11.1.3 DNS 的查询方式 224
　11.1.4 正向解析与反向解析 225
　11.1.5 DNS 服务器的类型 226
　11.1.6 DNS 的记录类型 226
11.2 项目实施 227
　任务 1：DNS 服务的安装及正向查找区域的配置 227
　任务 2：反向查找区域的配置 230
　任务 3：转发器的实现 231
11.3 能力拓展 232
　拓展任务 1：利用 DNS 实现负载均衡 232
　拓展任务 2：辅助 DNS 的配置 233
　拓展任务 3：本地 DNS 应用 237
11.4 项目小结 237
11.5 思考与练习 238

项目 12　Web 服务配置与应用 239

【学习目标】 239
12.1 知识储备 239
　12.1.1 Web 概述 239
　12.1.2 Apache 240
　12.1.3 Nginx 241
　12.1.4 Apache 与 Nginx 对比 242
　12.1.5 正向代理与反向代理 242
　12.1.6 负载均衡技术 243
12.2 项目实施 244
　任务 1：Apache 的安装及基本配置 244
　任务 2：多站点共享 Apache 服务器的实现 247
　任务 3：Nginx 服务的配置 250
　任务 4：Nginx 反向代理与负载均衡的实现 252
12.3 能力拓展 255
　拓展任务 1：Web 服务器证书的实现 255
　拓展任务 2：LNMP 搭建（结合 NFS 与 DNS） 259
12.4 项目小结 268
12.5 思考与练习 268

参考文献 273

模块 1　操作系统入门

项目 1　操作系统概述及 openEuler 系统安装
项目 2　命令行基础
项目 3　文件系统操作

导学提示：本项目是操作系统学习过程中，从图形界面迈向字符终端，领悟 Linux "一切皆文件"哲学思想的关键起点，大量烦琐的命令、复杂的逻辑会令很多初学者望而生畏。但学习之路无捷径，唯有重复与试错。"技艺之道无他，唯手熟尔。"只有拿出工匠精神，反复练习体会，才能"跨过高山"，领略到 Linux 命令行操作的"独特风景"。

项目 1
操作系统概述及 openEuler 系统安装

【学习目标】

知识目标：
- 了解 Linux 的发展历史，openEuler 的发展及特点。
- 掌握 openEuler 版本的命名规则。

技能目标：
- 能正解创建虚拟机及安装 openEuler 系统。
- 能使用 ssh 的方式实现对 openEuler 的远程管理。
- 能在宿主机和虚拟机之间共享数据。

素养目标：
- 通过 ssh 的应用培养信息安全意识。
- 通过软件安装操作培养严谨、细致的工作态度。

PPT：项目 1 操作系统概述及 openEuler 系统安装

文本：单元设计

1.1 知识储备

1.1.1 操作系统概述

操作系统（Operating System，OS）是一种系统软件，它控制并管理计算机系统的硬件和软件资源，为上层应用程序提供一个统一、稳定、高效的运行环境。这些资源包括但不限于 CPU、内存、存储设备、输入/输出（I/O）设备以及网络通信设备等。操作系统通过抽象和封装底层硬件细节，使用户无须直接操作复杂的硬件，而是通过更加友好、直观的接口来完成各种任务。

根据应用场景的不同，常将操作系统分为以下几类。

1）桌面操作系统：为个人计算机（PC）设计，提供图形用户界面（GUI）和丰富的应用程序支持，如 Windows、macOS、Linux（常见的发行版有 Ubuntu、Fedora、Kylin 等）。

2）服务器操作系统：专为管理服务器硬件资源、提供网络服务和运行大型应用程序而设计，如 Windows Server、Linux（如 CentOS、Debian、Ubuntu Server、openEuler 等版本）、UNIX 等。

3）移动操作系统：为智能手机、平板电脑等移动设备设计，优化了触摸屏界面和低功耗性能，如 Android、iOS、HarmonyOS 等。

4）嵌入式操作系统：用于嵌入式设备，如物联网（IoT）设备、智能家电、工业控制系统等，如 HarmonyOS、VxWorks、FreeRTOS、Embedded Linux 等。

5）实时操作系统：为实时应用设计，必须在严格的时间限制内处理输入和输出，如 QNX、RTLinux 等。

1.1.2 Linux 发展历程

1. UNIX 的诞生

1969 年，贝尔实验室的肯·汤普森（Ken Thompson）和丹尼斯·里奇（Dennis Ritchie）开发了 UNIX 操作系统。该系统以其简洁的设计、强大的功能和良好的可移植性，成为后续操作系统的基础。

2. GNU 项目的启动

1983 年，理查德·斯托尔曼（Richard Stallman）启动了 GNU 项目，其目标是创建一个自由软件的类 UNIX 操作系统。GNU 项目为操作系统提供了许多重要的工具和应用程序，如 GCC（GNU Compiler Collection）、GNU Bash、GNU Emacs 等。尽管 GNU 项目未能独立完成一个操作系统内核，但它为 Linux 的崛起提供了所必需的软件基础。

3. Linux 内核的开发

1991 年，芬兰赫尔辛基大学的学生林纳斯·托瓦兹（Linus Torvalds），开始开发 Linux 内核，其初衷是创建一个能够在个人计算机上运行的类 UNIX 内核。该项目最初只是出于个人爱好，并于 1991 年 10 月 5 日正式对外发布，迅速吸引了全球开发者的关注和参与。

Linux 内核以模块化、开放性著称，能够支持多种硬件平台。它采用了 GPL（GNU 通用公共许可证），允许任何人自由使用、修改和分发。这种开源的性质，使得全球开发者可以共同贡献代码、修复漏洞和改进功能，也推动了 Linux 的迅速发展。

读者如果需要了解 Linux 内核的更多知识，可以到其官网查看。

4. 发行版的出现

Linux 内核是一个纯字符的环境，且缺乏各种应用工具，使用起来非常不方便。因为 Linux 内核是完全开源且免费的，于是一些商家便基于托瓦兹开发的 Linux 内核，添加各种软件包、桌面环境、管理工具等，形成了各种各样的发行版本，以满足不同用户的需求。Linux 的发行版至今已有上千种并且还在不断增加，主要的一些分支如图 1-1 所示。

1.1.3 openEuler 简介

1. openEuler 的演进

2010 年，华为为满足科技项目需求，同时也为了实现操作系统的自主创新，基于 Linux 内核开发了 EulerOS。

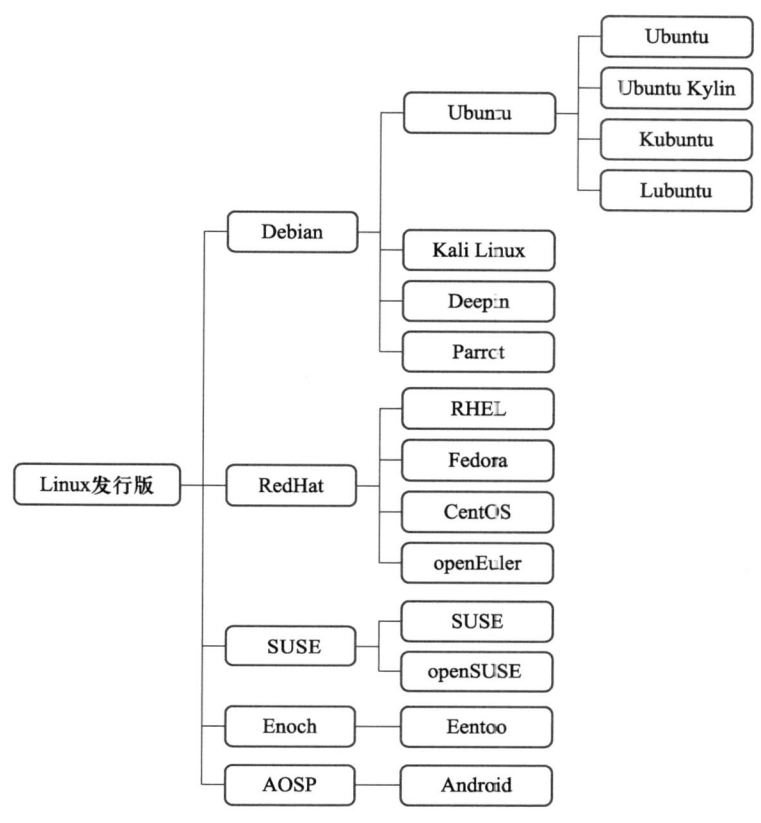

图 1-1 Linux 主流发行版本

2019 年 12 月 31 日，华为作为创始企业发起了 openEuler 开源社区，并将 EulerOS 相关的能力贡献到该社区，EulerOS 也从此开始基于 openEuler 进行演进。openEuler 社区的成立，标志着 openEuler 从一个企业内部的操作系统转变为一个全球性的开源项目。

2020 年 3 月 27 日发布的 openEuler LTS 20.03 版本，具备了成熟的规模商用能力，为 Linux 世界带来了一个全新的、具备独立技术演进能力的 Linux 发行版。

2021 年 11 月 9 日，在"操作系统产业峰会 2021"上，华为携手社区全体伙伴共同将开源操作系统 openEuler 正式捐赠给开放原子开源基金会（Open Atom Foundation）。

在该基金会的孵化及运营下，截至 2024 年，openEuler 的累计装机量已突破 1000 万套，在国内服务器操作系统的市场份额达 36.8%，成为推动千行万业数智化转型的中坚力量。openEuler 社区的企业成员数也在不断增加，据最新统计已超过 1800 家。这些企业涵盖多个行业和领域，同时拥有 43 个国家的 2000 多名海外贡献者，这些力量共同推动了 openEuler 的发展和壮大。

2. openEuler 的技术特点和应用场景

（1）openEuler 的特点

1）内核优化：基于 Linux 内核进行创新，优化调度、I/O 和内存管理等，如动态内核抢占、mremap 性能优化等，释放多种计算架构的算力。

2）创新文件系统：Euler FS 采用元数据软更新等创新技术，其目录的指针式双视图计数机制可减少元数据同步开销，提高文件系统函数调用性能。

3）分层内存扩展：支持使用各种内存和存储介质扩展系统内存容量，包括用户态交换，提升性能且过程透明。

4）用户态协议栈：Gazelle 用户态协议栈无须修改或重新编译程序，即可支持上层应用的高性能、低延迟网络传输。

（2）openEuler 的应用场景

openEuler 是面向数字基础设施的操作系统，支持服务器、云计算、边缘计算、嵌入式等应用场景，支持多样性计算，致力于提供安全、稳定、易用的操作系统。通过为应用提供确定性保障能力，支持 OT 领域应用及 OT 与 ICT 的融合，为企业和开发者提供稳定、高效、安全的操作系统平台，满足不同场景下的应用需求。

3. openEuler 的版本类型

（1）创新版本

创新版本每 6 个月发布一次，提供 6 个月的社区支持。该版本注重技术创新和快速迭代，适合 Linux 技术爱好者进行技术创新和实验。它提供了最新的技术特性和功能，但可能存在一定的不稳定性和风险。该版本采用"openEuler+年月"的命名方式，其中"年月"表示发布年份和月份。例如，openEuler 20.09 表示 2020 年 9 月发布的创新版本。

（2）长期支持（LTS）版本

LTS 版本每两年发布一次，提供长达 4 年的社区支持。在生命周期结束前的半年至 1 年，相关团队会组建联合维护团队，申请延长支持至 6 年。该版本适合用于生产环境和需要长期维护的系统，其提供了大量的软硬件管理能力，并经过严格测试和验证，确保了系统的可靠性和安全性。该版本采用"openEuler+LTS+年月+SPx"的命名方式，其中"年月"表示发布年份和月份，"SPx"表示服务包（Service Pack）的版本号。例如，openEuler LTS 24.03 表示 2024 年 3 月发布的 LTS 版本。

> 读者可以到 openEuler 操作系统的官网上去下载最新的版本。

1.2 项目实施

微课 1-1
VirtualBox
应用

任务 1：VirtualBox 应用

任务描述：VirtualBox 是采用 GPL（GNU General Public License，GNU 通用公共许可证）开源协议的桌面虚拟化软件。本任务主要讲解如何通过 Virtualbox 新建虚拟机及修改虚拟机的属性。

步骤 1：打开 VirtualBox，单击"新建"按钮，如图 1-2 所示，打开"新建虚拟机"向导。

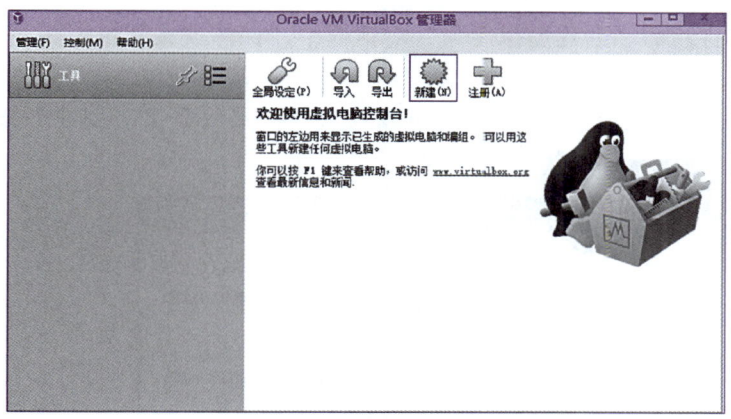

图 1-2 新建虚拟机

步骤 2：设置虚拟机的名称、配置文件存储位置、类型和版本，然后单击"下一步"按钮，如图 1-3 所示。

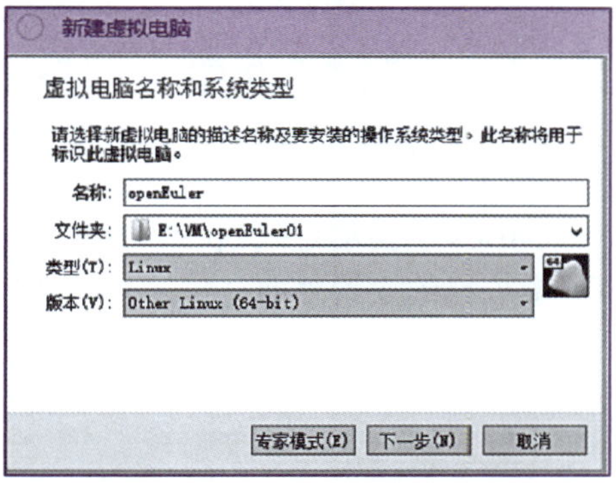

图 1-3 设置虚拟机的名称等参数

安装 openEuler，虚拟机版本要设置为"other Linux(64-bit)"，否则安装之后可能无法正常运行。

步骤 3：设置虚拟机内存大小，然后单击"下一步"按钮，如图 1-4 所示。

步骤 4：选中"现在创建虚拟硬盘"单选按钮，单击"创建"按钮，如图 1-5 所示。

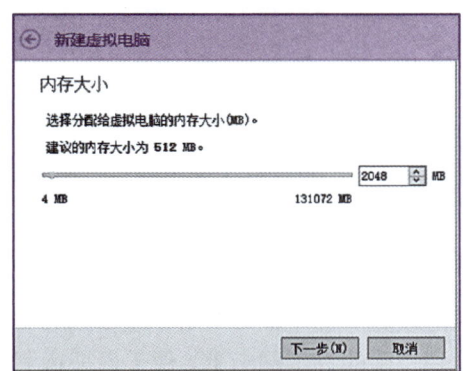

图 1-4 设置内存大小

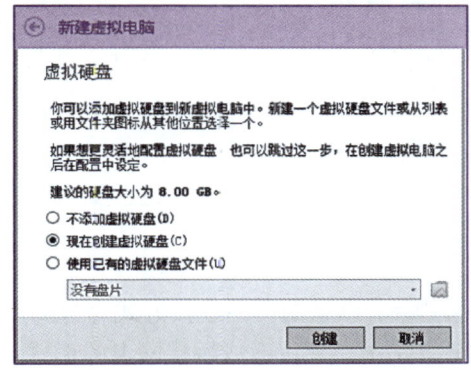

图 1-5 新建虚拟硬盘

步骤 5：在打开的"创建虚拟硬盘"对话框中，保持默认配置，两次单击"下一步"按钮。

步骤 6：设置虚拟硬盘文件存储位置以及大小，然后单击"创建"按钮，如图 1-6 所示。

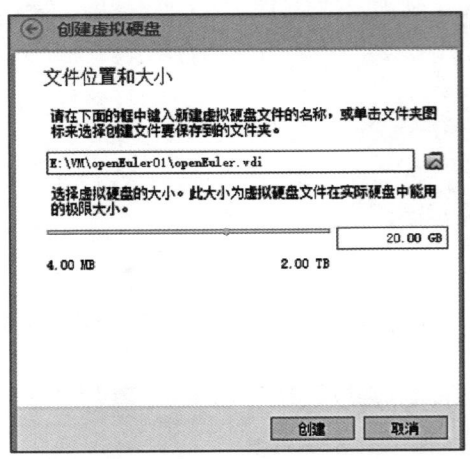

图 1-6　设置虚拟硬盘大小和位置

步骤 7：创建完成后，VirtualBox 会自动进入 openEuler01 虚拟机的管理界面。单击"设置"按钮，打开 openEuler01 虚拟机的设置界面，可以对虚拟机的各个属性进行修改，如图 1-7 所示。

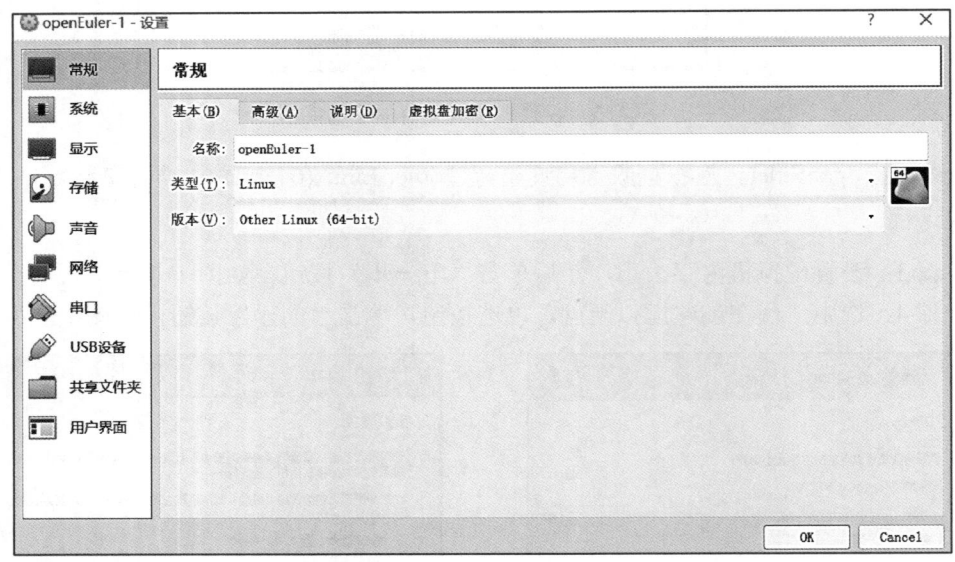

图 1-7　虚拟机设置界面

步骤 8：默认的网络连接方式为 NAT，可以通过设置界面中的"网络"选项改成其他的网络连接方式。建议改成桥接网卡的形式，并桥接到正确的物理网卡上，便于后期远程登录的实现，如图 1-8 所示。

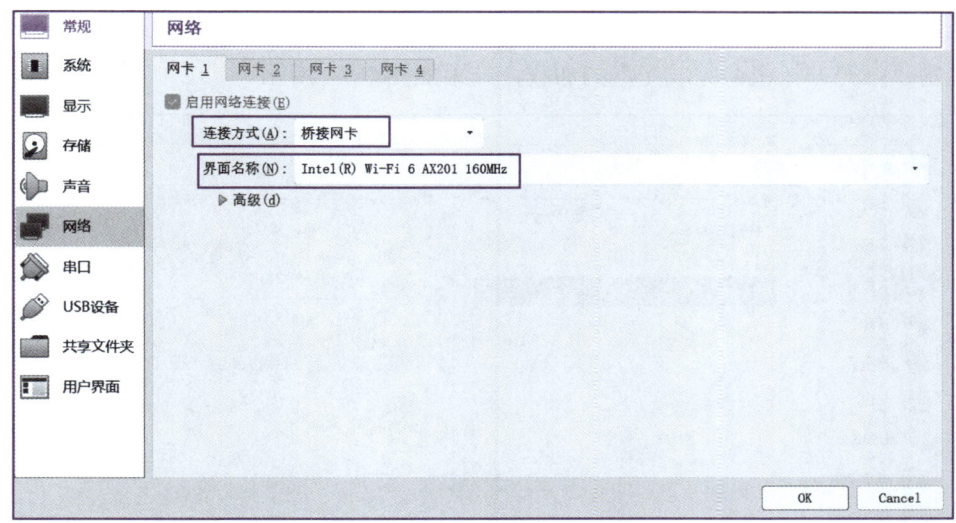

图 1-8 修改网络连接方式

VirtualBox 为开源软件，读者可自行到官网下载。

微课 1-2 openEuler 系统安装

任务 2：openEuler 系统安装

任务描述：系统安装是学习操作系统应用的第一步。安装过程需要输入一些系统所需参数、新建用户、对硬盘进行分区等，由于初学者对磁盘管理了解不多，这里安装采用自动分区模式，openEuler 采用 22.03LTS SP4 版本。

步骤 1：打开 VirtualBox，找到任务 1 中所创建的虚拟机。在设置界面签中选择"存储"选项，进入存储控制界面。单击光盘图标，在右侧再单击光盘图标，在弹出的下拉列表中选择"选择或创建一个虚拟光盘文件"命令，如图 1-9 所示。

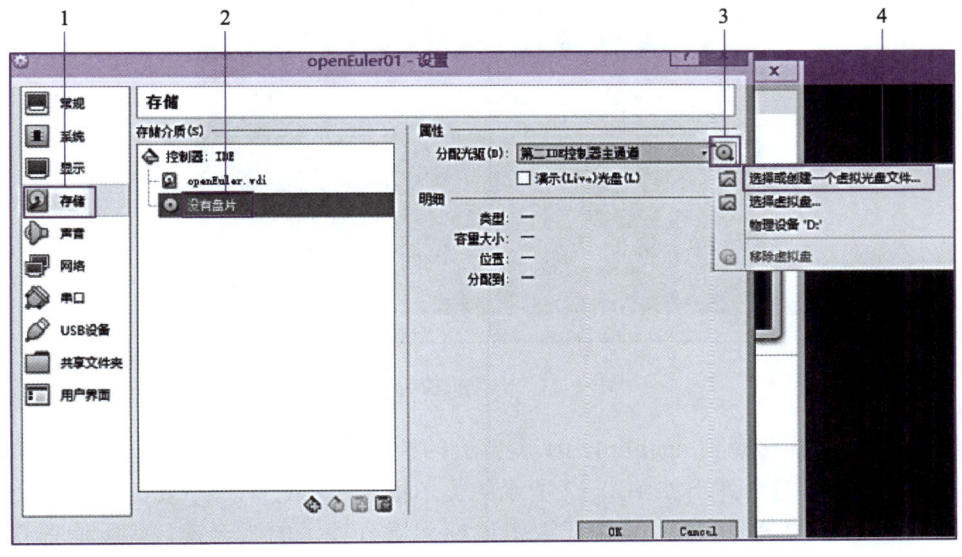

图 1-9 加载镜像文件

步骤 2：在弹出的对话框中选择已下载好的 openEuler-22.03-LTS-SP4-x86_64-dvd.iso，然后单击"打开"按钮，完成光盘的加载，结果如图 1-10 所示。

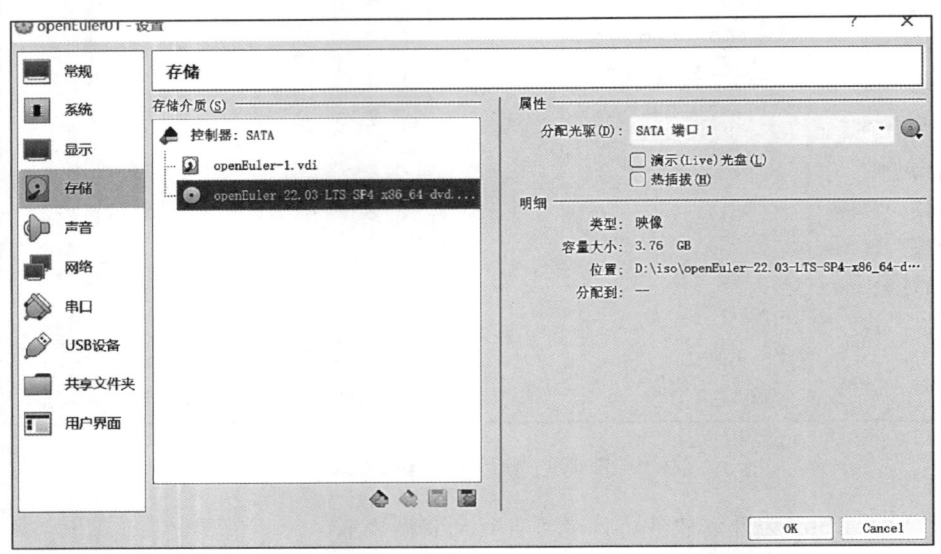

图 1-10 完成光盘加载

步骤 3：单击"启动"按钮，开启 openEuler01 虚拟机，此时系统会弹出虚拟机控制窗口，如图 1-11 所示。

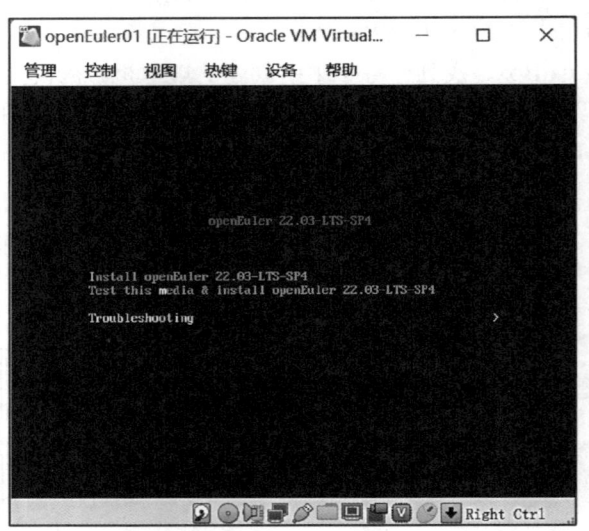

图 1-11 虚拟机控制窗口

步骤 4：将鼠标移动到 openEuler01 虚拟机的控制台内，单击左键，使 VirtualBox 捕获鼠标。此过程可能会弹出如图 1-12 所示的提示框，可以选中"不要再显示这个信息"复选框，然后单击"捕获"按钮。切记取消鼠标和键盘独占的组合键，默认是右（Right）Ctrl 键。

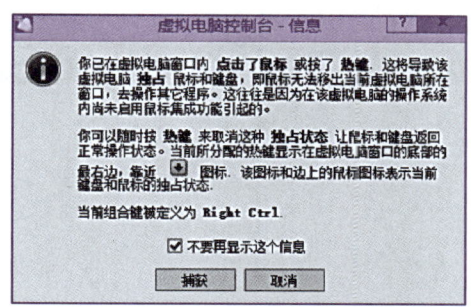

图 1-12　取消独占状态

步骤 5：按上下方向键，选择"Install openEuler 22.03-LTS-SP4"选项，然后按 Enter 键，开始安装 openEuler。

步骤 6：选择安装过程语言，本任务中选择 English→English (United States)选项，然后单击"Continue"按钮，如图 1-13 所示。

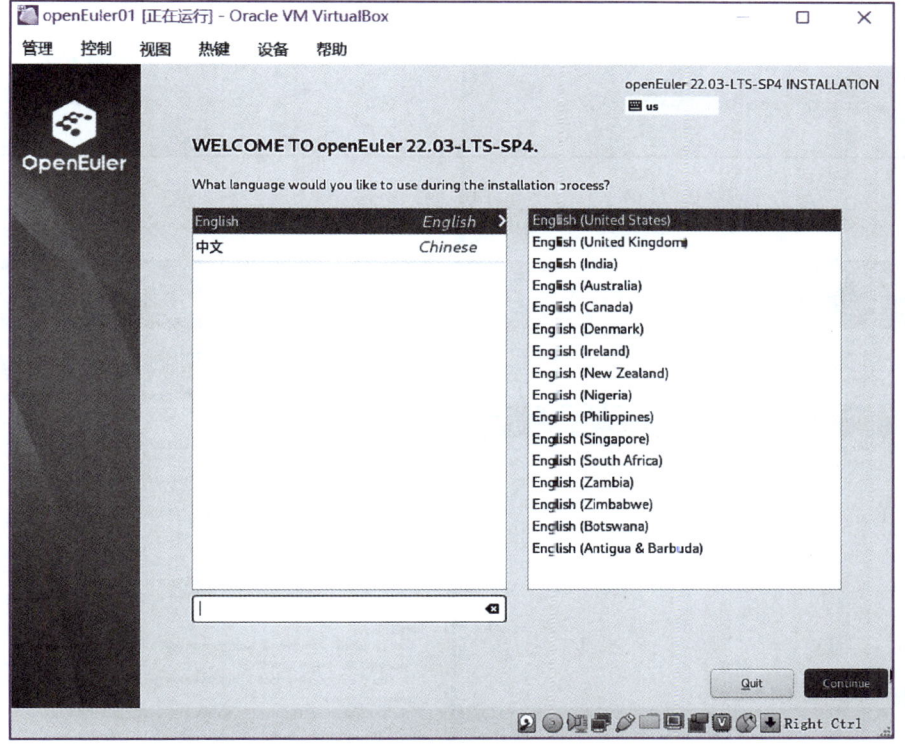

图 1-13　选择语言

步骤 7：在 Installation Summary 界面中选择 Installation Destination 选项，设置操作系统的安装磁盘及分区。此处选择 sda 选项，存储配置选择 Automatic，然后单击 Done 按钮，如图 1-14 所示。

步骤 8：返回 Installation Summary 界面，选择 Software Selection 选项，指定需要安装的软件包。此处选择 Server 选项，确认无误后单击 Done 按钮，如图 1-15 所示。

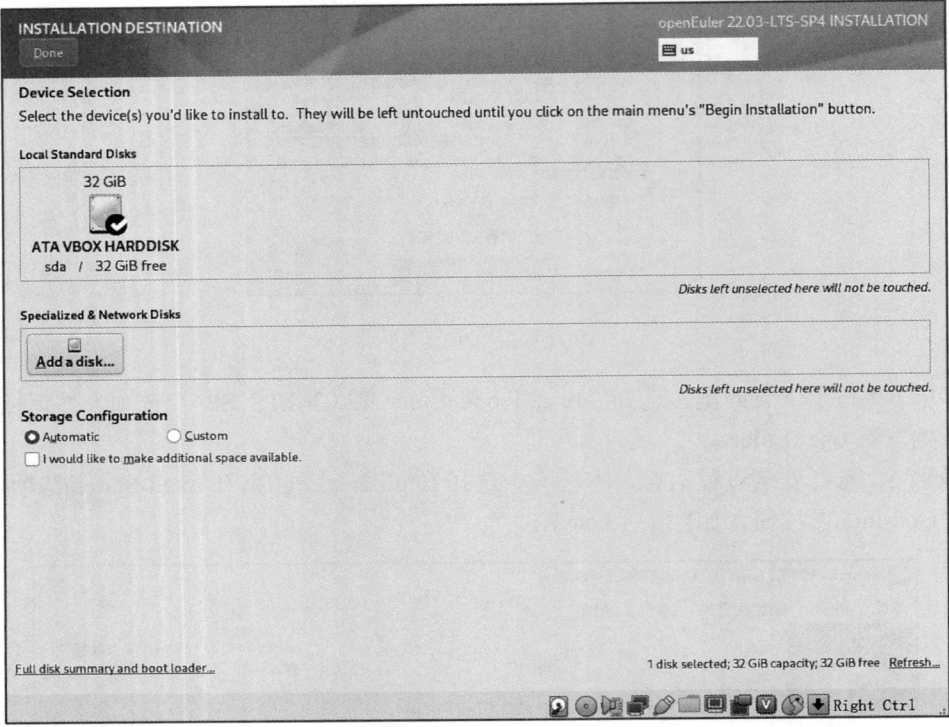

图 1-14 自动分区

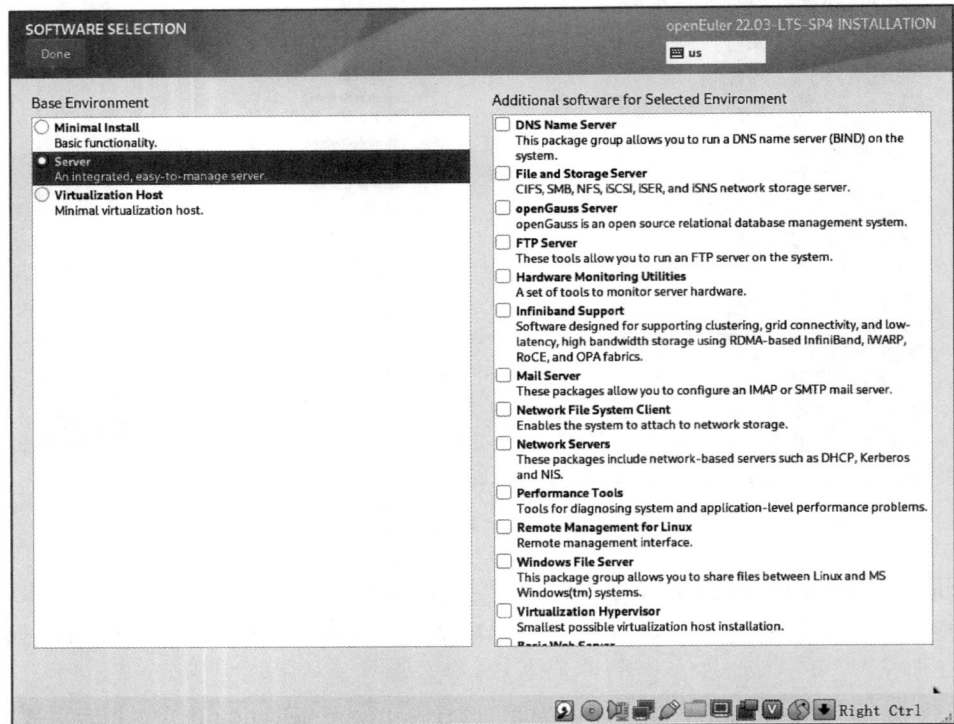

图 1-15 选择安装软件包类型

步骤 9：选择 Network & Host Name 选项，进入主机名和网络配置界面。修改左下角的主机名，开启网卡，然后单击 Confiure 按钮，手工配置相关参数，如图 1-16 所示。

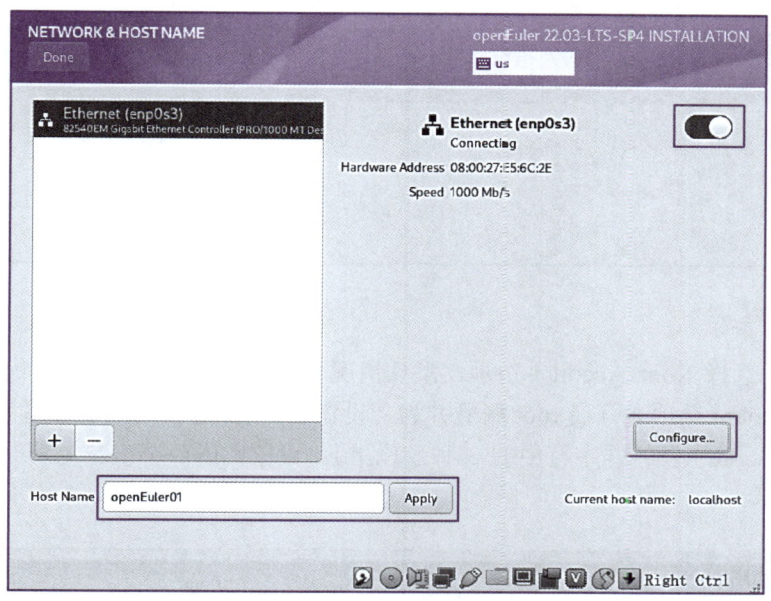

图 1-16　设置主机名

步骤 10：因为采用的是桥接网络，IP 地址要和宿主机在一个网段，网关和 DNS 一样，如图 1-17 所示。

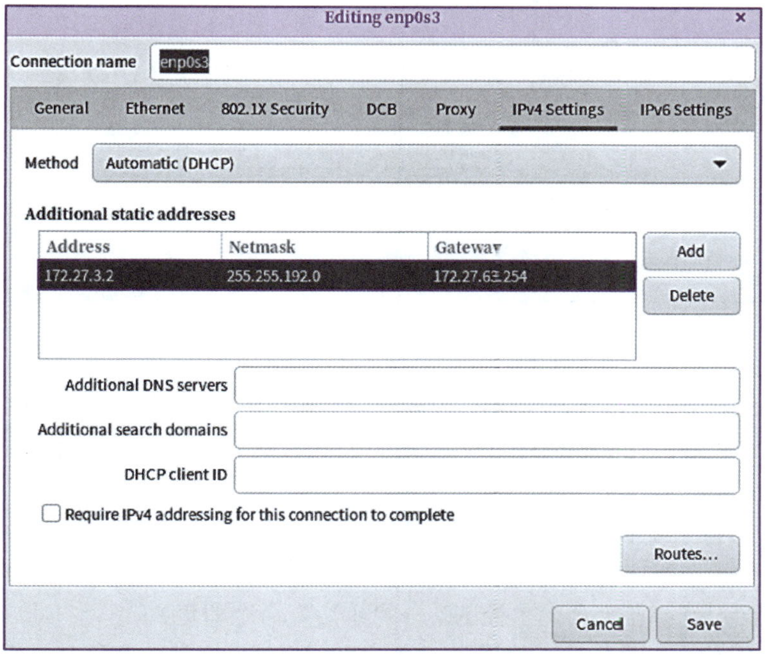

图 1-17　设置 IP 地址

步骤 11：选择 Time & Date 选项，进入时间配置界面，如图 1-18 所示。当前时区对应城市选择 Shanghai，确保 Network Time 选项处于关闭状态，然后单击 Done 按钮。

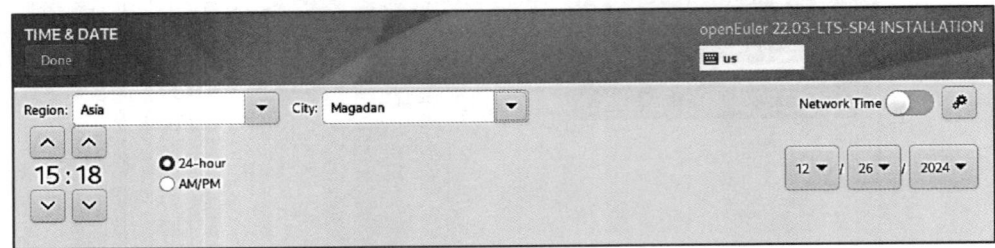

图 1-18　设置时区

步骤 12：选择 Root Account 选项，默认情况下，root 账号是 Disable 状态，可以选择 Enable root account 选项来开启 root 账号并为之设置密码，注意密码需要设置为高复杂度（包含大小写字母、数字及特殊字符中的 3 种及以上）。设置完成后单击左上角的 Done 按钮，如图 1-19 所示。

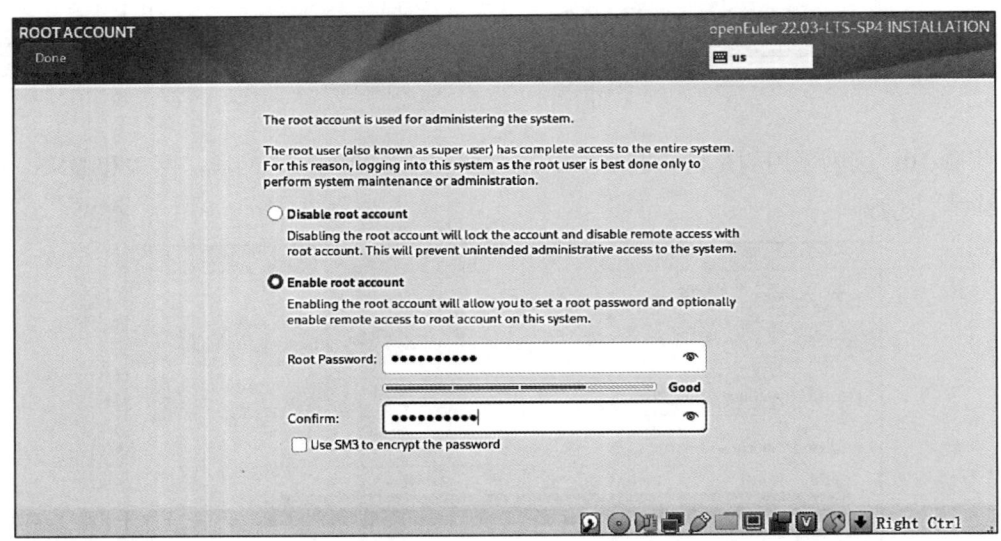

图 1-19　启用 root 账号并设置密码

步骤 13：单击 User Creation 按钮，为系统新增普通用户。设置系统的用户名和密码（密码不能和用户名相同，且密码同样具有复杂度要求），然后单击左上角的 Done 按钮，再单击 Begin Installation 按钮。

步骤 14：等待系统安装完成后，单击右下角的 Reboot 按钮重启系统。右击 VirtualBox 下面的光盘图标，在弹出的快捷菜单中选择"移除虚拟盘"命令，如图 1-20 所示（若系统进入了安装界面，选择左上角的"控制"→"重启"命令即可）。

步骤 15：等待系统重启后，使用 root 用户登录系统（在输入密码时，系统不会有任何反馈，保证输入密码正确即可），注意其 IP 地址，如图 1-21 所示。

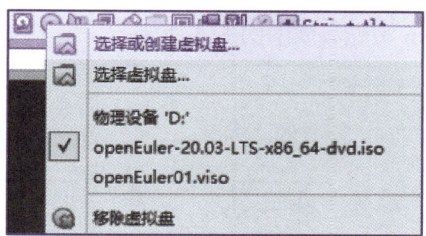

图 1-20　移除虚拟盘

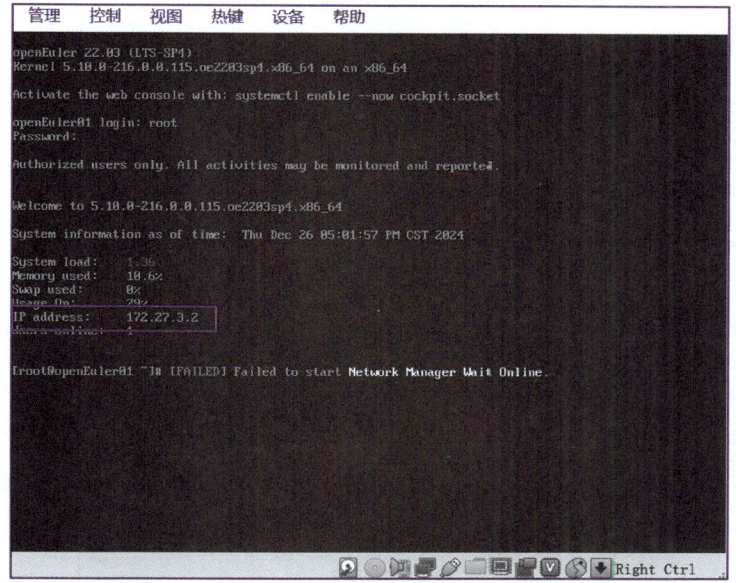

图 1-21　完成安装登录系统

🔸 因为 VirtualBox 的虚拟机设置中系统的启动顺序为软驱—光驱—硬盘—网络，所以系统安装完成后需要移除虚拟盘，否则仍然会进入安装状态。

🔸 VirtualBox 从客户机释放鼠标的快捷键为右 Ctrl 键。

微课 1-3
实现远程登录

任务 3：实现远程登录

任务描述：任务 2 中完成系统安装后，登录系统的方式称为控制台登录，只能在服务器的本地实现，需要为服务器配置输入/输出设备才行。在生产环境中，openEuler 系统安装完成后放置于数据中心，不会配置专用的输入输出设备，且需要在任何网络可达的地方实现对系统的运维，此时，就要用到 SSH 了。

SSH 即 Security Shell，是一种实现加密远程登录的网络协议，用于实现对远程节点的登录控制，属于 C/S 架构。openEuler 安装完成后系统即具备 SSH Server 的能力，即 Linux 类的操作系统默认就是一台 SSH 服务器。下面利用开源的 SSH 客户端软件 PuTTY 来实现对 openEuler 系统的远程登录管理。

步骤 1：打开宿主机上的 PuTTY，在 Host Name 文本框中输入任务 2 中配置的 openEuler

系统的 IP 地址，再单击 Open 按钮，如图 1-22 所示。

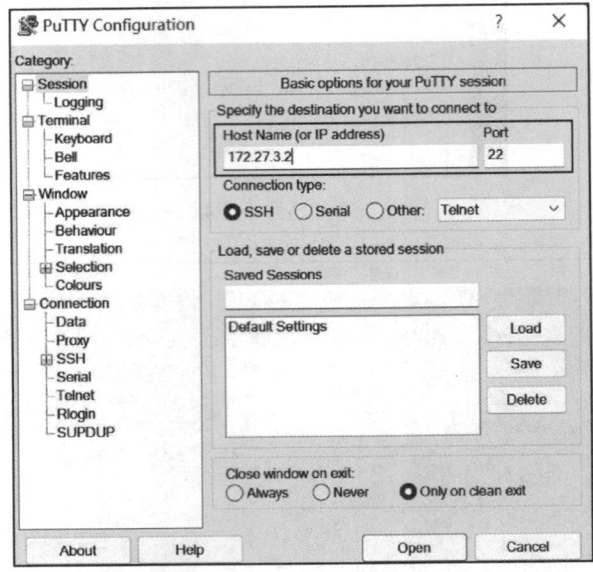

图 1-22　输入登录参数

步骤 2：输入用户名及密码（密码输入过程不显示），完成登录。可以利用多个 PuTTY 会话同时登录多台服务器，方便实现远程管理，如图 1-23 所示。

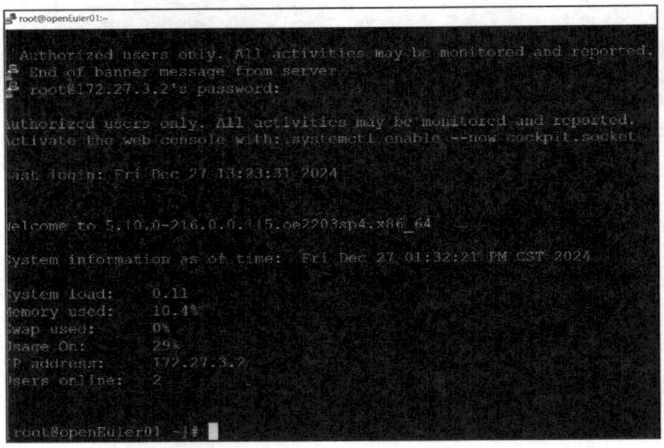

图 1-23　远程登录

1.3　能力拓展

微课 1-4
修改系统的
启动顺序

拓展任务 1：修改系统的启动顺序和固件类型

启动顺序是指操作系统启动时，寻找存储设备的先后顺序，即前一种存储设备中没有操作系统启动的相关文件才从下一种设备中寻找。在 VirtualBox 虚拟机中有软驱、光驱、硬盘和网络 4 种启动类型，可以选中相应的复选框决定是否采用该启动模式，单击右侧的上下箭头按钮则可以调整启动顺序。

　　软驱在现代计算机中一般不再使用，建议不选。光驱启动一般用于系统安装时选择，安装完成后应将硬盘设置为第一启动设备。网络启动也叫 PXE 启动，用于大量服务器实现自动化安装的场合，让网卡通过网络来找到操作系统安装文件。

　　固件是主板上的一块芯片，存储着启动过程中的相关信息，有 BIOS（Basic Input/Output System，基本输入输出系统）与 UEFI（Unified Extensible Firmware Interface，统一可扩展固件接口）两种。

　　BIOS 驻留在计算机主板上的芯片中，通常存储在可擦除可编程只读存储器（EPROM）中。当计算机开机时，CPU 会从 BIOS 芯片中读取并执行初始化代码，完成硬件检测、配置和启动顺序的设置，然后加载并启动操作系统。

　　UEFI 是 BIOS 的现代替代品，采用了更高效的启动方式和模块化设计。UEFI 将所有关于初始化和启动的数据存储在 efi 文件中，这些文件被保存在硬盘上的一个特殊分区中，称为 EFI 系统分区（ESP）。在启动过程中，UEFI 会从 ESP 分区中读取并执行 efi 文件，完成硬件初始化和操作系统的引导。

　　BIOS 通常只支持传统的 MBR 磁盘分区结构，并且受限于技术限制，最大只能支持 2.1 TB 的硬盘驱动器。此外，BIOS 提供的功能和设置相对有限。

　　UEFI 则引入了 GUID 磁盘分区系统（GPT），从而突破了 MBR 的限制，可以支持更大的硬盘驱动器。同时，UEFI 提供了更多的功能和设置选项，如安全启动、网络支持、多语言支持等，这些功能使得 UEFI 能够更好地适应现代计算机系统的需求。

　　VirtualBox 默认采用 BIOS 方式，如果要使用 UEFI 方式，选择"设置"→"系统"选项，然后选中"启用 EFI"复选框即可，如图 1-24 所示。

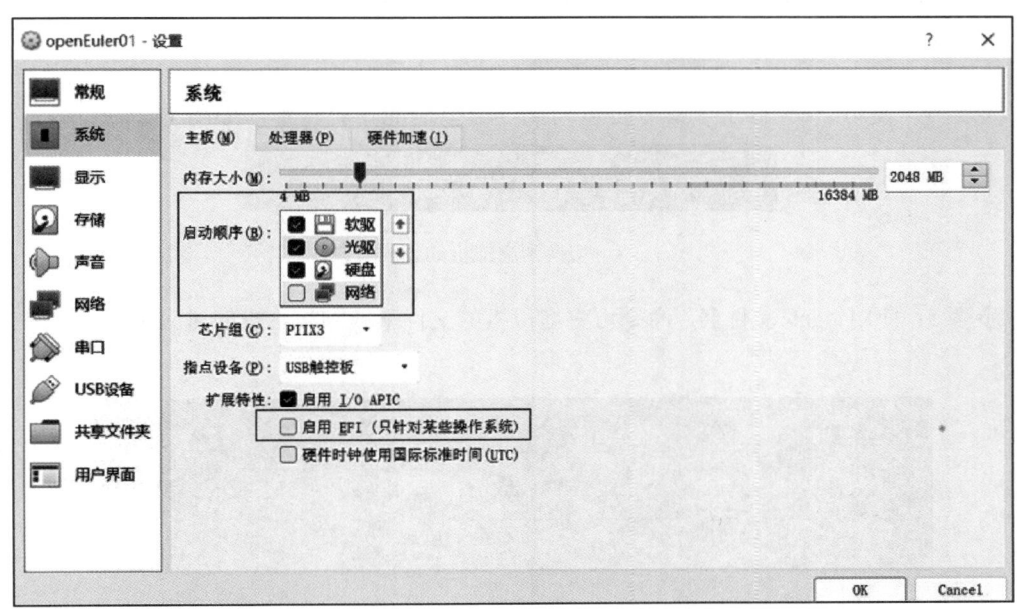

图 1-24　设置启动顺序

拓展任务 2：在宿主机与虚拟机之间传输数据

微课 1-5
在宿主机与虚拟机之间传输数据

在宿主机与虚拟机之间传输数据需要用到 PSFTP（PuTTY SFTP Client），这也是一款免安装的工具，下载后直接打开即可。

步骤 1：使用 open ip（or hostname）命令建立与虚拟机的 SSH 连接，同时输入用户名和密码，默认登录到当前用户的家目录中，如图 1-25 所示。

```
D:\iso\psftp.exe
psftp: no hostname specified; use "open host.name" to connect
psftp> open   192.168.10.100
login as: root
Pre-authentication banner message from server:

  Authorized users only. All activities may be monitored and reported.
End of banner message from server
root@192.168.10.100's password:
Remote working directory is /root
psftp>
```

图 1-25　文件传输连接

步骤 2：使用“lcd 盘符:/路径”命令切换到宿主机的相应目录，如图 1-26 所示。

```
psftp> lcd  d:/iso
New local directory is d:\iso
```

图 1-26　切换到宿主机的相应目录

步骤 3：使用“put 文件名”命令将对应的文件上传至虚拟机中，如图 1-27 所示。

```
psftp> put nginx-1.16.1.tar.gz.zip
local:nginx-1.16.1.tar.gz.zip => remote:/root/nginx-1.16.1.tar.gz.zip
psftp>
```

图 1-27　实现上传

步骤 4：使用“cd 目录”命令可以切换到虚拟机的相应目录，如图 1-28 所示。

```
psftp> cd /root/nginx
Remote directory is now /root/nginx
```

图 1-28　切换到虚拟机的相应目录

步骤 5：使用“get 文件名”命令可将虚拟机的文件下载到宿主机的对应位置，如图 1-29 所示。

```
psftp> ls
Listing directory /root/nginx
drwxr-xr-x    2 root     root          4096 Dec 31 12:33 .
dr-xr-x---    4 root     root          4096 Dec 31 12:28 ..
-rw-r--r--    1 root     root             0 Dec 31 12:33 test.txt
psftp> get test.txt
remote:/root/nginx/test.txt => local:test.txt
```

图 1-29　文件下载

步骤 6：数据传输完成后使用 bye 或者 exit 命令退出 PSFTP 的会话。

【IT 工程师素养小课堂】行业新知——信创概述

1. 什么是信创

信创的全称为信息技术应用创新，是指通过自主研发和创新应用，实现软硬件的国产化替代，构建安全可控的信息技术体系。

信创涵盖从基础硬件、基础软件、应用软件到信息安全的全产业链，旨在减少对外部技术的依赖，增强国家信息安全的自主可控能力。其所涉及的行业包括 IT 基础设施（如 CPU 芯片、服务器、存储、交换机、路由器等）、基础软件（如数据库、操作系统、中间件）、应用软件（如 OA、ERP、办公软件等）以及信息安全产品（如边界安全产品、终端安全产品等）。

2. 信创的发展背景

随着全球信息技术的快速发展，信息安全已成为国家安全的重要组成部分。为了保障国家关键信息基础设施的安全，减少信息泄露和网络攻击的风险，我国近年来开始大力发展信创产业——通过自主研发和创新应用，实现软硬件的国产化替代，构建安全可控的信息技术体系。

3. 信创产业的发展历程

信创产业的发展历程大致可以分为以下几个阶段：

1）起步阶段（2006—2013 年）：2006 年，"核高基"重大科技项目启动，明确了"核心电子器件、高端通用芯片及基础软件产品"的方向，标志着信创产业的起步。此后，微软"黑屏"等事件加速了操作系统、办公软件及信息安全国产替代的进行。

2）试点阶段（2014—2019 年）：2014 年，中央网络安全和信息化领导小组成立，研究制定网络安全和信息化发展战略、宏观规划和重大政策。2016 年，信创工作委员会成立，党政信创工程第一批试点启动。此后，党政信创工程第二期试点也相继启动，试点范围不断扩大。

3）推广阶段（2020 年至今）：2020 年，央行成立金融信创生态实验室，第一批"金融信创解决方案"出台，标志着信创产业进入规模化应用实践阶段。此后，党政信创工程第三期试点启动，并由党政信创为主向金融、医院、教育等重点行业领域全面推广。

1.4 项目小结

本项目通过 3 个基本任务（虚拟机配置、系统安装、远程登录）和两个拓展任务（启动设置与文件传输），系统学习了 openEuler 操作系统的安装与基础运维操作，从虚拟化环境搭建到远程管理，覆盖了服务器运维的典型场景。通过任务实践，学习者不仅能掌握工具链（VirtualBox、PuTTY、PSFTP）的灵活应用，还能深入理解信创背景下国产操作系统的部署流程与安全规范，为后续学习打下坚实基础。

1.5 思考与练习

文本：参考答案

一、简答题

1. 到官网上查看并下载最新版的 Linux 内核，并查看其内核大小。
2. 到 openEuler 官网上下载 openEuler-22.03-LTS-x86_64-dvd.iso，并安装在自己的计算机上。
3. 实际生产环境中会遇到为几百台甚至上千台计算机安装系统的情况，用本书中讲到的安装方法可行吗？

二、HCIA 相关考题

1.【多选题】以下关于 openEuler 系统的描述中，正确的是（　　）。
  A. openEuler 是一款开源的操作系统
  B. openEuler 使用 Linux 内核，支持鲲鹏及其他多种处理器，能够充分释放计算芯片的潜能
  C. openEuler 通常有两种版本，分别是创新版和 LTS 稳定版
  D. openEuler 是一个面向全球的操作系统开源社区，通过社区合作，打造创新平台，构建支持多处理器架构、统一和开放的操作系统

2.【填空题】openEuler 操作系统通常有两种版本，分别是创新版和 LTS 版。通常情况下，创新版每_____个月发布一个新的版本，LTS 版每_____年发布一个新的版本。

3.【单选题】在 MBR 分区方案中，分区表占用的字节长度为（　　）。
  A. 446　　　　　　B. 64　　　　　　C. 2　　　　　　D. 512

4.【判断题】GPT 分区方案支持 UEFI 启动方式，MBR 分区方案则不支持。（　　）

项目 2 命令行基础

【学习目标】

知识目标：
- 掌握 Linux 命令的构成，理解一条命令的执行过程及命令提示符中各部分的含义。
- 了解内部命令与外部命令的差别及 openEuler 中图形界面的特点。

技能目标：
- 能快速且正确地输入一条命令。
- 能根据命令的错误提示快速确定错误原因。
- 能利用各种帮助方法自学新的命令。
- 会使用 echo、alias 等一些入门级的命令。

素养目标：
- 查询与学习更多 Linux 命令，培养自主学习和探索能力。
- 通过规范化命令操作，培养精益求精的职业素养。

PPT：项目 2
命令行基础

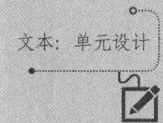

文本：单元设计

2.1 知识储备

微课 2-1
理解命令

2.1.1 命令及命令格式

命令是 Linux 操作系统中用于执行各种任务和操作的指令。要管理好 Linux 系统，就要掌握 Linux 的命令并熟练运用。

【命令格式】命令动词 [选项] [操作对象]

其中，括号"[]"表示该部分可以省略。

1）命令动词：命令的主体，告诉系统要执行什么操作。

2）选项：用于启动或者关闭命令的某个或者某些功能，可用"-"或者"--"引导，其中"-"所引导的为短选项，一般由一个字母组成，如-a；"--"所引导的为长选项，一般由一个单词或一个短语组成，如--all、--full-time。当想要使用某条命令的短选项功能时，就用"-"来引导；想要使用长选项功能时，就用"--"来引导。

3）操作对象：被命令作用的对象，如文件名、用户名等。例如：

[root@openEuler01 ~]# ls -l /root/

其中，ls 为命令动词，-l 为选项，/root/就是操作对象。

2.1.2 内部命令与外部命令

Linux 中可以执行以下两类命令。

1）内部命令：shell 自带的命令，又称为内置命令，即直接在 shell 内部实现的，不需要通过外部程序来执行。可以使用 help 命令来查看所有的内部命令，如图 2-1 所示。

[root@openEuler01 ~] # help

```
:                                       kill [-s sigspec | -n signum | -sigs>
[ arg... ]                              let arg [arg ...]
[[ expression ]]                        local [option] name[=value] ...
alias [-p] [name[=value] ... ]          logout
bg [job_spec ...]                       mapfile [-d delim] [-n count] [-O or>
bind [-lpsvPSVX] [-m keymap] [-f file>  popd [-n] [+N | -N]
break [n]                               printf [-v var] format [arguments]
builtin [shell-builtin [arg ...]]       pushd [-n] [+N | -N | dir]
caller [expr]                           pwd [-LP]
case WORD in [PATTERN [| PATTERN]...)>  read [-ers] [-a array] [-d delim] [->
cd [-L|[-P [-e]] [-@]] [dir]            readarray [-d delim] [-n count] [-O >
command [-pVv] command [arg ...]        readonly [-aAf] [name[=value] ...] o>
compgen [-abcdefgjksuv] [-o option] [>  return [n]
complete [-abcdefgjksuv] [-pr] [-DEI]   select NAME [in WORDS ... ;] do COMM>
compopt [-o|+o option] [-DEI] [name .>  set [-abefhkmnptuvxBCHP] [-o option->
continue [n]                            shift [n]
coproc [NAME] command [redirections]    shopt [-pqsu] [-o] [optname ...]
declare [-aAfFgiIlnrtux] [-p] [name[=>  source filename [arguments]
dirs [-clpv] [+N] [-N]                  suspend [-f]
disown [-h] [-ar] [jobspec ... | pid >  test [expr]
echo [-neE] [arg ...]                   time [-p] pipeline
enable [-a] [-dnps] [-f filename] [na>  times
eval [arg ...]                          trap [-lp] [[arg] signal spec ...]
```

图 2-1 内部命令

2）外部命令：由独立的可执行文件提供的命令，这些命令通常位于/usr/bin、/bin、/usr/sbin、/sbin 等目录下，以下是一些常见命令。

- ls：列出目录内容，显示当前目录或指定目录中的文件和子目录。
- mkdir：创建新目录。
- rmdir：删除空目录。

2.1.3 命令的执行

Linux 或者 UNIX 的 shell 是一个命令行的界面，也是命令解释器，它给用户提供了与操作系统交互的功能，用户在 shell 界面上输入命令来让操作系统执行各种操作。Linux 中的 shell 不是唯一的，openEuler 默认使用的 shell 是 bash。Linux 允许用户根据自己的需求使用其他不同的 shell，如 sh、zsh 等。

shell 在计算机系统中的架构位置如图 2-2 所示。

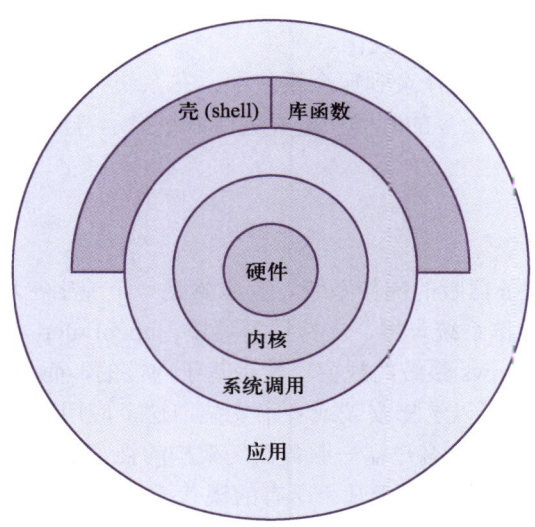

图 2-2 shell 在计算机系统中的架构位置

计算机的系统结构由内到外依次为硬件、内核、系统调用、库函数、shell、应用程序等，其意义分别如下。

1）硬件：计算机的物质基础。

2）内核：运行在硬件之上，是操作系统的核心，负责管理系统的进程、内存、设备驱动程序、文件和网络系统，决定着系统的性能和稳定性。所有的操作由内核传送给硬件。

3）系统调用：操作系统最小的功能单位，用户不需要了解内核的复杂结构，就可以使用内核。

4）库函数：将系统调用组合成某些常用功能，把程序员从细节中解放出来。

5）shell：命令解释器，将用户输入的命令通过系统调用和库函数传递给内核。

6）应用程序：用户在 Linux 系统上安装的应用软件，如 FireFox 浏览器、Volution 邮件查看等。

当用户在 shell 中输入命令并执行时，如果是内部命令，则 shell 接收到命令并将其转换成计算机语言并传递给内核；如果是外部命令，shell 就会查找要执行命令的可执行文件的位置，然后去执行可执行程序，并将命令传递给内核。内核在收到命令后，首先解析命令，然后完成命令的内容。如果需要使用底层硬件设备，内核会根据命令的内容，通过设备驱动程序来调用。命令执行完成后，内核会将执行结果返回给 shell，shell 再根据执行结果作相应的处理。

2.1.4 命令提示符解析

命令提示符即用户输入命令时前面的一串符号，具有丰富的涵义，常有"[root@openEuler01　~]#"或者"[cjl@openEuler01　~]$"两种形式，其中各参数说明如下。

- root 或 cjl：账户名，表明是谁登录到系统中。
- @：表示"在、到"的意思。
- openEuler01：主机名，表示登录到哪台计算机或者哪个系统。
- ~：表示登录用户在系统中的家目录，即登录到系统的哪个位置。
- # 或者$：表明用户的角色类型，"#"表示为超级用户，具有一切管理

微课 2-2
命令提示符

权限;"$"表示为普通账号,权限受限。

整个提示符的含义就是谁登录到哪个系统中,在系统中的哪个位置,具有对系统怎样的管理权限。管理者在输入命令的时候一定要关注命令提示符所展示出来的信息,才能正确地执行命令。

2.1.5　X-Windows

openEuler 是一个服务器版的操作系统,其原始是一个纯字符环境的操作系统,但也像人们熟悉的 Windows 操作系统一样,支持视窗环境。openEuler 中的视窗环境与 Windows 视窗结构有所不同,Windows 系统的视窗环境是基于内核的,而 openEuler 的视窗是用户级别的一个应用程序,用户可以选择安装或者不安装,这个应用程序叫 X-Windows。

X-Windows 是一套基于"客户端—服务器"架构的视窗系统,是 UNIX 及类 UNIX 中应用最广的视窗系统之一,并可用于几乎所有的现代操作系统。X-Window 为 GUI 环境提供基本的框架,在屏幕上绘图和移动窗口,以及与鼠标和键盘的互动来对系统进行操作。其使用简单,适合于习惯 Windows 操作系统的用户,如图 2-3 所示。

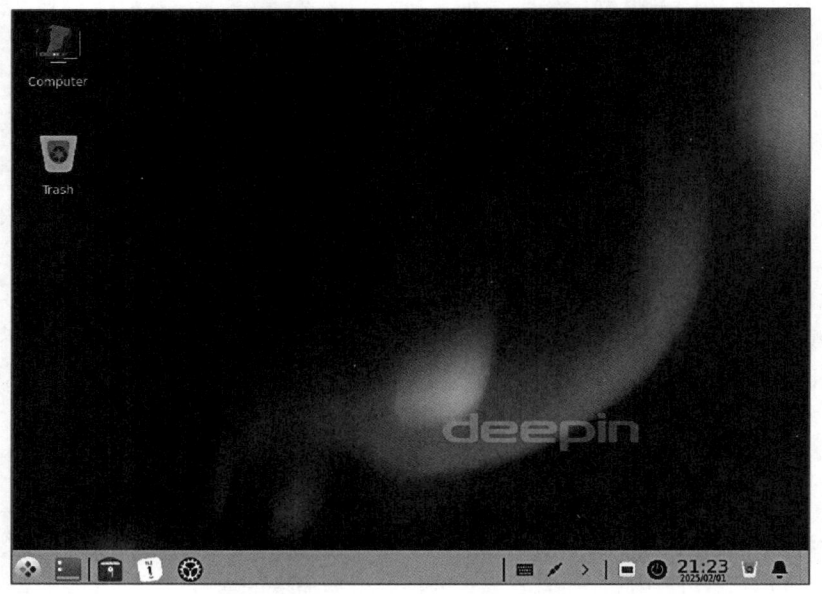

图 2-3　openEuler 的图形界面 DDE

2.2　项目实施

微课 2-3
命令入门

任务 1:命令入门

任务描述:Linux 系统资源存储在一个树形结构的数据库中,在对这棵树中的资源用命令进行管理时,管理者需要知道当前在这棵树的哪个位置(即哪个目录),要去到哪个位置,还要查看那里有什么内容，再决定做什么。

步骤 1：pwd（print working directory）命令的使用。该命令用于查看用户当前在系统中所处的位置，即目录，解决确定在哪里的问题。

例如，下面的命令结果表示用户在/root 目录下。

```
[root@openEuler01 ~]# pwd
/root
```

步骤 2：cd（change directory）命令的使用。该命令可以让用户从当前目录切换到另一个目录，即实现工作位置的转移，解决如何去到另一个位置的问题，常见用法如下。

```
[root@openEuler01 ~]# cd ..              #返回当前目录的上一级目录
[root@openEuler01 /]# cd ~               #切换当前目录至用户的家目录
[root@openEuler01 ~]# cd /etc/sysconfig  #切换到/etc/sysconfig 目录下
```

步骤 3：ls（list）命令的使用。该命令可以显示当前位置或指定位置有哪些文件或者目录，解决查看特定位置有什么的问题，常见用法如下。

```
[root@openEuler01 ~]# ls        #显示出当前目录下的文件以及目录
anaconda-ks.cfg  test
[root@openEuler01 ~]# ls -a     #显示出当前目录下的所有文件以及目录，包括隐藏文件以及隐藏目录
.   anaconda-ks.cfg   .bash_logout   .bashrc   .lesshst   test
..  .bash_history     .bash_profile  .cshrc    .tcshrc    .viminfo
[root@openEuler01 ~]# ls -l     #显示出当前目录下的文件以及目录的权限、大小、所有者等详细信息
-rw-------. 1 root root  833 Jan 24 17:35 anaconda-ks.cfg
drwxr-xr-x. 2 root root 4096 Jan 28 20:37 test
[root@openEuler01 ~]# ls -c     #显示出当前目录下按修改时间排序后的文件以及目录
test  anaconda-ks.cfg
```

🪁 命令后面所接的单字符选项可以组合使用，如 ls -a 和 ls -l 组合在一起为 ls -la，表示当前目录下的所有文件的详细信息。

步骤 4：wget 命令的使用。该命令用于直接从网络下载文件，实现做什么的问题。

【命令格式】wget [选项] <下载地址>

例如，要从 https:// repo.openeuler.org/openEuler-22.03-LTS-SP4/ISO/x86_64/位置下载 openEuler-22.03-LTS-SP4-x86_64-dvd.iso 文件到当前目录，命令如下。

```
[root@openEuler01 ~]# wget --continue https://repo.openeuler.org/openEuler-22.03-LTS-SP4/ISO/x86_
64/openEuler-22.03-LTS-SP4-x86_64-dvd.iso
```

🪁 continue 选项会检查目标文件是否已经存在。如果文件存在且部分下载完成，wget 会从上次中断的地方继续下载，而不是重新开始整个下载过程。

任务 2：关机、重启类命令应用

任务描述：openEuler 是一个服务器版的操作系统，这种操作系统的管理一般都是远程操作，而远程操作一般都是命令行的方式，所以运维管理人员应该首先掌握操作系统的远程重启或者关机相关的命令。

步骤 1：shutdown 命令的使用。

【命令格式】shutdown [选项] [时间] [警告信息]

常用选项如下。

- -r：系统关闭后会重新启动。
- -h：关闭系统不重新启动。

时间可以指定为如下几种。

- now：立即。
- hh:mm：指定某个具体时间关闭系统，hh 表示小时，mm 表示分钟。
- +m：表示 m 分钟以后关闭或重启。

警告信息为可选参数，用于向所有登录用户发送通知。

例如，23:30 关闭系统，命令如下。

微课 2-4
关机、重启类
命令应用

```
[root@openEuler01 ~]# shutdown -h 23:30
Reboot scheduled for Sat 2025-02-01 23:30:00 CST, use 'shutdown -c' to cancel.
```

步骤 2：init 命令的使用。

【命令格式】init [选项] <运行级别>

常用选项如下。

- --help：显示帮助信息。
- --no-wall：在暂停、关机、重启之前不向登录用户发送警告信息。

运行级别有以下几种。

- 0：关机。
- 1 或 s 或 S：单用户模式（救援模式）。
- 2：多用户模式（无网络）。
- 3：完整的多用户模式（命令行）。
- 4：保留（未定义）。
- 5：图形界面模式。
- 6：重启。

示例：

```
[root@openEuler01 ~]# init 0      #关闭系统
[root@openEuler01 ~]# init 6      #重启系统
```

步骤 3：其他开关机命令的使用。

- halt：用于立即停止系统，但不会关闭电源，需要手动关闭电源。
- reboot：用于立即重启系统。
- poweroff：用于立即关机。

微课 2-5
其他入门
命令应用

任务 3：其他入门命令应用

任务描述：为了对 openEuler 系统进一步了解，以及为下一个项目的学习做准备，还需要了解一些入门级命令。下面介绍一些没有复杂逻辑关系的命令。

步骤 1：echo 命令的使用。该命令用于在命令行终端输出字符串或变量的值。

【命令格式】echo [字符串|$变量]

示例 1：

[root@openEuler01 ~]# echo baidu.com　　　　　　#原样输出字符串的值
baidu.com

示例 2：

[root@openEuler01 ~]# echo $SHELL　　　　　　#显示变量 SHELL 的值
/bin/bash

步骤 2：alias 命令的使用。该命令用于创建命令的别名。

【命令格式】alias 命令别名="命令行"

示例：

[root@openEuler01 ~]# alias ls="ls -a"

上述命令将 ls 定义为命令 ls -a 的别名，输入 test 即可实现 ls -a 的功能，从而简化命令的输入。

步骤 3：who 命令的使用。该命令用于查看当前登录主机的用户终端信息。

【命令格式】who [选项]

示例：

```
[root@openEuler01 ~]# who
root     tty1         2025-02-01 20:06
root     pts/0        2025-02-01 20:09 (192.168.216.1)
root     pts/1        2025-02-01 20:18 (192.168.216.1)
```

步骤 4：last 命令的使用。该命令用于查看所有的登录记录。

【命令格式】last [选项]

示例：

```
[root@openEuler01 ~]# last
root     pts/0        192.168.10.6     Mon Feb 17 00:26   still logged in
root     pts/0        192.168.10.6     Sun Feb 16 13:53 - 18:16  (04:22)
root     pts/1        192.168.10.6     Sun Feb 16 00:27 - 15:09  (14:41)
root     pts/0        192.168.10.6     Sat Feb 15 22:31 - 00:47  (02:15)
root     pts/0        192.168.10.6     Fri Feb 14 13:32 - 04:16  (14:43)
root     pts/0        192.168.10.8     Fri Feb 14 03:12 - 12:09  (08:56)
reboot   system boot  5.10.0-216.0.0.1 Fri Feb 14 03:10   still running
root     pts/0        192.168.10.8     Thu Feb 13 21:52 - crash  (05:17)
reboot   system boot  5.10.0-216.0.0.1 Thu Feb 13 21:50   still running
root     pts/1        192.168.10.8     Thu Feb 13 10:09 - crash  (11:41)
root     pts/0        192.168.10.8     Wed Feb 12 21:50 - crash  (23:59)
reboot   system boot  5.10.0-216.0.0.1 Wed Feb 12 21:46   still running
```

步骤 5：clear 命令的使用。该命令用于清除命令行终端内容，让命令行变得整洁。

步骤 6：uname 命令的使用。该命令用于显示内核信息。

【命令格式】uname [选项]

常用选项如下。
- -a 或--all：输出所有相关信息。
- -s 或--kernel-name：输出内核的名字。
- -n 或--nodename：输出网络节点名称。
- -r 或--kernel-release：输出内核版本。
- -m 或--machine：输出主机硬件名称。

示例：

```
[root@openEuler01 ~]# uname -a
Linux openEuler01.hgpu.edu.cn 5.10.0-216.0.0.115.oe2203sp4.x86_64 #1 SMP Thu Jun 27 15:13:44 CST 2024 x86_64 x86_64 x86_64 GNU/Linux
```

步骤 7：date 命令的使用。该命令用于显示和设置系统日期和时间。

【命令格式】date [选项] [+格式符]

常用选项如下。
- -d 或--date=STRING：按照字符串的描述显示时间。
- -s 或--set=STRING：设置时间。

常用格式符如下。
- %Y：年（四位数字）。
- %m：月（两位数字，01～12）。
- %d：日（两位数字，01～31）。
- %H：小时（两位数字，00～23）。
- %M：分钟（两位数字，00～59）。
- %S：秒（两位数字，00～59）。

示例 1：按指定格式显示时间，如图 2-4 所示。

```
[root@openEuler01 ~]# date +"%Y-%m-%d %H:%M:%S"
2025-01-29 09:14:52
```

图 2-4　指定格式显示时间

示例 2：设置系统时间，如图 2-5 所示。

```
[root@openEuler01 ~]# date -s "2025-10-11 14:23:45"
Sat Oct 11 02:23:45 PM +11 2025
[root@openEuler01 ~]# date +"%Y-%m-%d %H:%M:%S"
2025-10-11 14:23:49
```

图 2-5　设置系统时间

步骤 8：hostname 命令的使用。该命令显示或临时修改主机名。

【命令格式】hostname [选项] [主机名]

常用选项如下。
- -d 或--domain：显示主机域名。
- -f 或--fqdn 或--long：显示主机 FQDN 名。

- -I 或--all-ip-addresses：显示主机所有 IP 地址。

示例 1：显示主机完整域名，如图 2-6 所示。

```
[root@openEuler01 ~]# hostname -f
openEuler01.hgpu.edu.cn
```

图 2-6　显示主机完整域名

示例 2：显示主机所有 IP 地址，如图 2-7 所示。

```
[root@openEuler01 ~]# hostname -I
192.168.10.20 10.0.0.1 2409:8a4c:9020:45d1:a00:27ff:fe9a:7ebf
```

图 2-7　显示主机所有 IP 地址

使用 hostname 命令也可以设置用户名，只是设置的用户名是临时的，重启系统后会丢失。

步骤 9：id 命令的使用。该命令用于显示当前或指定用户详细信息。

【命令格式】id [选项] [用户名]

常用选项如下。

- -u：只显示用户的 id 值。

示例 1：显示当前用户相关信息，如图 2-8 所示。

```
[root@openEuler01 ~]# id
uid=0(root) gid=0(root) groups=0(root) context=unconfined_u:unconfined_r:unconfined_t:s0-s0:c0.c1023
```

图 2-8　显示当前用户信息

示例 2：显示指定用户的相关信息，如图 2-9 所示。

```
[root@openEuler01 ~]# id cjl
uid=1000(cjl) gid=1000(cjl) groups=1000(cjl),10(wheel)
```

图 2-9　显示指定用户信息

步骤 10：su（switch user）命令的使用。该命令用于切换登录用户。

【命令格式】su [选项] [用户名]

常用选项如下。

- -或--login：改变身份时，同时变更用户工作环境。
- -c 或--command：执行指定的命令后恢复原用户身份。
- -s 或--shell：指定要执行的 shell。

用户：要切换到的用户名。

示例 1：切换到 cjl 账号，不改变用户环境，如图 2-10 所示。

```
[root@openEuler01 ~]# su cjl

Welcome to 5.10.0-216.0.0.115.oe2203sp4.x86_64

System information as of time:  Sat Oct 11 04:44:10 PM +11 2025

System load:    0.00
Memory used:    11.0%
Swap used:      0%
Usage On:       9%
IP address:     192.168.10.20
IP address:     10.0.0.1
Users online:   2
To run a command as administrator(user "root"),use "sudo <command>".
[cjl@openEuler01 root]$ pwd
/root
```

图 2-10　不改变环境切换用户

示例 2：切换到 cjl，同时改变用户环境，如图 2-11 所示。

```
[root@openEuler01 ~]# su - cjl
Last login: Mon Jan 27 20:36:02 +11 2025 on pts/0

Welcome to 5.10.0-216.0.0.115.oe2203sp4.x86_64

System information as of time:  Sat Oct 11 04:35:54 PM +11 2025

System load:    0.00
Memory used:    10.5%
Swap used:      0%
Usage On:       9%
IP address:     192.168.10.20
IP address:     10.0.0.1
Users online:   2
To run a command as administrator(user "root"),use "sudo <command>".
[cjl@openEuler01 ~]$
```

图 2-11　改变环境切换用户

任务 4：使用帮助命令

任务描述：openEuler 系统中的命令有上千个，而且还在不断地动态增加。课堂教学中只能涉及其中很小的一部分，而作为一个系统运维人员，需要学会使用各种帮助命令以获取到新命令的用法。

步骤 1：命令语法和参数说明选项 help 的使用。大多数命令都会有--help 或-h 选项，用于显示关于命令的帮助信息，如图 2-12 所示。

```
[root@openEuler01 ~]# ls --help        #显示关于 ls 命令的帮助信息
```

```
Usage: ls [OPTION]... [FILE]...
List information about the FILEs (the current directory by default).
Sort entries alphabetically if none of -cftuvSUX nor --sort is specified.

Mandatory arguments to long options are mandatory for short options too.
  -a, --all                  do not ignore entries starting with .
  -A, --almost-all           do not list implied . and ..
      --author               with -l, print the author of each file
  -b, --escape               print C-style escapes for nongraphic characters
      --block-size=SIZE      with -l, scale sizes by SIZE when printing them;
                               e.g., '--block-size=M'; see SIZE format below
  -B, --ignore-backups       do not list implied entries ending with ~
  -c                         with -lt: sort by, and show, ctime (time of last
                               modification of file status information);
                             with -l: show ctime and sort by name;
                             otherwise: sort by ctime, newest first
  -C                         list entries by columns
```

微课 2-6
使用帮助
命令

图 2-12　ls 命令的相关帮助

从图 2-12 中可以看到，使用 ls -help 命令不仅显示了 ls 命令的用法，还显示了 ls 命令后面可以引导的选项以及选项的功能，其中第 1 列所表示的是可以引导的短选项，第 2 列表示可以引导的长选项，第 3 列表示的是选项的功能。需要注意的是，如果显示的短选项和长选项在同一行，则表示短选项和长选项的功能都和同一行的第 3 列所说明的功能是一样的（图 2-12 中的-a 和--all）；如果不在同一行，则短选项和长选项分别对应所处同一行的第 3 列所显示的功能（如-g 和--full-time）。

步骤 2：详细帮助手册命令 man 的使用。该命令用于显示命令的详细帮助文档，例如：

[root@openEuler01 ~]# man ls

man 命令来源于 man 手册，在/usr/share/man 目录下存放着 man 手册。基本上每个 Linux 的命令都在 man 手册里。

man 命令的配置文件为/etc/man.cfg /man_db.conf，使用 man 命令的显示页面会在命令后附上章节的编号用于区分不同章节中相同的主题名称。例如，ls(1)表示列出目录下的文件。man 章节及内容类型见表 2-1。

表 2-1　man 章节及内容类型

章节	内容类型
1	用户命令（可执行命令和 shell 程序）
2	系统调用（从用户空间调用的内核线程）
3	库函数（由程序库提供）
4	特殊文件（如设备文件）
5	文件格式（用于许多配置文件和结构）
6	游戏（过去的有趣程序章节）
7	惯例、标准和其他（协议和文件系统）
8	系统管理和特权命令（维护任务）
9	Linux 内核 API（内核调用）

👑 默认情况下，openEuler 与帮助相关的文件几乎都没有安装，所以该命令暂时不可用。用户可以用命令 dnf install -y coreutils-help 来完成基本帮助文件的安装。

步骤 3：系统自带的帮助文档的使用。大部分程序下载后会附带帮助文档，如 README、INSTALL、ChangeLog 等，这些文档是关于该程序的帮助说明，供使用者参考查看。

2.3　能力拓展

微课 2-7
提高命令
输入速度

拓展任务 1：如何提高命令输入速度

作为一个专业的系统运维人员，输入命令的速度一定不能太慢。提高输入速度，除了熟练掌握命令的用法以及提高指法外，也可以使用 shell 提供的一些提高命令输入的技巧。不同的 shell 命令输入的技巧会有所不同，下面以/bin/bash 这种 shell 来说明提高命令输入速度的方法。

（1）上下方向键

在输入命令时，如果想执行之前执行过的命令，可以按键盘上的↑键，每按一次，bash 就会显示上一个已经执行过的命令。如果想要执行之前执行过的命令，可以继续按↑键来显示更早执行的命令。如果不小心按多了，想要执行的命令跳过了，则可以按↓键让 bash 显示比当前命令更晚的执行过的命令。

（2）补全命令

在操作 Linux 系统时，有时会忘记某条命令，只记得该命令某个部分，此时可以用 Tab 键来补全命令。当用户所给出的字符串只可能由一条命令与它匹配时，则 Linux 会直接补全该命令，例如：

```
[root@openEuler01 ~]# mkdic<Tab>
[root@openEuler01 ~]# mkdict
```

如果有多种匹配可能，只按一次 Tab 键是不会补全的。连按两次 Tab 键则 bash 会直接给出可能跟字符串匹配的所有可能的命令，例如：

```
[root@openEuler01 ~]# mkdir <Tab><Tab>
mkdict    mkdir     mkdosfs    mkdumprd
```

（3）历史命令

以往在 bash 中所输入并执行的命令会存放在~/.bash_history 文件下，该文件就是命令历史文件。当前用户登录 shell 所执行的命令先会保存在缓存中，当退出 Linux 系统时，这些命令会被写入到命令历史文件中。可以使用 history 命令查看该文件所记录的命令。

```
[root@openEuler01 ~]# history
```

此外，也可以在 history 命令后面追加一些参数来实现其他功能。

```
[root@openEuler01 ~]# history -c        #清空所有的历史命令。
[root@openEuler01 ~]# history n         #显示最近的 n 条历史命令，其中 n 为数字
[root@openEuler01 ~]# history -r        #读取命令历史文件附加到命令历史列表中
[root@openEuler01 ~]# history -w        #保存命令历史列表到指定的命令历史文件中
[root@openEuler01 ~]# history -n        #读取命令历史文件中未读的行到命令历史列表中
```

（4）!n 命令

!n 命令用于直接执行命令历史里的第 n 条命令，其中 n 为阿拉伯数字。先查看历史命令列表，如图 2-13 所示。

```
[root@openEuler01 ~]# history
```

快速执行历史命令列表中的第 2 条命令，如图 2-14 所示。

```
[root@openEuler01 ~]# !2
```

```
1  passwd
2  ip a
3  init 0
4  ip a
5  rpm -a nfs-utils
6  rpm -q nfs-utils
7  rpm -q rpcbind
8  rpm  -q nfs-utils
9  rpm  -q rpcbind
10 cd /etc/yum.repos.d/
11 ll
12 vim openEuler.repo
13 dnf install nfs-utils -y
14 rpm -q nfs-utils
15 init 0
16 mkdir /shareNFS
17 mkdir /shareNFS2
18 mkdir /shareNFS3
19 mkdir /shareNFS1
```

图 2-13 部分历史命令记录

```
ip a
1: lo: <LOOPBACK,UP,LOWER_UP> mtu 65536 qdisc noqueue state UNKNOWN group defaul
t qlen 1000
    link/loopback 00:00:00:00:00:00 brd 00:00:00:00:00:00
    inet 127.0.0.1/8 scope host lo
       valid_lft forever preferred_lft forever
    inet6 ::1/128 scope host
       valid_lft forever preferred_lft forever
2: ens160: <BROADCAST,MULTICAST,UP,LOWER_UP> mtu 1500 qdisc fq_codel state UP gr
oup default qlen 1000
    link/ether 00:0c:29:48:3d:83 brd ff:ff:ff:ff:ff:ff
    inet 192.168.216.137/24 brd 192.168.216.255 scope global dynamic noprefixrou
te ens160
       valid_lft 1756sec preferred_lft 1756sec
    inet6 fe80::20c:29ff:fe48:3d83/64 scope link noprefixroute
       valid_lft forever preferred_lft forever
```

图 2-14 快速执行历史命令记录中的第 2 条

拓展任务 2：常见错误信息分析

初学者在输入命令的过程中，常会出现各种类型的错误，此时系统也会给出对应的错误提示。学习 Linux 应该先要能读懂常见的错误提示，并根据错误提示去找原因，从而给出正确的命令。

（1）command not found

该提示表示所输入的命令系统无法识别，如图 2-15 所示，其原因可能为：

● 命令的拼写错误。

● 没有安装命令所对应的程序，如查看文本的命令 vim 需要安装对应的 vim 软件包才能使用。

```
[cjl@openEuler01 root]$ rmf
bash: rmf: command not found
```

图 2-15 命令找不到

微课 2-8
常见错误
信息分析

（2）No such file or directory

该提示表示没有这个文件或者目录，如图 2-16 所示，其原因可能为：

- 文件或目录名拼写错误。
- 文件或目录的路径不对。

```
[root@openEuler01 ~]# cd abc
bash: cd: abc: No such file or directory
```

图 2-16　没有这个文件或目录

如图 2-16 所示的出错原因是当前目录（/root）下没有 abc 这个目录，所以无法使用 cd 命令切换到/root/abc 目录中。

（3）Permission denied

该提示表示权限被拒绝，如图 2-17 所示，其原因可能是用户在执行某个操作时没有足够的权限。

```
[cjl@openEuler01 root]$ ls
ls: cannot open directory '.': Permission denied
```

图 2-17　权限被拒绝

2.4　项目小结

本项目通过 4 个基本任务和两个拓展任务，系统学习了 Linux 命令的基础操作、系统管理、帮助命令与效率优化等内容，从目录导航到帮助文档查询，从关机命令到错误调试，覆盖了运维工作的核心场景，旨在培养学习者精准操作、快速排错与持续学习的能力，为后续的复杂任务实施奠定坚实基础。

2.5　思考与练习

文本：参考答案

一、简答题

1．简述 Linux 中命令的执行过程。

2．简述如何在命令行界面获得帮助文档。

3．简述什么是 shell，及其在整个计算系统中的作用。

4．简述内部命令和外部命令的区别，并说明如何快速查询到某条命令是内部命令还是外部命令。

5．如何使用命令制定一个让 Linux 系统在 5 分钟之后关机的计划？又该怎么取消这个计划？

二、HCIA 相关考题

1.【单选题】在使用 openEuler 的命令行界面管理维护操作系统时，一般情况下，可以通过（　　）键来补全命令或参数。

  A．上下方向　　　B．空格　　　　C．Enter　　　　D．Tab

2.【判断题】shell 是一个运行在内核中的模块，在用户和硬件之间交互中起着非常重要的作用。（　　）

3.【单选题】在 Linux 系统中，下列命令不能关闭系统的是（　　）。

  A．reboot　　　　B．shutdown　　C．halt　　　　D．poweroff

4.【单选题】下列命令中，可以退出用户当前 shell 的是（　　）。

  A．exit　　　　　B．logout　　　C．Ctrl+c　　　D．Ctrl+z

项目 3
文件系统操作

【学习目标】

知识目标：
- 理解文件系统逻辑结构及主要一级目录的作用。
- 掌握绝对路径与相对路径的概念。

技能目标：
- 能利用各种命令完成对系统的运维操作。

素养目标：
- 通过规范化文件系统管理，培养严谨踏实的工程师职业素养。
- 查找更多国产操作系统相关知识，提升自主学习能力。

PPT：项目 3 文件系统操作

文本：单元设计

3.1 知识储备

3.1.1 文件系统概述

文件系统是操作系统中用于明确存储设备（如硬盘）或分区上的文件的方法和数据结构，即在存储设备上组织文件的方法。操作系统中负责管理和存储文件信息的软件机构就称为文件管理系统，简称"文件系统"。

从系统的角度来看，文件系统是对文件存储设备的空间进行组织和分配，负责文件存储并对存入的文件进行保护和检索的系统。从用户的角度看，文件系统负责为用户建立文件，存入、读出、修改、转储文件，以及当用户不再使用时撤销文件等。

文件系统的功能包括管理和调度文件的存储空间，提供文件的逻辑结构、物理结构和存储方法，实现文件从标识到实际地址的映射、文件的控制操作和存取操作、文件信息的共享并提供可靠的文件保密和保护措施。

不同操作系统所支持的文件系统是不同的，Windows 支持的常见文件系统有 FAT 和 NTFS，Linux 支持的常见文件系统有 EXT 和 XFS 等。

3.1.2　Linux 文件系统结构

Linux 文件系统结构是"一棵单根倒挂的树",系统使用"/"符号表示文件系统的入口,也是唯一入口,称为根目录。根目录是系统中最高一级的目录,其他目录和文件都组织在其之下,如图 3-1 所示。

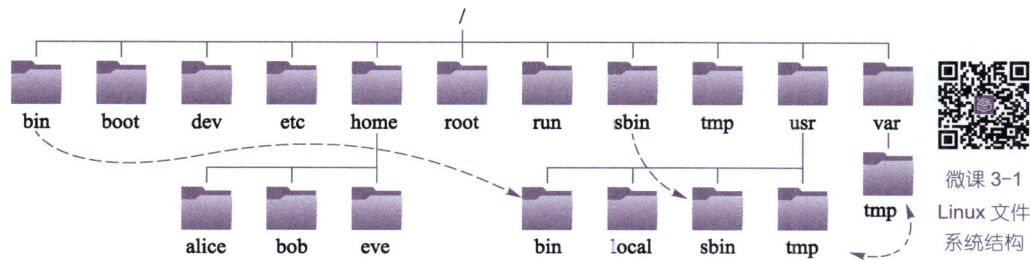

图 3-1　文件系统结构(部分)

各目录的含义如下。
- /：根,整个文件系统的唯一入口,通过操作系统访问任何数据都得从这个入口起步。
- /bin：bin 是 Binary 的缩写,该目录存放着最经常使用的命令。
- /sbin：s 是 Super User(超级用户)的意思,这里存放的是系统管理员使用的系统管理程序。
- /root：该目录为系统管理员,也称作超级权限者的用户主目录。
- /home：用户的主目录,在 Linux 中,每个用户都有一个自己的目录,一般该目录名是以用户的账号命名的。
- /boot：该目录中存放的是启动 Linux 时使用的一些核心文件,包括一些连接文件以及镜像文件。
- /etc：该目录用来存放所有的系统管理所需要的配置文件和子目录。
- /dev：dev 是 Device(设备)的缩写,该目录下存放的是 Linux 的外部设备,在 Linux 中访问设备的方式和访问文件的方式是相同的。
- /usr：一个非常重要的目录,用户的很多应用程序和文件都放在该目录下,类似于 Windows 系统中的 Program Files 目录。
- /lib：该目录里存放着系统最基本的动态连接共享库,其作用类似于 Windows 系统中的 DLL 文件。几乎所有的应用程序都需要用到这些共享库。
- /opt：给主机额外安装软件所设置的目录,例如要安装一个 Oracle 数据库,就可以放到该目录下,默认是空的。
- /var：该目录中存放着在不断扩充着的东西,一般习惯将那些经常被修改的目录放在该目录下,包括各种日志文件。
- /media：Linux 系统会自动识别一些设备,如 U 盘、光驱等,识别后 Linux 会把相应设备挂载到该目录下。
- /mnt：系统提供该目录是为了让用户临时挂载别的文件系统,例如可以将光驱挂载在 /mnt/上,然后进入该目录就可以查看光驱里的内容了。

- /tmp：该目录是用来存放一些临时文件的。
- /srv：该目录存放一些服务启动之后需要提取的数据。
- /sys：该目录是 Linux 2.6 内核的一个很大的变化，其下安装了内核中新出现的一个文件系统 sysfs。
- /proc：该目录是一个虚拟的目录，它是系统内存的映射，可以通过直接访问该目录来获取系统信息。
- /run：一个临时的文件系统，存储系统启动以来的信息。当系统重启时，该目录下的文件应该被删掉或清除。

👑 学习者应该记住常见目录的作用，这是后期进行系统运维的基础。

3.1.3 路径

Linux 文件系统采用树形层次结构。基于"一切皆文件"的思想，在 Linux 文件系统中，文件被组织在分层级的树形结构中的某一处，即目录或子目录中，另外目录中还可以包含其他文件或子目录。路径是访问文件系统中文件和目录的关键，在进行系统运维的时候，都要写明被调用的程序或文件的路径。

路径描述方法有绝对路径和相对路径两种。

1）绝对路径是指从根目录开始的完整路径，如果一个文件路径的描述是从根目录开始的，那一定是绝对路径。无论当前所在目录在哪里，都能准确定位到目标目录或文件，如 /usr/local/share 就是一个绝对路径的描述方法。

2）相对路径是指相对于当前所在目录来说，用上下关系来描述的路径，此时，一定要关注当前所在位置。在用相对方法来描述一个路径时，要用到以下一些特殊符号。

- ~ ：表示当前登录用户的家目录。
- .：表示当前目录。
- ..：表示当前目录的上一级目录。
- -：表示上一个工作目录。

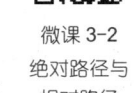

微课 3-2
绝对路径与
相对路径

例如，.zhang/first 表示当前目录下的 zhang/first 目录，../wang/表示当前目录的上一级目录下的 wang 目录。

👑 关于绝对路径与相对路径的描述，对初学者来说是一个难点，一定要多加练习才能突破。用绝对方法还是相对方法来描述一个路径都是可以的，学习者可根据应用场景来进行选择。

3.1.4 Linux 文件类型

Linux 中的文件分为以下几种类型。

1）普通文件（Regular File）：最常见的文件类型，包含数据，如文本文件、二进制文件等，可以通过文本编辑器或应用程序打开和编辑。

2）目录文件（Directory File）：用于组织和管理文件或子目录的容器。

3）符号链接文件（Symbolic Link File）：类似于 Windows 系统中的快捷方式，指向另一个文件或目录。

4）块设备文件（Block Device File）：用于表示磁盘分区、硬盘驱动器、CD-ROM 等块存储设备，如/dev/sda1，表示第 1 块磁盘上的第 1 个分区。

5）字符设备文件（Character Device File）：用于表示串行端口、打印机等字符设备，如/dev/ttyS0。

6）管道文件（Named Pipe File）：用于进程间通信的一种特殊文件，如/tmp/fifo_pipe。

7）套接字文件（Socket File）：用于网络通信的文件类型，通常位于/var/run 目录下。

3.2 项目实施

微课 3-3
目录管理

任务 1：目录管理

任务描述：目录即文件系统树中的分枝，所谓目录管理，其实就是对这棵树的分枝进行增、减、查等操作。项目 2 中已经讲过的 pwd、cd 命令这里不再赘述。本任务实现对目录内容的显示，以及目录的创建、删除、复制、统计、移动和重命名等操作。

步骤 1：目录内容显示命令 ls 的使用。该命令可以列出关于目录内容（默认为当前目录）的信息。

【命令格式】ls [选项] [文件或目录]

常用选项如下。

- -a 或--all：用于显示目录中全部的文件列表，包含.(点)和..（点点）。
- -A 或--almost-all：用于显示目录中全部的文件列表，不包含.(点)和..（点点）。
- --color[=WHEN]：带颜色输出。
- -d 或--directory：显示目录本身的信息，此选项不能单独使用，一般和-l 配合使用。
- -h 或--human-readable：人性化（人可阅读的方式，即自动匹配文件的大小并添加单位）显示目录中的文件列表，此选项不能单独使用，一般配合-l 选项一起使用。
- -i 或--inode：用于显示目录中文件的 inode 编号。
- -l：长格式显示，可以以更详细的方式显示目录中的文件列表。
- -r 或--reverse：用于逆序显示目录中的文件列表（升序表示从小到大、降序表示从大到小，系统一般默认升序）。
- -R 或--recursive：用于全部 展现 目录及目录中的子目录（还包括了子子目录等）的全部文件列表清单（逐级显示目录中的全部文件列表）。
- -1：用于单列显示目录中的文件列表。

示例 1：长格式显示/boot 目录内容。

[root@localhost ~]# ls -l /boot

示例 2：显示/boot 目录内容时自动匹配文件大小，自动加单位。

[root@localhost ~]# ls -lh /boot

示例 3：显示 /boot 目录本身的信息。

[root@localhost ~]# ls -ld /boot

示例 4：查看当前目录下的全部文件，包括可能存在的隐藏文件。

[root@localhost ~]# ls -a

示例 5：显示当前目录下的全部文件，不包括点和点点。

[root@localhost ~]# ls -A

示例 6：逆序显示 /boot 目录中的内容。

[root@localhost ~]# ls -lr /boot

示例 7：完整查看 /boot 目录中的全部内容，包括子目录及子目录中的文件。

[root@localhost ~]# ls -R /boot

示例 8：单列显示当前目录的全部文件列表，包括可能存在的隐藏文件。

[root@localhost ~]# ls -1a

步骤 2：创建目录命令 mkdir 的使用。该命令用于创建目录。

【命令格式】mkdir [选项] <目录名>

常用选项如下。

- -p 或 --parents：级联创建目录，如目录中父级目录不存在，一并创建；如果目录中父级目录已存在，则跳过。
- -v 或 --verbose：显示创建过程信息。

示例 1：在根目录下创建 test 目录。

[root@localhost ~]# mkdir /test

示例 2：在根目录下创建 c 目录，但 c 位于 b 目录之下，而 b 目录位于 a 目录之下，而 a 目录位于根目录之下，显示创建过程。

[root@localhost ~]# mkdir -pv /a/b/c

步骤 3：删除空目录命令 rmdir 的使用。该命令用于删除指定的空目录。

【命令格式】rmdir [选项] <目录名>

常用选项如下。

- -p 或 --parents：级联删除目录，如删除子目录导致父级目录为空，则将父级目录一并删除，直到父级目录不为空时停止。
- -v 或 --verbose：显示删除过程信息。

示例 1：删除根目录下的 test 目录。

[root@localhost ~]# rmdir /test

示例 2：级联删除 /a/b/c 目录，显示过程。

[root@localhost ~]# rmdir -pv /a/b/c

步骤 4：复制目录命令 cp 的使用。该命令用于复制单个或多个源目录到目标目录。

【命令格式】cp [选项] <源目录> <目标目录>

常用选项如下。
- -a 或--archive：存档，保留所有目录属性。
- -p：复制时保留目录权限。
- -R 或-r 或--recursive：递归复制目录及其子目录内的所有内容。
- -v 或--verbose：显示详细的进行步骤。

示例：将/etc 目录复制到当前用户家目录下，并改名为 etc1，显示复制过程。

[root@localhost ~]# cp -rpv /etc ~/etc1

步骤 5：查看目录的磁盘使用情况命令 du 的使用。该命令用于对目录递归地总结文件集的磁盘使用情况。

【命令格式】du [选项] [文件或目录]

常用选项如下。
- -h 或--human-readable：自动添加容量单位。
- -s 或--summarize：用于汇总结果。

示例：统计/etc 目录所占磁盘的大小。

[root@localhost ~]# du -sh /etc

步骤 6：移动目录命令 mv 的使用。该命令主要有以下两个作用：

1）移动源目录到目标目录，注意前提是源目录所在路径与目标目录所在路径不同。

2）从源目录名更名到新目录名，注意前提是源目录所在路径与目标目录所在路径相同。

【命令格式】mv [选项] <源目录> <目标目录>

常用选项如下。
- -f 或--force：覆盖前不询问。
- -i 或--interactive：覆盖前询问。
- -v 或--verbose：显示过程。

示例 1：将当前用户家目录中的 etc1 目录移动至/tmp 目录中，不改名，显示过程。

[root@localhost ~]# mv -v ~/etc1 /tmp/

示例 2：将/tmp/etc1 目录重命名为 etc2。

[root@localhost ~]# mv /tmp/etc1 /tmp/etc2

步骤 7：目录切换命令 cd 的使用。该命令用于切换工作目录。

【命令格式】cd [选项] [路径]

示例 1：切换目录到/boot。

[root@localhost ~]# cd /boot

示例 2：切换目录到当前目录的上一级目录。

[root@localhost boot]# cd ..

示例 3：切换目录到用户家目录。

[root@localhost /]# cd ~

示例 4：切换目录到上一次的目录。

[root@localhost ~]# cd -

示例 5：返回用户家目录。

[root@localhost /]# cd

任务 2：文件管理操作

任务描述：文件即文件系统树中的叶子，文件管理即对树中的叶子完成增、删、改、查等操作。

步骤 1：新建文件命令 touch 的使用。该命令将每个文件的访问和修改次数更新为当前时间，如果该文件名对应的文件不存在，则创建它，内容为空。若需要创建非空文件，可利用 echo 命令结合输出重定向功能创建文件。

【命令格式】touch [选项] <文件>

常用选项如下。

- -a：只更改访问时间。
- -c 或--no-create：不创建任何文件。
- -m：只更改修改时间。
- -r 或--reference=FILE：使用指定文件的时间，而不是当前的时间。
- -t STAMP：使用 [[CC]YY]MMDDhhmm[.ss] 格式设置时间，而不是当前时间。

微课 3-4
文件管理
操作

示例 1：在用户家目录下创建空文件 file1 和 file2。

[root@localhost ~]# touch file1 file2

示例 2：在用户家目录下的 test 目录中创建名为 file1～file10 的 10 个文件。

[root@localhost ~]# mkdir -p ~/test; touch ~/test/file{1..10}

示例 3：在用户家目录下的 test1 目录中创建名为 ac、ad、bc 和 bd 的 4 个文件。

[root@localhost ~]# mkdir -p ~/test1 && touch ~/test/{a,b}{c,d}

注意体会上述命令中大括号的用法。

步骤 2：删除文件命令 rm 的使用。该命令用于移除文件。

【命令格式】rm [选项] <文件或目录>

常用选项如下。

- -f 或--force：强制，不交互。
- -r 或-R 或--recursive：递归删除目录及目录内容。
- -d 或--dir：删除空目录。
- -v 或--verbose：显示过程。

示例：删除用户家目录下的 test 目录及目录内容，无需确认。

```
[root@localhost ~]# rm -rf ~/test
```

步骤 3：复制文件命令 cp 的使用。该命令用于复制一个或多个源文件到目标目录，与复制目录的用法相同，不再赘述。

步骤 4：移动文件命令 mv 的使用。该命令主要有以下两个作用：

1）移动源文件到目标目录，前提是源文件所在路径与目标目录所在路径不同，与移动目录的用法相同。

2）从源文件名更名到新文件名，前提是源文件所在路径与目标文件所在路径相同，与重命名目录的用法相同。

步骤 5：查找文件命令 find 的使用。该命令用于在系统中查找符合条件的文件。

【命令格式】find [选项] [查找路径] [查找条件] [处理动作]

常用选项如下。

- −name：按文件名查找。
- −iname：按文件名查找，忽略大小写。
- −type：按文件类型查找。
- −size [+−]m：按文件字节（B）数查找，支持 KB、MB、GB。
- m：刚好 m 字节 B。
- +m：m 字节及以上。
- −m：m 字节以下。

查找路径：指定具体目标路径，默认为当前目录。

查找条件：指定的查找标准，可以按文件名、大小、类型、权限等标准进行，默认为找出指定路径下的所有文件。

处理动作：对符合条件的文件进行的操作，默认显示至屏幕，常用动作如下。

- −print：默认的处理动作，显示至屏幕。
- −ls：类似于对查找到的文件执行 ls −l 命令。
- −delete：删除查找到的文件。
- −fls /path/to/somefile：查找到的所有文件的长格式信息保存至指定文件中。
- −exec COMMAND {} \;：对查找到的每个文件执行由 COMMAND 指定的命令。
- −ok COMMAND {} \;：对查找到的每个文件执行由 COMMAND 指定的命令，但对于每个文件执行命令之前，都会交互式要求用户确认。
- {}：用于引用查找到的文件名称自身。

示例 1：在/boot 目录中查找第 1 个字母是小写 sy 开头的文件。

```
[root@localhost ~]# find /boot −name "sy*"
```

示例 2：在/boot 目录中查找第 1 个字母是 sy 开头的文件，大小写都包含。

```
[root@localhost ~]# find /boot −iname "sy*"
```

示例 3：查找当前系统中所有管道文件。

```
[root@localhost ~]# find / −type p
```

示例 4：分别查找/boot 目录中容量小于 10 MB 和大于 10 MB 的文件。

```
[root@localhost ~]# find /boot -size -10M -exec ls -lh {} \;
[root@localhost ~]# find /boot -size +10M -ok ls -lh {} \;
```

任务 3：文本处理操作

任务描述：openEuler 系统中的文件大多数是文本类型的文件，所以在系统中提供了大量的命令来实现对文本文件的处理，如文本内容的显示、截取、排序、统计和过滤等。

步骤 1：串联输出命令 cat 的使用。该命令将文件内容全部显示到标准输出。

【命令格式】cat [选项] <文件>…

常用选项如下。

- -A 或--show-all：等效于-vET。
- -e：等效于-vE。
- -E 或--show-ends：在行尾显示行结束符"$"。
- -n 或--number：输出时显示行号。
- -T 或--show-tabs：将跳格字符显示为"^I"。
- -v 或--show-nonprinting：使用"^"和"M-"引用，除了 LFD 和 TAB 之外。

微课 3-5
文本处理
操作

示例 1：输出一个文件内容。

```
cat run.txt
```

示例 2：串联两个文件一起输出。

```
cat test.txt run.txt
```

步骤 2：分页显示命令 more 与 less 的使用。

（1）more 命令

该命令用于实现分屏显示文本内容，显示完自动退出到命令行，过程中可按 Q 键退出。

【命令格式】more [选项] <文件>

常用选项如下。

- -s 或--squeeze：压缩多个空行为一行。
- -n 或--lines <number>：设置每屏的行数。

（2）less 命令

该命令用于实现分屏显示文本内容，显示至最后一行之后不会自动退出到命令行，可随时按 Q 键退出。

【命令格式】less [选项] <文件>

常用选项如下。

- -N：显示行号。
- -S 或--squeeze-blank-lines：将多个连续的空白行合并为一个空白行显示。

分页显示后的常用翻页按键功能如下。

- PageUp/PageDown：前后翻页。
- 上下箭头：前后翻页。
- Backspace/空格：前后翻页。
- Enter：向后移一行。

示例 1：设置每屏显示 5 行。

more –n 5 test.txt

示例 2：添加行号显示。

less –N test.txt

以上两条命令都有多种前后翻页方式，more 命令退出后会在 shell 上留下刚显示的内容，而 less 命令则不会。此外，less 命令还提供了强大的搜索功能。

步骤 3：显示头部命令 head 的使用。该命令用于实现显示文件内容的开头若干行。
【命令格式】head [选项] <文件>
常用选项如下。
- –c 或 --bytes=[-]NUM：按字节数显示内容的多少。
- –n 或 --lines=[-]NUM：按行数显示内容的多少，默认为 10 行。

示例：显示文件/etc/hosts 的开头两行。

[root@localhost ~]# head –2 /etc/hosts

步骤 4：显示尾部命令 tail 的使用。该命令用于实现显示文件内容的结束倒数若干行。
【命令格式】tail [选项] <文件>
常用选项如下。
- –n 或 --lines=[-]NUM：按行数（最后一行开始倒数）显示内容的多少，默认为 10 行。
- –f 或 --follow[={name|descriptor}]：跟踪显示文件内容的变化，即持续显示而不退出，需要按 Ctrl+C 键退出。

示例 1：显示文件/etc/resolv.conf 的尾部两行。

[root@localhost ~]# tail –2 /etc/resolv.conf

示例 2：动态监视日志文件。

[root@localhost ~]# tail –f /var/log/messages

步骤 5：截取文件命令 cut 和 awk 的使用。这两个命令都用于截取文件中选定的内容输出到屏幕。

（1）cut 命令
【命令格式】cut [选项] <文件>
常用选项如下。
- –d 或 --delimiter=分界符：使用指定分界符代替制表符作为区域分界。
- –f 或 --fields=列表：只选中指定的这些列，列的表式方式如下。

N：指定第 N 列。
N–：指定从 N 列到最后一列。
N–M：指定从 N 列开始到 M 列。
–M：指定从第一列到 M 列。

示例：以"："为分隔符，截取/etc/passwd 文件中的第 1、3、6、7 这 4 个字段值。

```
[root@localhost ~]# cut -d: -f1,3,6-7 /etc/passwd
```

（2）awk 命令

【命令格式】awk '模式 {动作}' <文件>
- 模式：一个正则表达式或条件表达式，用于匹配输入行。
- 动作：在匹配行上执行的命令块，用大括号"{}"括起来。
- 文件：如果没有指定文件，awk 会从标准输入读取数据。

常用选项如下。
- {print $N}：打印指定列，默认以空格为分隔符。
- -F：指定分隔符，支持正则表达式。
- NR==M：仅第 M 行。

示例 1：以"："为分隔符，截取/etc/passwd 文件中第 1 行的第 3 个字段值。

```
awk -F: 'NR==1 {print $3}' /etc/passwd
```

示例 2：以"："为分隔符，截取/etc/passwd 文件中所有行的第 1 个和第 3 个字段值。

```
awk -F: '{ print $1,$3 }' /etc/passwd
```

步骤 6：文件排序命令 sort 的使用。该命令将所有已排序的文件串接输出到屏幕。

【命令格式】sort [选项] <文件>

常用选项如下。
- -t 或--field-separator=分隔符：使用指定的分隔符代替非空格到空格的转换。
- -k 或--key=KEYDEF：标识排序字段。
- -n 或--numeric-sort：表示如果排序字段为数字，以数值大小排序。
- -r 或--reverse：表示数值逆序排序。
- -u 或--unique：去除重复。
- -o 或--output=文件：将结果写入到文件而非标准输出。

示例：以"："为分隔符，以/etc/passwd 文件中的第 3 个字段即 UID 为排序标准，按数值大小逆序排列所有账户记录，将结果保存在 sort.txt 文件中。

```
[root@localhost ~]# sort -t: -k3 -n -r -o sort.txt /etc/passwd
```

步骤 7：文件统计命令 wc 的使用。该命令用于打印每个文件的行数、词数和字节数。

【命令格式】wc [选项] <文件>

常用选项如下。
- -l 或--lines：统计行数。
- -w 或--words：统计词数。
- -c 或--bytes：统计字符数。

示例 1：统计系统中现有用户账户总数。

```
[root@localhost ~]# wc -l /etc/passwd
```

示例 2：统计文件中的单词总数。

```
[root@localhost ~]# wc -w test.txt
```

步骤 8：文件过滤命令 grep 的使用。该命令用于在文件中搜索（过滤）匹配对应模式的行。

【命令格式】grep [选项] "搜索模式" <文件名或目录>

常用选项如下。

- -v 或--invert-match：对关键词取反匹配，即不包括关键字所在的行。
- -n 或--line-number：在匹配到的行前加行号，此行号是匹配到的关键字所在当前文件中的行号。
- -A 或--after-context=NUM：表示查找到指定内容后，同时显示包含内容所在的行及其之后的 NUM 行。
- -B 或--before-context=NUM：表示查找到指定内容后，同时显示包含内容所在的行及其之前的 NUM 行。
- -C 或--context=NUM：表示查找到指定内容后，同时显示包含内容所在的行及其上下各 NUM 行。
- -E 或--extended-regexp：模式支持扩展正则表达式。
- -E '(x|y)'：表示查找指定内容 x 或者 y 所匹配到的行。
- -o 或--only-matching：只显示匹配模式部分的行。
- -i 或--ignore-case：忽略大小写。
- -w 或--word-regexp：强制模式仅完全匹配字词。

示例 1：过滤/etc/hosts 文件中以字符串"::1"开头的行，并显示其在文档中是第几行。

[root@localhost ~]# grep –n ^::1 /etc/hosts

示例 2：过滤/etc/hosts 文件中以字符串"::1"开头的行及之上的 3 行。

[root@localhost ~]# grep –B3 ^::1 /etc/hosts

示例 3：过滤/etc/hosts 文件中以字符串"::1"开头的行及之下的 3 行。

[root@localhost ~]# grep –A3 ^::1 /etc/hosts

示例 4：过滤/etc/hosts 文件中以字符串"::1"开头的行，并以此行为中心，显示上下各 3 行。

[root@localhost ~]# grep –C3 ^::1 /etc/hosts

示例 5：过滤/etc/hosts 文件中非"#"开头的行。

[root@localhost ~]# grep –v ^# /etc/hosts

示例 6：过滤/etc/hosts 文件中非"#"开头或者非空的行。

[root@localhost ~]# grep –v –E '^#|^$' /etc/hosts

任务 4：文件的压缩与解压缩

任务描述：压缩文件后再存放可以节省磁盘空间，同时提高文件的安全性；从网上下载的软件包都是压缩格式，解压后才能使用，所以压缩与解压缩操作是文件管理的必备能力。使用不同压缩工具压缩的文件一般有不同的扩展名，便于后期解压缩。openEuler 常用的压缩文件扩展名有 gz、bz、zip、xz、tar、tar.gz 和 tar.bz2 等，分别对应不同的压缩工具，下面逐一讲解。

步骤 1：zip/unzip 命令对的使用。该命令对特点如下：

1）跨平台常用格式，支持直接包含多个文件和目录。
2）在 Linux 中，可以使用 zip 和 unzip 命令来压缩和解压缩 zip 格式文件。
3）因其广泛的兼容性和易用性，成为 Windows 和 macOS 默认的压缩格式。

【命令格式】zip [选项] <压缩包名.zip> <文件或目录>…

常用选项如下。

- -r：递归压缩整个目录。
- -q：安静模式，不显示压缩过程。
- -f：通过强迫覆盖现有的 zip 格式文件来创建新的 zip 格式文件。
- -m：将文件移动到 zip 格式文件中，而不是复制文件。
- -d：从 zip 格式文件中删除指定的文件。
- -u：更新 zip 格式文件中已经存在的文件，或者将新文件追加到 zip 格式文件的末尾。
- -l：显示 zip 格式文件的详细信息。

微课 3-6
文件的压缩
与解压缩

示例：

```
[root@localhost ~]# zip -r archive.zip file1 file2 dir/    #压缩文件和目录
[root@localhost ~]# unzip archive.zip                       #解压文件，生成 file1、file2、dir/等
```

步骤 2：gzip/gunzip 命令对的使用。该命令对特点如下：

1）高效且常用，常与 tar 命令联合使用。
2）使用 GNU ZIP（gzip）工具进行压缩，通常用于压缩单个文件或文件流。
3）压缩完成后会默认删除源文件（除非使用特定选项保留）。

【命令格式】gzip [选项] <文件名>…

常用选项如下。

- -f 或 --force：强制压缩或解压缩文件，即使目标文件已存在或文件没有读写权限。
- -r 或 --recursive：递归压缩目录中的所有文件。
- -v 或 --verbose：显示详细的压缩或解压缩过程。
- -1 到 -9：指定压缩级别，-1 表示最快的压缩速度但压缩率最低，-9 表示最慢的压缩速度但压缩率最高，默认是 -6。
- -t：测试压缩文件的完整性。
- -l：显示压缩文件的信息，如原始大小、压缩后大小、压缩率等。

示例：

```
[root@localhost ~]# gzip filename              #压缩文件，生成 filename.gz
[root@localhost ~]# gunzip filename.gz         #解压缩文件，还原为 filename
```

步骤 3：bzip2/bunzip2 命令对的使用。该命令对特点如下：

1）压缩率较高，但速度相对较慢。
2）广泛用于压缩大文件，尽管压缩和解压缩速度较慢。
3）提供比 gzip 命令更高的默认压缩比。

【命令格式】bzip2 [选项] <文件名>…

常用选项如下。

- -d 或 --decompress 或 --uncompress：解压缩文件。
- -f 或 --force：强制压缩或解压缩文件，即使目标文件已存在或文件没有读写权限。
- -v 或 --verbose：显示详细的压缩或解压缩过程。
- -1 到 -9：指定压缩级别，-1 表示最快的压缩速度但压缩率最低，-9 表示最慢的压缩速度但压缩率最高，默认是 -9。
- -c 或 --stdout：将压缩或解压缩的结果输出到标准输出。
- -t：测试压缩文件的完整性。
- -s 或 --small：减少内存使用量，适用于内存较小的系统。
- -q：抑制非错误消息的输出。

示例：

```
[root@localhost ~]# bzip2 filename            #压缩文件，生成 filename.bz2
[root@localhost ~]# bunzip2 filename.bz2      #解压缩文件，还原为 filename
```

步骤 4：xz/unxz 命令对的使用。该命令对特点如下：

1）基于 LZMA2 算法（Lempel-Ziv-Markov Chain Algorithm）的压缩文件格式。
2）提供了非常高的压缩比，通常比 gz 和 bz2 格式更高效，尤其适用于压缩大文件。
3）在 Linux 和类 UNIX 系统中非常流行，并且常用于软件包的分发和备份。

【命令格式】xz [选项] <文件名>…

常用选项如下。

（1）压缩选项

- -1 到 -9：指定压缩级别。数字越大，压缩比越高，但耗时也会增加，默认级别为 -6。
- -k 或 --keep：保留原始文件，不删除压缩前的文件。
- -f 或 --force：强制覆盖已存在的同名文件。
- -v 或 --verbose：显示详细的压缩进度信息。
- -T 或 --threads=NUM：指定压缩时使用的线程数，可以加快压缩速度。
- -e 或 --extreme：使用更多的 CPU 时间来增加压缩比，但可能会增加压缩时间。

（2）解压缩选项

- -k 或 --keep：保留压缩文件，不删除解压缩后的文件。
- -v 或 --verbose：显示详细的解压缩进度信息。

示例：

```
[root@localhost ~]# xz filename           #压缩文件，生成 filename.xz
[root@localhost ~]# unxz filename.xz      #解压缩文件，还原为 filename
[root@localhost ~]# xz -k file.txt        #将 file.txt 压缩为 file.txt.xz，并保留原始文件 file.txt
[root@localhost ~]# xz -9 file.txt        #使用最高压缩级别（9）将 file.txt 压缩为 file.txt.xz
[root@localhost ~]# xz -T 4 file.txt      #使用 4 个线程将 file.txt 压缩为 file.txt.xz
```

步骤 5：tar 命令的使用。该命令用于打包多个文件或目录，但本身不进行压缩，通常与其他压缩算法（如 gzip 或 bzip2）结合使用，以生成如 tar.gz 或 tar.bz2 等压缩文件。

【命令格式】tar [选项] <归档文件名.tar> <文件或目录>…

常用选项如下（结合压缩算法）。

- –c：创建新的归档文件。
- –x：从归档文件中提取文件。
- –v：显示处理的文件信息。
- –f：指定归档文件的名称。
- –z：通过 gzip 来压缩或解压缩归档文件（生成 tar.gz 格式）。
- –j：通过 bzip2 来压缩或解压缩归档文件（生成 tar.bz2 格式）。
- –J：通过 xz 来压缩或解压缩归档文件（生成 tar.xz 格式）。

示例：

```
[root@localhost ~]# tar –cvf archive.tar dir/           #创建一个 tar 归档文件，不压缩
[root@localhost ~]# tar –czvf archive.tar.gz dir/       #创建一个 gzip 压缩的 tar 归档文件
[root@localhost ~]# tar –cjvf archive.tar.bz2 dir/      #创建一个 bzip2 压缩的 tar 归档文件
[root@localhost ~]# tar –cJvf archive.tar.xz dir/       #创建一个 xz 压缩的 tar 归档文件
[root@localhost ~]# tar –xvf archive.tar                #解压一个 tar 归档文件
[root@localhost ~]# tar –xzvf archive.tar.gz            #解压缩一个 gzip 压缩的 tar 归档文件
[root@localhost ~]# tar –xjvf archive.tar.bz2           #解压缩一个 bzip2 压缩的 tar 归档文件
[root@localhost ~]# tar –xJvf archive.tar.xz            #解压缩一个 xz 压缩的 tar 归档文件
```

以上介绍的压缩格式各有优缺点，用户可以根据具体需求选择合适的压缩格式和工具。

任务 5：vim 编辑器的基本应用

微课 3-7
vim 编辑器的
基本应用

任务描述：Linux 系统的管理很多时候是通过对相应的配置文件进行编辑修改实现，而配置文件都是纯文本格式。前面所学的命令主要是对文本文件进行查看，编辑功能非常有限。要实现对系统中的文本文件进行高效编辑，就要用到文本编辑器 vim。

vim（vi improved）是一种高度可配置交互式的文本编辑器，广泛用于 Linux 系统中的文本编辑任务。它是从古老的 vi 编辑器发展而来的，提供了更多功能、更高的效率和更强的自定义能力。vim 以其强大的键盘快捷键和模式化的编辑方式而闻名，掌握其基本的操作模式和快捷键，对于 Linux 系统从业人员来说至关重要。一旦掌握该工具，可以极大地提高文本编辑的效率。

vim 有以下 3 种主要的工作模式。

1）编辑模式（Normal Mode）：这是 vim 的默认模式，用于执行大多数命令，如移动光标、删除文本、复制及粘贴等。

2）输入模式（Insert Mode）：在此模式下，用户可以像在使用普通文本编辑器一样输入文本。按下 i、a、o 等键可以从编辑模式切换到输入模式。

3）命令行模式（Command-Line Mode）：通过在这个模式下输入命令，可以执行如保存文件、退出 vim、搜索替换等高级操作，通常通过按冒号（:）键从编辑模式进入。

用逻辑图能更直观地表达 3 种模式之间的转换方法，如图 3-2 所示。

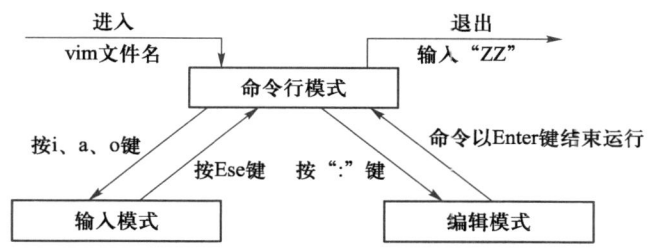

图 3-2 vim 编辑器的 3 种模式

步骤 1：启动 vim。在终端中输入 vim 后跟文件名（如果文件不存在，vim 会创建一个新文件）即可启动 vim，启动后默认在编辑模式下。例如：

[root@localhost ~]# vim myfile.txt

步骤 2：输入文本（切换至输入模式）。下列按键用于将编辑模式切换至输入模式。
- i：在当前光标位置前插入文本。
- a：在当前光标位置后插入文本。
- o：在当前行下方新开一行并插入文本。
- I：在当前行的第一个非空白字符前插入文本。
- A：在当前行的末尾插入文本。
- O：在当前行上方新开一行并插入文本。

步骤 3：光标移动（回退至编辑模式）。
- h：左移一个字符。
- j：下移一行。
- k：上移一行。
- l：右移一个字符。
- w：移动到下一个单词的开头。
- b：移动到前一个单词的开头。
- e：移动到当前单词的末尾。
- 0/^/home：移动到当前行的开头。
- $/end：移动到当前行的末尾。
- G：移动到文件的末尾。
- gg：移动到文件的第一行。
- {n}G：移动到文件的第 n 行（例如，10 G 表示移动到第 10 行）。

使用上、下、左、右方向键可以实现上、下移动一行或者左、右移动一个字符。

步骤 4：删除文本（编辑模式）。
- x：删除当前光标位置的字符。
- dw：删除从当前光标位置到下一个单词开头的文本。
- dd：删除当前行。
- {n}dd：删除当前行开始的 n 行。
- d$：删除从当前光标位置到行尾的文本。

- d0/d^：删除从当前光标位置到行首的文本。
- dgg：删除光标所在行到文件头。
- dG：删除光标所在行至文件尾。

步骤 5：复制与粘贴（编辑模式）。
- yy：复制当前行。
- {n}yy：复制当前行以下的 n 行。
- yw：复制从当前光标位置到下一个单词开头的文本。
- p（小写）：粘贴到当前光标位置的下一行或之后。
- P（大写）：粘贴到当前光标位置的前一行或之前。

步骤 6：撤销与重做（编辑模式）。
- u：撤销上一个操作。
- Ctrl+r：重做上一个被撤销的操作。

步骤 7：查找（编辑模式）。
- /：进入查找模式，输入要查找的字符串后按 Enter 键。
- n：查找下一个匹配项。
- N：查找上一个匹配项。

步骤 8：替换与加行号（命令行模式）。
- :%s/old/new/g：在整个文件中将 old 替换为 new（g 表示全局替换）。
- :%s/old/new/gc：在替换前要求确认每个匹配项。
- :set number：在文本中给每行加行号，提高可读性。

步骤 9：保存与退出（命令行模式）。
- :w：保存文件。
- :q：退出 vim。
- :wq 或:x：保存并退出。
- :q!：不保存更改并退出。

vim 编辑功能强大但命令繁多，上面只给出了常见的一些命令，学习者应多加练习才能掌握。

任务 6：文本的非交互编辑

微课 3-8 文本的非交互编辑

任务描述：vim 是一个交互式的文本编辑工具，但有时需要在非交互模式下完成文本的编辑，如在脚本中，这时就可以使用 sed 命令。sed（Stream Editor，流编辑器）是一个强大的文本处理工具，能够对文本进行查找、替换、删除、插入等多种操作，文本可来自文件，也可来自标准输入流。

使用 sed 命令处理文件时，会读取文件中的一行内容到临时缓冲区（模式空间），然后根据指定的命令对该行进行处理，处理完成后将结果输出到屏幕上（除非使用了重定向等特殊操作）。默认情况下，sed 不会直接修改源文件。

步骤 1：sed 命令的使用。

【命令格式】sed [选项] '子命令' <文件名>

选项：可选参数，用于指定 sed 命令的行为，常用选项如下。
- -e script 或--expression=script：添加脚本到要执行的命令中。
- -f script-file 或--file=script-file：从文件中读取脚本。
- -i[SUFFIX]或--in-place[=SUFFIX]：直接修改文件内容，而不是输出到标准输出。可选项，可以指定一个扩展名来备份原文件。
- -n 或--quiet 或--silent：仅输出被 p 命令处理的行。
- -r 或--regexp-extended：使用扩展正则表达式（GNU sed）。

子命令：用于指定编辑操作的命令，可以是单个命令或多个命令的组合，也可以是个脚本文件。常用子命令如下。
- a\ text：在匹配行后追加文本 text。
- i\ text：在匹配行前插入文本 text。
- c\ text：用文本 text 替换匹配行。
- d：删除匹配行。
- p：打印匹配行。
- s/regexp/replacement/flags：用 replacement 替换匹配 regexp 的部分，flags 可以是 g（全局替换）或 p（打印替换结果）等。
- q：提前退出 sed。
- r file：将文件 file 的内容读入并追加到匹配行后。
- w file：将匹配行写入文件 file。

文件：要处理的文本文件名。

步骤 2：s（substitute）命令的使用。该命令用于替换符合条件的文本。

【命令格式】sed 's/原字符串/新字符串/标志' 文件名

示例：

```
[root@localhost ~]# sed 's/linux/unix/' test.txt      #替换第一次匹配到的文本
[root@localhost ~]# sed 's/linux/unix/g' test.txt     #替换所有匹配到的文本
[root@localhost ~]# sed 's/linux/unix/gi' test.txt    #替换时不区分大小写
```

步骤 3：d（delete）命令的使用。该命令用于删除文本中的指定行。

【命令格式】sed 'nd' 文件名　　　　　　　#删除第 n 行
　　　　　　sed 'n,md' 文件名　　　　　　#删除从第 n 行到第 m 行的内容
　　　　　　sed '/pattern/d' 文件名　　　　#删除匹配正则表达式模式的行

示例：

```
[root@localhost ~]# sed '3d' test.txt       #删除第 3 行
[root@localhost ~]# sed '2,4d' test.txt     #删除第 2 行到第 4 行
[root@localhost ~]# sed '/a/d' test.txt     #删除包含字符 a 的行
```

步骤 4：a（append）命令的使用。该命令用于在文件中匹配行之后追加文本。

【命令格式】sed 'na\追加的文本' <文件名>　　　#在第 n 行之后追加文本
　　　　　　sed '/模式/a追加的文本' <文件名>　#在匹配正则表达式模式的行之后追加文本

示例：

```
[root@localhost ~]# sed '2a\This is a new line.' test.txt    #在第 2 行追加文本
[root@localhost ~]# sed '/happy/a \all are happy' test.txt   #在包含"happy"的所有行后追加文本
```

步骤 5：i（insert）命令的使用。该命令用于在文件符合条件的位置插入文本。

【命令格式】sed 'ni\插入的文本' <文件名>   #在第 n 行之前插入文本
　　　　　　ssed '/匹配模式/i\插入的文本' <文件名>   #在匹配正则表达式的行之前
　　　　　　　　　　　　　　　　　　　　　　　　　　#插入文本

示例：用法与 a 命令类似，唯一不同点是 i 命令是在匹配正则表达式的行之前插入。

步骤 6：c（change）命令的使用。该命令用于将匹配行替换为新内容。

【命令格式】sed '匹配范围 c\新的内容' <文件名>   #匹配范围指定要替换的行，可以是行号、正则表达式或行范围

示例：

```
[root@localhost ~]# sed '1c\yyyyyy' test.txt            #将第 1 行替换为指定文本
[root@localhost ~]# sed '2,3c\very happy' test.txt      #将 2、3 行替换为指定文本
[root@localhost ~]# sed '/happy/c\very happy' test.txt  #将所有匹配行替换为指定文本
```

📌 子命令 s 替换的是匹配的字符串，而 c 替换的是匹配的整行。

步骤 7：p（print）命令的使用。该命令用于显示或输出匹配的行。

【命令格式】sed –n 'np' <文件名>   #将第 n 行输出，n 也可以是一个范围，如"2，5"表示第 2 行到第 5 行

```
sed –n '/pattern/p' <文件名>    #将匹配模式的行输出
```

示例：

```
[root@localhost ~]# sed –n 'p' test.txt            #输出所有行
[root@localhost ~]# sed –n '2,4p' test.txt         #输出第 2 行到第 4 行
[root@localhost ~]# sed –n '1~2p' test.txt         #输出奇数行
[root@localhost ~]# sed –n '2~2p' test.txt         #输出偶数行
[root@localhost ~]# sed –n '/happy/p' test.txt     #输出包含"happy"的行
```

📌 使用 p 命令时，需要注意 -n 参数的使用。如果不使用 -n 参数，sed 会输出读取文档的全部内容，而 p 命令则会打印匹配到的行，这会导致重复输出。

步骤 8：-i 选项的使用。sed 命令对文本的各种操作默认情况下不影响文件本身，只影响输出结果。如果要将各种操作应用于文件，则需要带上 -i 选项，对文件进行就地编辑（in-place editing）。

示例：

```
[root@localhost ~]# sed –i 's/foo/bar/' file.txt        #将文件中的 foo 替换为 bar
[root@localhost ~]# sed –i.bak 's/foo/bar/' file.txt    #将修改应用于 file.txt 文件，同时创建一个 file.
                                                        #txt.bak 文件，作为修改前的备份
```

步骤 9：-f 选项的使用。该选项用于指定一个包含 sed 编辑命令的文件。可以将一系列的 sed 命令写入一个脚本文件中，用 –f 选项从该文件中读取并执行这些命令。使用 –f 选项

的好处是，可以创建一个包含所有必要编辑步骤的脚本文件，然后在需要的时候简单地引用该文件，而不需要每次都手动输入所有的 sed 命令，从而让 sed 编辑过程更加模块化和可重用。

示例：以下命令完成将文件 file.txt 中 foo 替换成 bar，在第 2 行后添加 very good 行，然后将包含"hello"的行替换成 word。

```
[root@localhost ~]# echo 's/foo/bar/' > script.sed
[root@localhost ~]# echo '2a\very good' >>script.sed
[root@localhost ~]# echo '/hello/c\world' >> script.sed
[root@localhost ~]# sed -f script.sed file.txt
```

步骤 10：-e 选项的使用。默认情况下，一条 sed 命令只能执行一个脚本命令，当要执行多个脚本命令时，就需要用多个 -e 选项来引导。

示例：一条 sed 命令执行了两次替换操作。

```
[root@localhost ~]# sed -e 's/foo/bar/' -e 's/hello/world/' file.txt
```

3.3 能力拓展

微课 3-9
文本编辑器
vim 扩展
应用

拓展任务 1：文本编辑器 vim 扩展应用

除了前面任务 5 中介绍的一些基础应用外，vim 还有一些高级功能，如高度的可配置性、丰富的插件生态、支持分屏编辑、宏录制等。

（1）配置文件

vim 的配置文件通常位于用户家目录下的 vimrc 格式文件中。通过编辑此文件，可以自定义 vim 的行为、快捷键、配色方案等，其中主要参数说明如下。

- syntax on：表示启用语法高亮。
- set number：表示启用行号，即打开文本后，每一行最前面会自动显示不可编辑的行号。
- set tabstop=4：表示一个制表符（Tab）等于 4 个空格字符。
- set shiftwidth=4：表示缩进时自动添加 4 个空格字符。
- set expandtab：启用 expandtab 模式，意味着在 vim 中按下 Tab 键时，vim 实际上会自动插入由 tabstop 设置的空格字符数，而不是一个真正的制表符。

（2）插件管理

vim 支持通过插件扩展功能，安装插件后，可以在 .vimrc 中启用它们。常用的插件包括如下几个。

- vim-plug：一个插件管理器，方便安装和管理 vim 插件。
- Ultisnips：一个强大的代码片段管理器。
- ale 或 syntastic：用于语法检查和代码质量提升。

- tagbar 或 ctags：用于代码导航和标签管理。

（3）可视化模式

虽然 vim 以键盘操作为主，但也提供了可视化模式（通过快捷键 v、V 或 Ctrl+v 进入），允许用户使用鼠标或更直观的键盘操作来选择和编辑文本块。

拓展任务 2：管道及重定向命令的应用

前面讲的命令都是执行单一功能的命令，只能实现一些比较简单的操作。如果想将多个命令串联起来，实现复杂的数据处理流程，或者改变命令的默认输入来源或者默认输出方向，提升在命令行环境下处理数据的能力，则要用到管道（Pipe）和重定向（Redirection）命令。它们允许用户将命令的输出作为另一个命令的输入，或者将命令的输出保存到文件中，而不是显示在终端上。这些功能极大增强了命令行工具的灵活性和实用性。

微课 3-10
管道及重定向命令的应用

1. 重定向命令

（1）什么是重定向

用户在通过命令或程序与操作系统进行交互时，命令或程序接收初始数据的默认方向是键盘，称为标准输入（stdin）；命令或程序的执行结果（正确）的输出方向默认是屏幕，即标准输出（stdout）；如果执行结果是错误，则叫作标准错误（stderr），输出方向也是屏幕。如果用户想改变默认的输入输出方向，则要用到重定向命令。

重定向的基本思想是将这些默认与终端（命令行界面）交互的数据流重定向到文件或其他命令中，以实现数据的保存、处理或过滤。

（2）重定向命令的类型

1）输出重定向（>）：将命令的标准输出（stdout）写入文件，如果文件不存在，会创建文件；如果文件存在，会覆盖文件内容。

示例：

```
[root@localhost ~]# ls -lh > ll.txt        #将 ls -lh 命令的输出写入 ll.txt 文件
```

2）追加输出重定向（>>）：将命令的标准输出追加到文件的末尾，而不会覆盖原有内容。

示例：

```
[root@localhost ~]# ls -lh >> ll.txt       #将 ls -lh 命令的输出追加到 ll.txt 文件的末尾
```

3）输入重定向（<）：从文件读取命令的标准输入（stdin）。

示例：

```
[root@localhost ~]# wc -l < input.txt      #将 input.txt 的内容作为 wc -l 命令的输入，用于统计文件的
                                           #行数
```

4）标准错误重定向（2>）：将命令的标准错误输出（stderr）写入文件。

示例：

```
[root@localhost ~]# ls non_existing_file 2> error.log    #将尝试列出不存在文件时的错误信息写入
                                                         #error.log 文件
```

5）追加标准错误重定向（2>>）：将命令的标准错误输出追加到文件的末尾。

示例：

[root@localhost ~]# ls non_existing_file 2>> error.log　　#将错误信息追加到 error.log 文件的末尾

6）标准输出和标准错误一起重定向（&> 或 >&）：将标准输出和标准错误一起重定向到同一个文件（覆盖）。

示例：

[root@localhost ~]# ls > output.log 2>&1　　#将 ls 命令的标准输出和标准错误一起写入 output.log 文件

上述命令也可以写为：

[root@localhost ~]# ls >& output.log

7）标准输出和标准错误一起追加重定向（&>>）：将标准输出和标准错误一起追加到同一个文件。

示例：

[root@localhost ~]# ls &>> output.log　　#将 ls 命令的标准输出和标准错误一起追加写入 output.log
　　　　　　　　　　　　　　　　　　　　#文件

8）特殊用法：将标准输出或错误重定向到空设备/dev/null，用于丢弃输出或错误信息。

示例：

[root@localhost ~]# command > /dev/null 2>&1　#将 command 的所有输出和错误信息丢弃

2. 管道命令

（1）管道命令概述

管道命令是 Linux 系统中一种强大的命令组合机制，它允许用户将多个命令串联起来，以前一个命令的输出作为后一个命令的输入。这种机制极大地提高了命令行的灵活性和处理能力。Linux 中的管道命令使用 "|" 符号表示。

（2）管道命令应用举例

示例 1：

[root@localhost ~]# cat /etc/passwd | awk -F: '{print $1}'　　#输出/etc/passwd 文件中每一行的第一个字段

示例 2：

[root@localhost ~] # cat /etc/passwd | cut –d: -f 1　　　#以 ":" 作为分隔符，取/etc/passwd 文件中每
　　　　　　　　　　　　　　　　　　　　　　　　　　#一行的第一个字段

3. 两类命令结合综合应用案例

示例 1：截取系统管理员账户的用户名、UID、家目录和登录 shell，保存到用户家目录的 users.txt 文件中。

[root@localhost ~]# head -1 /etc/passwd | cut -d: -f1,3,6-7 > users.txt

示例 2：通过 ifconfig 命令查看网卡信息，截取 IP 地址并保存到用户家目录的 ip.txt 文件中。

[root@localhost ~]# ifconfig ens32 | awk 'NR==2 {print $2}' > ip.txt

示例 3：查找特定进程 ID，并杀死该进程，同时将输出和错误信息保存到 process_management.log 文件中。

```
[root@localhost ~]# ps aux | grep 'nginx' | grep -v 'grep' | awk '{print $2}' | xargs kill -9 2>&1 > process_management.log
```

示例 4：在/file 目录下查找所有普通文件，并将查到的所有文件名中的"old string"替换为"new string"。

```
[root@localhost ~]# find /file -type f -exec sed -I 's/old string/new string/g' {} \;
```

> xargs 命令将管道输出结果作为 kill 命令的参数。

【IT 工程师素养小课堂】铸魂——国产操作系统介绍

在数字化浪潮席卷全球的今天，操作系统作为信息技术的"灵魂"，其自主化是国家信息安全、数据安全的核心保障。2006 年"核高基"专项启动，操作系统国产化征程正式启航。

目前使用最为广泛的国产操作系统主要有以下几个。

（1）openEuler：开源生态的破局者

定位：由华为开源，聚焦服务器与云计算场景，支持多样性算力（ARM、x86、RISC-V）。

技术亮点：全栈优化（内核、编译器、虚拟化）、安全增强（机密计算、漏洞防护）、模块化设计（按需裁剪）。

生态突破：联合中科院软件所、统信等成立"欧拉生态联盟"，吸引超千家企业加入，覆盖金融、能源、交通等关键行业。

（2）银河麒麟（Kylin）：国防安全的守护者

起源：国防科技大学研发，专为高安全场景设计，广泛应用于军事、政务、航天等领域。

技术壁垒：通过国家三级等保认证，支持自主 CPU（如飞腾、龙芯），实现从固件到应用的全程可控。

使命担当：为"天问一号"火星探测、北斗导航等重大工程提供底层系统支持，彰显"国之重器"的责任。

（3）统信 UOS：桌面生态的革新者

定位：统信软件推出的桌面操作系统，兼容主流 x86 与 ARM 架构，定位于政府与企业办公与行业定制。

用户体验：界面友好（类 Windows 交互）、应用生态完善（适配 WPS、微信、钉钉等超 10 万款软硬件）。

生态战略：构建"同心生态联盟"，联合产业链上下游推动国产化替代，助力党政机关、教育机构平稳过渡。

当前，尽管国产操作系统已实现"从 0 到 1"的突破，但仍面临多重挑战。

1）生态短板：专业软件（如工业设计、三维建模等）适配不足，需加速与行业龙头合作。

2）用户惯性：从 Windows 迁移需要克服习惯差异，强化培训与技术支持。

3）国际竞争：在全球化开源生态中提升话语权，避免技术标准边缘化。

国产操作系统已迈过"可用"门槛，下一步需要攻坚"好用"阶段。是否能攻克"用户体验"与"应用生态"瓶颈，是否能与工业软件、人工智能（AI）框架等关键领域的适配，将成为其生态繁荣的关键，而这正系于广大青年学子。高校课程改革、开源社区贡献者计划、企业"少年英才"项目等的相继实施，对培养兼具技术能力与家国情怀的新一代"铸魂者"尤为重要，并引导他们用代码书写报国志，以创新守护数字疆域。

3.4 项目小结

本项目主要解决如何在 openEuler 环境中完成常见的文件和目录管理操作，以及对文本内容的处理操作，包括文件系统和路径的概念、Linux 目录结构和文件类型、目录管理、文件管理和文本处理等。本项目中涉及的命令繁多，学习者一定要勤加练习。

3.5 思考与练习

文本：参考答案

一、简答题

1．简述 Linux 文件系统结构的特点。

2．简述 Linux 支持的文件系统类型。

3．简单描述文件系统目录树中/、/boot、/bin、/dev、/etc、/home 这几个目录的意义。

4．简述文本文件查看命令 more 与 less 的区别。

5．简述绝对目录与相对目录的概念，以及其分别适用的场合。

6．cut 与 awk 命令用于什么场合，各有什么特点？

7．哪个压缩命令的压缩能力最强，哪个的压缩速度最快？

8．vim 编辑器有哪几种状态，之间如何切换？

二、HCIA 相关考题

1．【判断题】在 openEuler 系统中，一般使用 less 或 more 查看相对较大的文本文件，因为 less 和 more 都支持按页查看文件，并且可以根据关键字进行搜索。（　　）

2．【判断题】wc 命令既可以统计文件中的行数，也可以统计由空格分隔的非零长度的单词。（　　）

3．【判断题】使用 vim 编辑器进行文件内容的查找与替换时，必须以斜杠（/）作为分隔符，如%s/查找的内容/替换的内容。（　　）

4．【判断题】sed 是 Stream Editor（流编辑器）的缩写，其在处理文件时，首先读取文件中的一行内容，并将其保存在一个临时缓存区中（也称为模式空间），然后根据需求处理临时缓冲区中的行，完成后把该行发送到屏幕上。所以，sed 默认不会直接修改源文件。（　　）

5．【判断题】使用编辑器对文件进行修改时，在底行模式（末行模式）下按 w 键进行保存后，依然可以对已修改的内容进行撤销操作。（　　）

6．【多选题】在 openEuler 的/tmp/test 目录下包含了 3 个空文件，分别是 new1、new2 和 catch2。管理员输入命令"ls /tmp/test|tee new1|grep new"后，在 new1 文件中，会增加（　　）文件的内容。

　　A．new1　　　　B．new2　　　　C．catch2　　　　D．new

7．【多选题】在 vim 编辑器中，下列命令可以让光标在文件中移动或跳转的是（　　）。

　　A．G　　　　B．gg　　　　C．home　　　　D．end

8．【多选题】在 Linux 系统中，下列命令不需要打开文件即可对文件追加内容的是（　　）。

　　A．vim　　　　B．vi　　　　C．sed　　　　D．echo

9．【多选题】Linux 操作系统设计的核心思想是"一切皆文件"，所有的文件都保存在根（/）目录下。下列选项中，默认用来保存命令文件的目录是（　　）。

　　A．/usr/bin　　　　B．/bin　　　　C．/sbin　　　　D．/usr/sbin

10．【多选题】在 vim 编辑器中，使用（　　）命令可以进入插入模式进行文件修改。

　　A．o　　　　B．O　　　　C．i　　　　D．A

11．【多选题】下列关于 vi 和 vim 编辑器的说法中，正确的是（　　）。

　　A．vi 和 vim 都是 Linux 中常用的文本编辑器

　　B．vim 是 vi 的升级版，比 vi 有更多的增强功能

　　C．vi 不能对文件进行全文搜索替换

　　D．vim 不能进行语法高亮显示

12．【单选题】在 openEuler 系统中，/etc/hosts 文件当前的内容如下所示。管理员输入命令：echo "192.168.100.15　k8s01">>/etc/hosts，下列为命令执行后 hosts 文件内容的是（　　）。

```
127.0.0.1    localhost localhost.localdomain localhost4 localhost4.localdomain4
::1          localhost localhost.localdomain localhost6 localhost6.localdomain6
```

　　A．127.0.0.1localhostlocalhost,localdomainlocalhost4localhost4.localdomain4::1localhost,localhost,localdomainlocalhost6localhost6.localdomain6　192.168.100.15　k8s01

　　B．127.0.0.1localhostlocalhost,localdomainlocalhost4localhost4.localdomain4:1localhost,localhost,localdomainlocalhost6localhost6.localdomain6　echo"192.168.100.15　k8s01

　　C．192.168.100.15　k8s01

　　D．echo"192.168.100.15　k8s01"

13．【单选题】想要动态查看/var/log/messages 日志文件的变化，可以使用（　　）命令。

　　A．tail -f /var/log/messages　　　　B．less /var/log/messages

　　C．more /var/log/messages　　　　D．cat /var/log/messages

14.【单选题】使用 vim 编辑器将/etc/passwd 文件中的第 35 行到第 45 行内容另存为/tmp/pass.bak 文件，应当使用的命令是（   ）。

    A．:35-45w/tmp/pass.bak   B．35,45r/tmp/pass.bak

    C．:35,45w/tmp/pass.bak   D．:35-45r/tmp/pass.bak

15.【单选题】下列（   ）命令是管道的正确使用方式。

    A．ls /etc/sysconfig|grep network

    B．vim /etc/sysconfig/network-scripts/ifcfg-eth0|grep192.168

    C．cp /etc/hosts /tmp| grep 127.0.0.1

    D．ls /etc |grep sys|cp/tmp

16.【单选题】Linux 系统中，在保持文件属性信息不变的情况下，将/var/lib/mysql 目录及目录下的所有文件复制到/data 目录中，应当使用的命令是（   ）。

    A．cp -r /var/lib/mysql /data   B．cp -a /var/lib/mysql /data

    C．cp -pr /var/lib/mysql /data   D．cp -r /var/lib/mysql/* /data

17.【单选题】vim 编辑器命令中，可以不退出当前文件，同时可以另存为/tmp/test.txt 文件的是（   ）。

    A．:w/tmp/test.txt   B．:r/tmp/test.txt

    C．:wg/tmp/test.txt   D．:!w/tmp/test.txt

18.【单选题】在 vim 编辑器的命令行模式下，使用（   ）命令可以将光标快速移动到文档的首行。

    A．gg   B．yy   C．D   D．G

19.【单选题】下列命令可以过滤出/etc/passwd 文件中以"bash"结尾的用户名的是（   ）。

    A．grep 'bash$' /etc/passwd   B．cut -d -f7 /etc/passwd

    C．sed 'bash' /etc/passwd   D．grep '^bash' /etc/passwd

20.【单选题】下列命令中，可以输出所有以"huawei"开头的用户名以及其使用的 shell 的是（   ）。

    A．awk '/huawei/{print $1,NF}' /etc/passwd

    B．awk -F: "/^huawei/ {print $0}" /etc/passwd

    C．awk "/huawei/{print $1,$NF}" /etc/passwd

    D．awk -F: '/^huawei/{print $1,$NF}' /etc/passwd

21.【单选题】在 Linux 系统中，数据库管理员使用 vim 修改了/etc/my.cnf 配置文件后，发现没有备份该文件，此时想退出编辑器并不保存修改，则可以使用的命令是（   ）。

    A．:wp   B．:q   C．:q!   D．:wq!

22.【单选题】某管理员在 openEuler 系统中查找一个文件，但仅记得该文件是以"sys"开头。在查找的过程中，还希望能多记录当前用户由于权限不足而无法深入查找的目录。下列命令中能满足他要求的是（   ）。

    A．find / -name "sys*"|grep "Permission denied"

    B．find / -name "sys" |grep "Permission denied"

    C．find / -name "sys*" 2>/tmp/error.record

D．find / -name "sys*" |grep "Permission denied">>/tmp/error.record

23．【单选题】在使用 vim 编辑器时，下列命令中可以临时设置 vim 的搜索高亮显示的是（　　）。

　　A．set nohlsearch　　B．set hlsearch　　C．set nusearch　　D．set number

24．【多选题】下列命令中，不能将多个文件压缩成一个文件的是（　　）。

　　A．zip　　B．gzip　　C．xz　　D．bzip2

25．【填空题】若使用非交互式方式对 file.txt 文件的第 10 行到第 15 行内容进行行首加"#"注释，相关命令为：sed_____'10,15s/^/#/' file.txt。

26．【填空题】在 Linux 系统中，使用_____压缩工具可以将 file 文件压缩成 file.xz 格式。

27．【填空题】在 vim 编辑器中，需要将以"euler"开头的关键字替换成"Euler"，相关命令为：%s/_____/Euler/g。

28．【填空题】若要用 sed 命令打印/etc/passwd 文件的第 12 行到第 20 行内容，相关命令为：sed -n '_____' /etc/passwd。

模块 2　系统管理与应用

项目 4　用户及权限管理　　项目 5　存储管理

项目 6　网络管理　　　　　项目 7　软件包管理

项目 8　任务与进程管理　　项目 9　脚本管理

导学提示：进入本模块，学习者已经可以慢慢领略到命令对系统的控制能力，此时，心中要有规则。俗话说：不以规矩，无以成方圆。只有以敬畏之心驾驭技术，用责任心守护系统，方能在代码世界中行稳致远。

项目 4
用户及权限管理

【学习目标】

知识目标：
- 掌握用户、组、权限类型及属性。
- 了解 SELinux 的基本原理。

技能目标：
- 能独立完成用户/组管理、权限设置及故障排查。
- 能利用各种特殊权限对资源安全进行粒度更细的控制。

素养目标：
- 对不同类型用户设置相应权限，培养信息安全意识。
- 遵守操作系统用户行为规范。

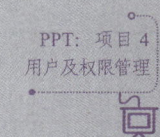

PPT：项目 4 用户及权限管理

文本：单元设计

4.1 知识储备

4.1.1 Linux 用户及类型

Linux 是一个具有很好的稳定性与安全性的多用户、多任务操作系统，在幕后保障 Linux 系统安全的则是一系列复杂的配置工作。

Linux 系统对用户分配如下：超级用户（root）、系统用户（不可登录）和普通用户。

1）超级用户：具有一切权限，只有进行系统维护或其他必要情形才用超级用户登录，以避免系统出现安全问题。

2）系统用户：正常运行系统时使用的账户，每个在系统里运行的系统进程都有一个相应的属主（Owner），即系统里对应的用户账号。系统用户不能用来登录，如 bin、daemon、mail 等。

3）普通用户：为了让使用者能够使用 Linux 系统资源，由 root 用户或其他管理员用户创建的账户，拥有的权限受到一定限制。

每个用户都有一个用户 ID，称为 UID，如超级用户的 UID 为 0。

4.1.2 Linux 用户配置文件

在 Linux 系统中，用户账号、用户密码和用户组等相关信息均存放在不同的配置文件中。例如，创建的用户账号和相关信息（密码除外）均存放在/etc/passwd 配置文件中。由于所有用户对/etc/passwd 文件均有读取的权限，因此密码信息并未保存在该文件中，而是保存在/etc/shadow 配置文件中；用户组的账户信息存放在/etc/group 文件中，而关于用户组管理的信息则存放在/etc/gshadow 文件中。

（1）/etc/passwd 文件

/etc/passwd 文件是类 UNIX 操作系统（如 Linux 和 macOS）中的一个关键系统文件，它存储了系统上所有用户账户的信息。每一行代表一个用户账户，各字段之间用冒号（:）分隔，见表 4-1。

表 4-1 /etc/passwd 文件中每一行的标准字段格式

字 段	说 明
用户名（Username）	用户的登录名
密码（Password）	在现代系统中，出于安全考虑，该字段通常是一个占位符（如"x"或"*"），实际的加密密码存储在 /etc/shadow 文件中
用户 ID（UID）	用户的唯一数字标识符。通常，UID 0 被保留给 root 用户，UID 1～999 通常用于系统账户，而普通用户账户则从 1000 开始
组 ID（GID）	用户所属主要组的唯一数字标识符。组信息存储在 /etc/group 文件中
用户描述信息（GECOS）	该字段通常用于存储用户的全名或其他信息
家目录（Home Directory）	用户登录时的初始工作目录
登录 shell（Login shell）	用户登录后所使用的 shell

以下是一个 /etc/passwd 文件的部分内容示例，各字段含义如图 4-1 所示。

root:x:0:0:root:/root:/bin/bash

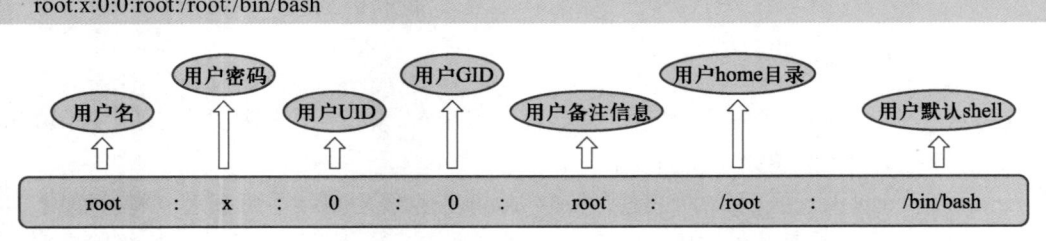

图 4-1 用户属性字段

（2）/etc/shadow 文件

/etc/shadow 文件用于存储 Linux 系统中用户的加密密码信息，是 /etc/passwd 文件的补充。由于 /etc/passwd 文件允许所有用户读取，这带来了密码泄露的安全隐患。因此，Linux 系统引入了 /etc/shadow 文件，将用户的密码信息从 /etc/passwd 中分离出来，并且只有 root 用户可读。

/etc/shadow 文件中的每一行代表一个用户，每行包含多个字段，字段之间用冒号（:）分隔，见表 4-2。

表 4-2 密码文件字段的含义

字 段	说 明
用户名	与 /etc/passwd 文件中的用户名相对应
加密密码	存储用户的加密密码。Linux 系统通常使用 SHA-512 等强加密算法对密码进行加密。如果密码字段为 "*" 或 "!"，则表示该账户已被禁用或没有设置密码
最后一次修改时间	表示用户最后一次修改密码的时间，通常是从 1970 年 1 月 1 日起的天数
最小修改时间间隔	规定从最后一次修改密码之日起，多长时间之内不能修改密码。如果设置为 0，则密码可以随时修改
密码有效期	规定密码多长时间内需要再次修改，否则该账户密码将过期。如果设置为 99999 或更大的值，则可认为是永久有效
密码需要变更前的警告天数	当账户密码有效期快到时，系统会提前多少天发出警告信息给用户，提醒用户尽快重新设置密码
密码过期后的宽限天数	在密码过期后，用户如果还是没有修改密码，则在此字段规定的宽限天数内，用户还是可以登录系统的。如果过了宽限天数，系统将不再允许此账户登录
账号失效时间	规定账号在此字段规定的时间之外，不论密码是否过期，都将无法使用。该字段通常用于具有收费服务的系统中
保留字段	目前未使用

以下是一个 /etc/shadow 文件的部分内容示例，各字段含义如图 4-2 所示。

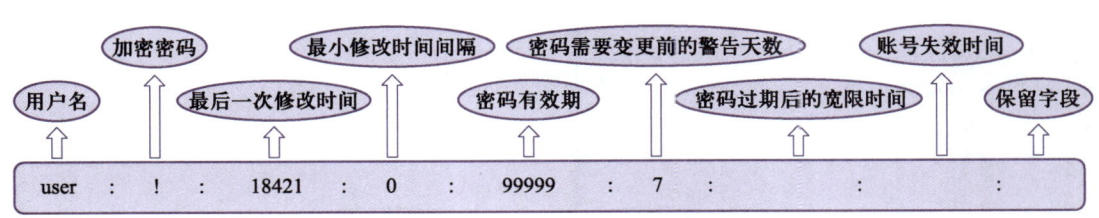

图 4-2 密码属性

4.1.3 Linux 用户组及类型

在 Linux 系统中，用户组是一个重要的概念，它允许多个用户共享相同的权限设置，从而简化了权限管理。

用户组是将具有相似权限需求的用户集合在一起的一种方式。每个用户组都有一个唯一的组名和组 ID（GID）。在 Linux 中，每个用户可以属于一个或多个组，而每个文件或目录都与一个用户组相关联，从而决定了哪些用户可以访问该文件或目录。

Liunx 用户组有私有组、标准组和系统组之分。建立用户时，若没有特别指定用户所属的用户组，系统会建立一个与用户名同名的用户组，这个组就是私有组。标准组由 Linux 系统的管理员建立，可以容纳多个用户，这些用户都具有组所拥有的权限。系统组是 Linux 操作系统自动建立的。

一个用户所属用户组中的第 1 个用户组称为基本组，基本组在/etc/passwd 文件中指定；其他用户组为附加组，附加组在/etc/group 文件中指定。

4.1.4 Linux 用户组配置文件

（1）/etc/group 文件

/etc/group 文件是 Linux 系统中用于存储用户组信息的配置文件。该文件记录了 Linux 系统中所有用户组的信息，包括组名、组密码（虽然通常不使用）、组 ID（GID）以及属于该组的用户列表。这个文件是系统管理员进行用户和用户组管理时的重要参考。

/etc/group 文件中的每一行代表一个用户组，每行包含 4 个字段，字段之间用冒号（:）分隔。这些字段通常包括如下几个部分。

1）组名：用户组的名称，由字母或数字构成，且组名在系统上唯一。

2）组密码：用户组加密后的口令字。然而，在大多数 Linux 系统中，用户组都没有设置密码，因此这个字段通常为空（用"x"或"*"表示）或未使用。需要注意的是，组密码主要用于指定组管理员，但由于这项功能很少使用，因此组密码字段通常被忽略。

3）组 ID（GID）：一个唯一的十进制整数字符串，用于系统内部标识用户组。GID 与用户名一样，便于管理员记忆和区分不同的用户组。

4）用户列表：属于该用户组的所有用户的列表，不同用户之间用逗号（,）分隔。这个列表显示了哪些用户是该组的成员。需要注意的是，如果用户组是该用户的初始组（即主组），则该用户不会在这个字段中列出，因为初始组信息已经存储在 /etc/passwd 文件中。这个字段列出的用户通常是该组的附加用户。

以下是一个 /etc/group 文件的部分内容示例，各字段含义如图 4-3 所示。

```
root:x:0:root
bin:x:1:root,bin,daemon
daemon:x:2:root,bin,daemon
sys:x:3:root,bin
```

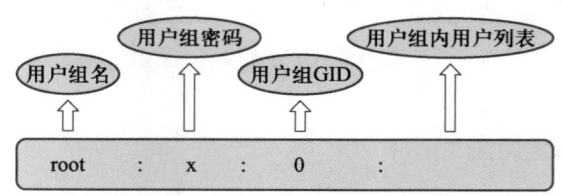

图 4-3　组的各字段含义

在该示例中，每一行代表一个用户组，如 root、bin、daemon 等。每个组的字段按照上述结构进行排列。例如，bin 组的组名为 bin，没有设置密码（用"x"表示），GID 为 1，且 bin 和 daemon 是该组的成员。

（2）/etc/gshadow 文件

/etc/gshadow 文件是 Linux 系统中的一个重要文件，它与/etc/group 文件互补，用于更安全地管理组权限。

/etc/gshadow 文件的每行代表一个组用户的密码信息，每行信息都以冒号（:）作为分隔符，划分为以下 4 个字段。

1）组名：与/etc/group 文件中的组名相对应。

2）加密密码：组用户的密码，经过加密处理；如果未设置密码，则此字段为空或包含感叹号（!），表示该群组没有组密码。

3）组管理员：现已废弃，但在某些情况下仍可能显示。在大型服务器上，针对很多用户和组指定一些关系结构比较复杂的权限模型时，曾设置过组管理员。然而，由于 sudo 等工具的使用，群组管理员的功能已经很少使用了。

4）组附加用户列表：显示这个用户组中有哪些附加用户，和/etc/group 文件中附加组显示内容相同。

4.1.5　Linux 文件权限

在 Linux 操作系统中，文件权限是用来控制对文件和目录的访问权限的机制。这些权限分为用户（文件所有者）、组（文件所属组）和其他人（系统中的其他所有用户）3 类，每个类别都有读（read）、写（write）和执行（execute）权限。

文件权限的表示试用符号表示法，即使用字符表示权限。

● r：表示读权限（read）。对于文件而言，具有读取文件内容的权限；而对于目录，具有浏览目录的权限。

● w：表示写权限（write）。对于文件而言，具有新增、修改文件内容的权限；而对于目录，具有删除、移动目录内文件的权限。

● x：表示执行权限（execute）。对于文件而言，具有执行文件内容的权限；而对于目录，具有进入目录的权限。

● -：表示没有相应权限

示例：

微课 4-1
权限列表的
识读

-rwxr-xr--

其中，"-"表示这是一个普通文件（如果是目录，则为 d）；"rwx"表示文件所有者有读、写和执行权限；"r-x"表示文件所属组有读和执行权限，但没有写权限；"r--"表示其他用户只有读权限。

4.1.6　Linux 文件权限的数字表达法

在 Linux 系统中，文件权限的数字表达法是一种简洁的方式，来指定文件的读（read）、写（write）和执行（execute）权限。这种方法使用八进制数字来表示每种权限类型（用户、组、其他人）的权限组合。

每个八进制数字都是由 3 个二进制位组成的，这 3 个二进制位分别代表读（4）、写（2）和执行（1）权限。如果某个权限不存在，则对应的二进制位为 0。

以下是数字表达法的基本规则。

● 读权限（read）：值为 4。

● 写权限（write）：值为 2。

- 执行权限（execute）：值为 1。
- 无权限：值为 0。

每个权限类型（用户、组、其他人）都可以用一个八进制数字来表示其权限组合。例如：
- 7（二进制 111）表示读、写和执行权限都有。
- 5（二进制 101）表示有读和执行权限，但没有写权限。
- 4（二进制 100）表示只有读权限。
- 0（二进制 000）表示没有任何权限。

因此，一个文件的完整权限可以用 3 个八进制数字来表示，分别对应用户、组和其他人的权限。例如，755 表示：
- 用户（文件所有者）有读、写和执行权限（7 或 111）。
- 组有读和执行权限，但没有写权限（5 或 101）。
- 其他人也有读和执行权限，但没有写权限（5 或 101）。

注意，数字表达法是一种快速设置文件权限的方法，但它不如符号表示法直观。因此，在选择使用哪种方法时，要根据具体情况和个人偏好来决定。

4.2 项目实施

微课 4-2
管理用户
账户

任务 1：管理用户账户

任务描述：作为系统管理员或 IT 支持人员，管理用户账户是日常工作中至关重要的一部分。用户账户管理涉及创建、修改、删除账户以及维护账户的安全性和合规性。

步骤 1：新建用户。Linux 系统中用于创建新用户账户的命令为 useradd。

【命令格式】useradd [选项] <用户名>

其中，选项是可选的，用于指定用户的各种属性和设置；用户名则是必选的，用于指定新创建的用户账户的名称，见表 4-3。

表 4-3　useradd 命令的常用选项

选项	说明
-m	自动创建用户的家目录。默认情况下，用户的家目录位于/home/用户
-d home_dir	指定用户的家目录路径
-s shell	指定用户的登录 shell，默认为/bin/bash
-g initial_group	指定用户的初始主组
-G group_list	指定用户的附加组。可以同时指定多个组，组名之间用逗号分隔

示例 1：创建一个名为 john 的用户，同时创建家目录和指定登录 shell：/bin/bash。

```
[root@openeuler ~]# useradd -m -s /bin/bash john
[root@openeuler ~]# tail -1 /etc/passwd
```

john:x:1003:1003::/home/john:/bin/bash

示例 2：创建新用户 jack 并添加到 root 组。

[root@openeuler ~]# useradd -m -G root jack
[root@openeuler ~]# tail -1 /etc/passwd
jack:x:1004:0::/home/jack:/bin/bash

步骤 2：设置用户账户口令。passwd 命令用于设置或更改用户的认证信息，包括用户密码、账户锁定、密码失效等。普通用户可以使用它来更改自己的密码，而系统管理员则可以使用它来更改其他用户的密码或执行其他账户管理操作。

【命令格式】passwd [选项] [用户名]

passwd 命令的常用选项见表 4-4。

表 4-4 passwd 命令的常用选项

选项	说明
-l	锁定用户账户，禁止登录
-u	解锁已锁定的用户账户，允许登录
-d	删除用户密码，使其变为无密码状态（仅限管理员使用）

示例 1：root 用户直接修改自己的口令。

[root@openeuler ~]# passwd

示例 2：root 用户修改 john 用户的口令。

[root@openeuler ~]# passwd john

步骤 3：修改用户账户。usermod 是 Linux 系统中用于修改用户账户属性的重要命令，通常需要具有超级用户（如 root）权限才能执行。

【命令格式】usermod [选项] <用户名>

usermod 命令的常用选项见表 4-5。

表 4-5 usermod 命令的常用选项

选项	说明
-d home_dir	修改用户的家目录路径。如果与-m 选项结合使用，当前用户主目录的内容会被移动到新的主目录；如果新主目录不存在，则会新建
-s shell	修改用户的登录 shell
-g initial_group	修改用户的初始主组
-G group_list	修改用户的附加组。可以同时指定多个组，组名之间用逗号分隔

示例 1：将用户 username 的主目录更改为/home/newhome。

[root@openeuler ~]# usermod -d /home/newhome username

示例 2：将用户 username 的所属组更改为 newgroup。

[root@openeuler ~]# usermod -g newgroup username

示例 3：将用户 username 添加到 group1 和 group2 这两个附加组中。

[root@openeuler ~]# usermod -a -G group1,group2 username

示例 4：将用户 username 的登录 shell 更改为/sbin/nologin，即非登录用户。

[root@openeuler ~]# usermod -s /sbin/nologin username

步骤 4：删除用户账户。userdel 是 Linux 系统中的一个用户管理命令，主要用于删除指定的用户账户及相关信息。执行 userdel 命令需要具有超级用户（root）权限或相应的 sudo 权限。普通用户无法直接删除其他用户账户。

【命令格式】userdel [选项] <用户名>

- 不加-r：userdel 命令将所有与账户有关的文件中的用户信息全部删除。
- 添加-r 或--remove：在删除用户的同时，删除其主目录和邮件 spool 目录。该选项对于清理不再需要的用户数据非常有用，但需要谨慎使用，以避免误删重要文件。

示例 1：删除用户账户（不删除主目录）。

[root@openeuler ~]# userdel username

执行此命令后，指定的用户账户将被从系统中删除，但其主目录和邮件目录将保留下来。

示例 2：删除用户账户并删除主目录和邮件 spool 目录。

[root@openeuler ~]# userdel -r username

执行此命令后，指定的用户账户及其所有相关文件（包括主目录和邮件目录）将被彻底删除。

任务 2：管理用户组

任务描述：管理用户组是 Linux 系统管理中的重要任务之一，涉及用户组的创建、删除、修改以及用户与组之间的关联管理。这些任务旨在确保 Linux 系统的用户组管理符合系统安全、权限分配和日常运维的需求。

步骤 1：创建新的用户组。groupadd 是 Linux 系统中用于创建新用户组的命令，只能由 root 用户或具有 sudo 权限的用户执行。

【命令格式】groupadd [选项] <组名>

微课 4-3
管理用户组

groupadd 命令的常用选项见表 4-6。

表 4-6 groupadd 命令的常用选项

选项	说明
-g GID	指定新组的组标识号（GID）。如果不指定，系统会自动分配一个可用的 GID
-r	创建一个系统组。系统组通常用于特定的系统操作，其 GID 值一般较小，通常在 1000 以下

示例：创建一个名为 new_group 的新用户组。

[root@openeuler ~]# groupadd new_group

步骤 2：修改用户组属性。groupmod 是 Linux 系统中用于修改已经存在的用户组的属性的命令，只能由 root 用户或具有 sudo 权限的用户执行。

【命令格式】groupmod [选项] <组名>

groupmod 命令的常用选项见表 4-7。

表 4-7 groupmod 命令的常用选项

选项	说明
-g GID	修改组的组标识号（GID）
-n group_name	将组名修改为 group_name

示例 1：将名为 oldgroup 的用户组更改为 newgroup。

[root@openeuler ~]# groupmod -n newgroup oldgroup

示例 2：将名为 groupname 的用户组的 GID 更改为 1100。

[root@openeuler ~]# groupmod -g 1100 groupname

步骤 3：删除用户组。groupdel 是 Linux 系统中用于删除已经存在的用户组命令，只能由 root 用户或具有 sudo 权限的用户执行。

【命令格式】groupdel [选项] <组名>

groupdel 命令常用选项见表 4-8。

表 4-8 groupdel 命令的常用选项

选项	说明
-f	强制删除用户组，即使该组中仍有用户存在

示例：删除 newgroup 用户组。

[root@openeuler ~]# groupdel newgroup

步骤 4：为用户组添加或删除用户。gpasswd 命令主要用于管理 Linux 系统中的用户组，包括添加或删除组成员、指定组管理员等，只能由 root 用户或具有 sudo 权限的用户执行。

【命令格式】gpasswd [选项] <用户名> <组名>

gpasswd 命令常用选项见表 4-9。

表 4-9 gpasswd 命令的常用选项

选项	说明
-a	添加用户到组
-d	从组中删除用户
-A	设置组管理员
-l	查看组成员

示例 1：将用户 john 添加到 developers 组中。

```
[root@openeuler ~]# gpasswd -a john developers
```

示例 2：将用户 john 从 developers 组中删除。

```
[root@openeuler ~]# gpasswd -d john developers
```

示例 3：将用户 alice 和 bob 设置为 developers 组的管理员。

```
[root@openeuler ~]# gpasswd -A alice,bob developers
```

步骤 5：su 命令的使用。该命令用于切换用户身份，默认情况下会切换到超级用户（root）。使用 su 命令时，用户需要输入目标用户的密码。

示例：

```
[root@openeuler ~]# id
uid=0(root) gid=0(root) 组=0(root) 上下文
=unconfined_u:unconfined_r:unconfined_t:s0-s0:c0.c1023
[root@openeuler ~]# su - stu
[stu@openeuler ~]$ id
uid=1000(stu) gid=1000(stu) 组=1000(stu),10(wheel) 上下文
=unconfined_u:unconfined_r:unconfined_t:s0-s0:c0.c1023
```

上面的 su 命令与用户名之间有一个减号（-），这意味着完全切换到新的用户，即将环境变量也变更为新用户的相应信息。

步骤 6：sudo 命令的使用。该命令是 Linux 操作系统中用于以另一个用户（通常是超级用户 root）的身份执行命令的工具。与 su 命令相比，sudo 提供了更细粒度的权限控制，允许系统管理员限制用户可以执行的命令。

用户必须被添加到 /etc/sudoers 文件中，该文件定义了哪些用户或用户组可以以什么身份执行哪些命令。默认情况下，只有 root 用户和被明确添加到 sudoers 文件中的用户才能使用 sudo 命令。

示例：

```
[stu@openeuler ~]$ ls /root
ls: 无法打开目录 '/root': Permission denied
[stu@openeuler ~]$ sudo ls /root
[sudo] stu 的密码：
anaconda-ks.cfg
```

任务 3：管理 Linux 文件权限

任务描述：Linux 文件权限管理是系统安全的关键部分，它决定了不同用户和组对文件和目录的访问权力。通过合理的权限设置，系统管理员可以有效地保护系统资源，防止未授权的访问和潜在的安全威胁。

步骤 1：修改文件或目录权限。chmod 是 Linux 操作系统中用于更改文件或目录权限的命令，它允许用户定义哪些用户或组可以读、写或执行文件，以及哪些用户或组不能执行这些操作。通常只有文件的所有者或超级用户才能修改权限。

【命令格式】chmod [选项] <权限模式> <文件名>

选项：可选参数，用于控制权限更改行为。例如，-R 选项用于递归地更改目录及其内容的权限。

权限模式：定义了文件的权限，通常包括用户、组和其他用户的权限。权限模式可以使用数字表示（如 755 或 644），也可以使用符号表示（如 +rw 或 +x）。

文件名：要更改权限的文件或目录。

(1) 使用字符表示法修改权限

- 使用 r、w、x 分别表示读、写、执行的权限。
- 使用 u、g、o 和 a 分别表示用户、组、其他用户、所有用户。
- 使用 +、- 和 = 分别表示添加、移除和设置权限。

微课 4-4
管理 Linux
文件权限

示例 1：为 example.txt 设置文件权限，给所有用户添加执行权限。

```
[root@openeuler ~]# touch example.txt
[root@openeuler ~]# chmod a+x example.txt
[root@openeuler ~]# ll example.txt
-rwxr-xr-x. 1 root root 0 2 月 13 日  20:07 example.txt
```

示例 2：为 example.txt 设置文件权限，移除其他用户的读和执行权限。

```
[root@openeuler ~]# chmod o-rx example.txt
[root@openeuler ~]# ll example.txt
-rwxr-x---. 1 root root 0 2 月 13 日  20:07 example.txt
```

示例 3：为 example.txt 设置文件权限，所有者有读写权限，所属组有读权限，其他用户无权限。

```
[root@openeuler ~]# chmod u=rw,g=r,o= example.txt
[root@openeuler ~]# ll example.txt
-rw-r-----. 1 root root 0 2 月 13 日  20:07 example.txt
```

(2) 使用数字表达法修改权限

示例：为 example.txt 设置文件权限，所有者有读、写、执行权限，所属组有读、执行权限，其他用户有读权限。

```
[root@openeuler ~]# chmod 754 example.txt
[root@openeuler ~]# ll example.txt
-rwxr-xr--. 1 root root 0 2 月 13 日  20:07 example.txt
```

步骤 2：修改文件的所有者和所属组。chown 是 Linux 操作系统中用于更改文件或目录所有者和组的命令。

【命令格式】chown [选项] [所有者][:[所属组]] <文件名>
chmod 命令常用选项见表 4-10。

表 4-10　chown 命令的常用选项

选　　项	说　　明
-R	进行递归更改，如果是目录，要同时更改目录及子目录下的所有文件

参数说明如下。
- 所有者：新的文件所有者用户名或用户 ID。
- 所属组：新的文件用户组名或组 ID。

示例：

```
[root@openeuler ~]# touch file1
[root@openeuler ~]# ll file1
-rw-rw-r--. 1 root root 0  2月 14日  19:56 file1
#修改所有者
[root@openeuler ~]# chown stu file1
[root@openeuler ~]# ll file1
-rw-rw-r--. 1 stu root 0  2月 14日  19:56 file1
#修改所属组
[root@openeuler ~]# chown :bin file1
[root@openeuler ~]# ll file1
-rw-rw-r--. 1 stu bin 0  2月 14日  19:56 file1
#同时修改所有者和所属组
[root@openeuler ~]# chown root:root file1
[root@openeuler ~]# ll file1
-rw-rw-r--. 1 root root 0  2月 14日  19:56 file1
```

步骤 3：显示或设定文件的权限掩码。umask（用户文件创建权限掩码，User File Creation Mask）是 Linux 系统中的一个命令，用于显示或设置创建文件或目录时的权限掩码。

1) 显示创建文件或目录时的权限掩码。

```
[root@openeuler ~]# umask
0022        <===与一般权限有关的是后面的 3 个数字
[root@openeuler ~]# umask -S
u=rwx,g=rx,o=rx            <====符号表示法
```

2) 设置创建文件或目录时的权限掩码。

【命令格式】umask [新值]

> 这个设置只会在当前 shell 会话中有效。

umask 的计算方法如下：
- 文件的默认最大权限是 666（即 rw-rw-rw-），表示文件默认不能有执行权限（x），目录的默认最大权限是 777（即 rwxrwxrwx）。
- 实际权限=默认权限&（~umask），其中的"&"是按位与操作，"~"是按位取反。

微课 4-5
umask 的理解及应用

示例：

```
[root@openeuler ~]# umask
0022
[root@openeuler ~]# touch file022
[root@openeuler ~]# umask 002
[root@openeuler ~]# touch file002
[root@openeuler ~]# ll
```

```
总计 4
-rw-------. 1 root root 760   8月 24 日 17:00 anaconda-ks.cfg
-rw-rw-r--. 1 root root   0   2月 14 日 19:32 file002
-rw-r--r--. 1 root root   0   2月 14 日 19:31 file022
```

可以看出，file002 的文件权限与 file022 的文件权限不同。

任务 4：管理文件访问控制列表

任务描述：Linux 文件的访问控制列表（Access Control Lists，ACL）提供了一种比传统文件权限管理更灵活、更细粒度的权限控制方法。通过 ACL，可以精确地控制哪个用户或用户组可以访问、修改或执行特定的文件或目录。

步骤 1：设置文件的 ACL 规则。setfacl 是 Linux 中用于设置 ACL 的命令。

【命令格式】setfacl [选项] <文件名>

setfacl 命令常用选项见表 4-11。

微课 4-6
文件访问控制列表

表 4-11 setfacl 命令的常用选项

选 项	说 明
-m	修改文件或目录的 ACL，后面跟具体的 ACL 规则
-x	删除指定的 ACL 规则
-b	删除文件或目录上的所有 ACL 规则
-R	递归地应用 ACL 规则到目录及其所有内容

ACL 规则通常由用户/组标识符、权限类型（读、写、执行）和适用的权限 3 部分组成。例如，

- u:username:rwx：为用户 username 设置读、写和执行权限。
- g:groupname:rw-：为组 groupname 设置读和写权限。
- o::r--：为其他用户设置读权限。

示例：为了直观地观察 ACL 对文件权限控制的效果，可以先切换到普通用户，然后尝试进入 root 管理员的家目录，发现操作失败；再使用 setfacl 设置用户在/root 目录的权限，然后尝试进入 root 管理员的家目录，则操作成功。

```
[root@openeuler ~]# su - stu
上一次登录：四 2月 13 20:05:55 CST 2025:0 上
[stu@openeuler ~]$ cd /root
-bash: cd: /root: Permission denied
[stu@openeuler ~]$ sudo su -
[sudo] stu 的密码：
上一次登录： 2025 年 02 月 14 日 星期五 18:11:42 CST 于 pts/1
[root@openeuler ~]# setfacl -m u:stu:rwx /root
[root@openeuler ~]# su - stu
上一次登录： 2025 年 02 月 14 日 星期五 18:11:56 CST 于 pts/1
[stu@openeuler ~]$ cd /root
```

步骤 2：显示文件的 ACL 规则。getfacl 是一个用于显示 Linux 系统中文件或目录 ACL 的命令。

【命令格式】getfacl [选项] <文件名>

getfacl 命令常用选项见表 4-12。

表 4-12 getfacl 命令的常用选项

选项	说明
-a	显示 ACL，这是默认行为
-e	显示有效的权限
-R	对指定目录及其所有子目录和文件递归地显示 ACL

示例 1：显示/root 目录的 ACL。

```
[root@localhost ~]# getfacl /root
# file: root
# owner: root
# group: root
user::r-x
user:stu:rwx
group::r-x
mask::rwx
other::---
```

示例 2：显示/root 目录有效的权限。

```
[root@localhost ~]# getfacl -e /root
getfacl: Removing leading '/' from absolute path names
# file: root
# owner: root
# group: root
user::r-x
user:stu:rwx              #effective:rwx
group::r-x                #effective:r-x
mask::rwx
other::---
```

4.3 能力拓展

微课 4-7
账号无法
登录的
各种原因

拓展任务 1：分析账号无法登录的各种原因

Linux 用户无法登录的原因可能有多种，以下是一些常见的原因及其解决方法。

1）用户名和密码错误。这是最常见的问题之一，首先要确保输入的用户名和密码完全正确，没有拼写错误或大小写错误；如果不能确定密码是否正确，可以尝试使用 root 账户登录，或者重置用户密码。

2）用户账户被锁定或禁用。如果账户被锁定或禁用，用户将无法登录。可以使用 passwd 命令检查账户状态，并使用"passwd -u 用户名"命令解锁账户。

3）登录权限和访问控制列表（ACL）问题。检查用户是否有足够的权限登录系统，在某些情况下，系统的 ACL 可能会阻止用户登录。可以使用 ls -l 命令查看文件和目录的权限设置，确保用户具有适当的访问权限。

4）系统日志中的错误信息。登录失败的信息通常会记录在系统的日志文件中，可以查看/var/log/auth.log（在某些发行版中可能是/var/log/secure）来获取详细的登录失败信息。使用以下命令查看日志：

sudo cat /var/log/auth.log | grep "Failed password"

日志文件可能会提供关于为什么登录失败的具体原因，如密码错误、账户被锁定等。

5）网络连接和 SSH 服务问题。如果用户是通过 SSH 远程登录，确保 SSH 服务正在运行，并且没有配置错误。检查网络连接是否正常，确保没有防火墙或路由器设置阻止 SSH 连接。使用以下命令检查 SSH 服务状态：

sudo systemctl status ssh

如果服务未运行，可以使用 sudo systemctl start ssh 命令启动服务。

6）磁盘空间不足。如果系统磁盘空间已满，可能会导致用户无法登录。尝试删除不必要的文件或扩展磁盘空间。

7）账号的 shell 设置为 nologin。使用 usermod 命令更改用户的 shell，如将用户的 shell 更改为/bin/bash（bash shell）。

微课 4-8
账号安全策略

拓展任务 2：配置账号安全策略/etc/login.defs

login.defs 文件是 UNIX/Linux 类操作系统中的一个重要配置文件，位于 /etc 目录下。该文件主要用于定义与用户账户管理和认证相关的默认参数和安全策略。login.defs 文件中的设置会应用于 useradd、usermod 和 userdel 等命令，以及 PAM（可插拔认证模块）和其他相关工具。该文件的用户默认配置对 root 用户无效。

当 login.defs 文件中的配置与 /etc/passwd 和 /etc/shadow 文件中的用户信息有冲突时，系统会以 /etc/passwd 和 /etc/shadow 为准。特别地，如果 /etc/shadow 文件里有相同的选项（如密码有效期），则以 /etc/shadow 里的设置为准，常用选项见表 4-13。

表 4-13　login.defs 常见配置选项

选　　项	说　　明
PASS_MAX_DAYS	密码的最大有效期，超过这个天数后，用户必须更改密码
PASS_MIN_DAYS	两次更改密码之间所需的最小天数
PASS_WARN_AGE	在密码过期前多少天开始警告用户
PASS_MIN_LEN	密码的最小长度（某些 Linux 发行版中可能包含此选项）

续表

选 项	说 明
UID_MIN	定义了普通用户 UID 的最小值
UID_MAX	定义了普通用户 UID 的最大值
GID_MIN	定义了组 GID 的最小值
GID_MAX	定义了组 GID 的最大值
CREATE_HOME	当创建新用户时，是否自动创建主目录
UMASK	新创建的用户的默认 umask 值，这决定了新建文件的默认权限
USERGROUPS_ENAB	如果设置为 yes，则为每个用户创建一个与用户名同名的私有组

要查看或修改 login.defs 文件的内容，需要有适当的权限，通常这意味着需要以 root 用户或使用 sudo 来执行此操作。特别要注意的是，修改此文件时应当格外小心，因为不正确的设置可能会导致系统行为不符合预期或者引入安全风险。

在/etc/login.defs 文件中，常见的账号安全策略相关参数及其设置示例如下。

```
PASS_MAX_DAYS 90         #设置用户密码的最长有效期为 90 天
PASS_MIN_DAYS 7          #设置用户密码的最短使用期限为 7 天
PASS_MIN_LEN 8           #设置用户密码的最小长度为 8 个字符
PASS_WARN_AGE 7          #设置密码过期警告的天数为 7 天
LOGIN_RETRIES 5          #设置登录失败的最大尝试次数为 5 次
LOGIN_TIMEOUT 300        #设置登录超时时间为 300 秒（5 分钟）
UID_MIN 1000             #设置用户 ID 的最小值为 1000
UID_MAX 60000            #设置用户 ID 的最大值为 60000
GID_MIN 1000             #设置组 ID 的最小值为 1000
GID_MAX 60000            #设置组 ID 的最大值为 60000
CREATE_HOME yes          #指定是否创建用户主目录，yes 为创建，no 为不创建
UMASK 077                #设置用户创建文件或目录时的默认权限掩码为 077
USERGROUPS_ENAB yes      #如果设置为 yes，则为每个用户创建一个与用户名同名的私有组
```

拓展任务 3：Linux 特殊权限的应用

Linux 特殊权限的应用主要涉及对文件和目录访问方式的额外控制，以确保系统的安全性和权限管理的灵活性。这些特殊权限包括 SUID、SGID 和 SBIT，它们各自有不同的应用场景和作用。

在 Linux 中，可以使用如下 chmod 命令来设置或移除特殊权限。

1）设置 SUID 权限：chmod u+s filename
2）设置 SGID 权限：chmod g+s filename（对于目录也适用）
3）设置 SBIT 权限：chmod +t directory
4）移除 SUID 权限：chmod u-s filename
5）移除 SGID 权限：chmod g-s filename（对于目录也适用）
6）移除 SBIT 权限：chmod -t directory

微课 4-9
Linux 特殊
权限的应用

（1）SUID 权限的应用

SUID 权限允许用户以文件所有者的权限来执行文件，而不是以执行者自己的权限。如果所有者是 root，则执行者就有超级用户的特权。

如果一个文件设置了 SUID 权限，所有者执行位（X）会显示为 s（小写）。如果文件原本没有执行权限，但设置了 SUID 权限，则所有者执行位（X）会显示为 S（大写），表示该文件虽然设置了 SUID 权限，但由于缺乏执行权限而无法生效。示例如下：

```
#cat 文件没有 SUID 权限，所以普通用户不能查看/etc/shadow 文件内容
[stu@openeuler ~]$ cat /etc/shadow
cat: /etc/shadow: Permission denied
#添加 SUID 权限
[stu@openeuler ~]$ sudo chmod u+s /bin/cat
[sudo] stu 的密码：
#验证上步的操作，发现所有者的权限变为 rws，SUID 权限设置成功
[stu@localhost ~]$ ll /bin/cat
-rwsr-xr-x. 1 root root 43448 2024 年 5 月 23 日 /bin/cat
#可以查看/etc/shadow 文件内容,是因为普通用户执行 cat 命令时，拥有 cat 文件所有者，即 root 的权限。
[stu@openeuler ~]$ cat /etc/shadow
root:!::0:99999:7:::
bin:*:19866:0:99999:7:::
```

▲ SUID 特殊权限也常被"黑客"用于 Linux 操作系统提权。

（2）SGID 权限的应用

SGID 权限允许用户以文件所属组的权限来执行文件，而不是以执行者自己的权限。对于文件，这通常用于一些需要共享访问权限的程序；对于目录，SGID 权限确保目录内创建的所有文件都继承目录的组所有权。

如果一个文件或目录设置了 SGID 权限，所属组执行位（X）会显示为 s（小写）。如果文件或目录原本没有执行权限，但设置了 SGID 权限，则所属组执行位（X）会显示为 S（大写），表示该文件或目录虽然设置了 SGID 权限，但由于缺乏执行权限而无法生效。

应用场景示例：有一个团队正在开发一个 Web 应用程序，并且其成员都在同一个 Linux 服务器上工作。为了便于团队成员之间共享文件和目录，创建了一个名为 webapp 的共享目录。此外，还希望确保任何新文件或目录在创建时都具有与父目录相同的权限。这时，可以使用 SGID 权限来配置 webapp 目录，使任何新创建的文件或目录都将继承 webapp 目录的组权限。

```
#新建两个用户 user1 和 user2，都属于 project 组，共享/webapp 目录
[root@openeuler ~]# useradd user1
[root@openeuler ~]# useradd user2
[root@openeuler ~]# mkdir /webapp
[root@openeuler ~]# groupadd project
[root@openeuler ~]# gpasswd -a user1 project
正在将用户"user1"加入到"project"组中
[root@openeuler ~]# gpasswd -a user2 project
正在将用户"user2"加入到"project"组中
```

```
[root@openeuler ~]# chown :project /webapp
[root@openeuler ~]# chmod g+w /webapp
[root@openeuler ~]# su - user1
[user1@openeuler ~]$ cd /webapp
[user1@openeuler webapp]$ touch file1
[user1@openeuler webapp]$ exit
注销
[root@openeuler ~]# su - user2
[user2@openeuler ~]$ cd /webapp
[user2@openeuler webapp]$ touch file2
#查看 webapp 目录下的内容,发现:如果没有 SGID 权限,生成的新文件的所属组都不是 project 组
[user2@openeuler webapp]$ ll
总计 0
-rw-r--r--. 1 user1 user1 0  2月 15日 13:45 file1
-rw-r--r--. 1 user2 user2 0  2月 15日 13:45 file2
# /webapp 添加 SGID 特殊权限
[root@openeuler ~]# chmod g+s /webapp
#验证上步的操作,发现所属组的权限变为 r-s,SGID 权限设置成功
[root@localhost ~]# ls -ld /webapp
drwxrwsr-x. 2 root root 4096  2月 15日 13:40  /webapp
[root@openeuler ~]# su - user1
[user1@openeuler ~]$ cd /webapp
[user1@openeuler webapp]$ touch file3
[user1@openeuler webapp]$ exit
注销
[root@openeuler ~]# su - user2
[user2@openeuler ~]$ cd /webapp
[user2@openeuler webapp]$ touch file4
#查看 webapp 目录下的内容,发现:如果有 SGID 权限,生成的新文件的所属组都是 project 组
[user2@openeuler webapp]$ ll
-rw-r--r--. 1 user1 project 0  2月 15日 13:58 file3
-rw-r--r--. 1 user2 project 0  2月 15日 13:59 file4
```

(3) SBIT 权限的应用

SBIT 权限通常用于目录,以防止用户删除或重命名不属于自己的文件,即使该目录对其具有写权限。

如果一个文件或目录设置了 SBIT 权限,其他人执行位(X)会显示为 t(小写)。如果文件或目录原本没有执行权限,但设置了 SBIT 权限,则其他人执行位(X)会显示为 T(大写),表示该文件或目录虽然设置了 SBIT 权限,但由于缺乏执行权限而无法生效。

应用场景示例:有一个名为 webapp 的公共目录,用于存放团队成员之间共享的文件。希望所有团队成员都可以向该目录上传文件,但只有文件所有者和超级用户才能删除文件。

```
#环境配置如上一个示例
# /webapp 添加 SBIT 权限
[root@openeuler ~]# chmod +t /webapp
#验证上步的操作,发现其他人的权限变为 r-t,SBIT 权限设置成功
[root@localhost ~]# ls -ld /webapp
```

```
drwxrwsr-t. 2 root root 4096    2月15日 13:40 /webapp
[root@openeuler ~]# su - user1
[user1@openeuler ~]$ cd /webapp
[user1@openeuler webapp]$ ll
总计 0
-rw-r--r--. 1 user1 user1     0  2月15日 13:45 file1
-rw-r--r--. 1 user2 user2     0  2月15日 13:45 file2
-rw-r--r--. 1 user1 project 0   2月15日 13:58 file3
-rw-r--r--. 1 user2 project 0   2月15日 13:59 file4
#只有文件所有者和超级用户才能删除文件
[user1@openeuler webapp]$ rm -f file3
[user1@openeuler webapp]$ rm -f file4
rm: 无法删除 'file4': Operation not permitted
[user1@openeuler webapp]$ ll
总计 0
-rw-r--r--. 1 user1 user1     0  2月15日 13:45 file1
-rw-r--r--. 1 user2 user2     0  2月15日 13:45 file2
-rw-r--r--. 1 user2 project 0   2月15日 13:59 file4
```

拓展任务 4：初识 SELinux

系统资源都是通过进程来读取和更改的，为了保证系统资源的安全，传统的 Linux 使用用户、文件权限的概念来限制资源的访问，通过对比进程的发起用户和文件权限以此来保证系统资源的安全，这是一种自由访问控制方式（DAC）。但是，随着系统资源安全性要求的提高，出现了在 Linux 下的一种安全强化机制（SELinux），该机制为进程和文件加入了除权限之外更多的限制来增强访问条件,这种方式为强制访问控制（MAC）。这两种方式最直观的对比就是，采用传统的 DAC，root 可以访问任何文件；而在 MAC 下，就算是 root 也只能访问设定允许的文件。

在 SELinux 中预置了多种的策略模式，通常都不需要自己去定义策略，除非是需要对一些服务或者程序进行保护。在 openEuler 系统中，其默认使用的是目标（Target）策略。目标策略定义了只有目标进程受到 SELinux 限制，非目标进程就不会受到 SELinux 限制，通常网络应用程序都是目标进程，如 httpd、mysqld、dhcpd 等。

SELinux 的工作模式有以下 3 种。

1）Enforcing（强制模式）：只要是违反策略的行动都会被禁止，并作为内核信息记录。

2）permissive（允许模式）：违反策略的行动不会被禁止，但是会提示警告信息。

3）disabled（禁用模式）：禁用 SELinux，与不带 SELinux 系统是一样的，通常情况下在不怎么了解 SELinux 时将模式设置成 disabled，这样在访问一些网络应用时就不会出问题了。

SELinux 的主配置文件是 /etc/sysconfig/selinux，可以通过以下命令进行查看。

```
[root@openeuler ~]# cat /etc/sysconfig/selinux

# This file controls the state of SELinux on the system.
# SELINUX= can take one of these three values:
#       enforcing - SELinux security policy is enforced.
```

```
#       permissive - SELinux prints warnings instead of enforcing.
#       disabled - No SELinux policy is loaded.
SELINUX=enforcing        #SELinux 默认的工作模式是 enforcing
# SELINUXTYPE= can take one of these three values:
#       targeted - Targeted processes are protected,
#       minimum - Modification of targeted policy. Only selected processes are protected.
#       mls - Multi Level Security protection.
SELINUXTYPE=targeted
```

SELinux 默认的工作模式是 enforcing，可以将其修改为 permissive 或者是 disabled。如果要查看当前 SELinux 的工作状态，可以使用 getenforce 命令来查看。

```
[root@openeuler ~]# getenforce
Enforcing
```

可以看出，当前的工作模式是 enforcing。如果要设置当前的 SELinux 工作状态，可以使用 setenforce [0|1] 命令来修改，其中参数 0 表示设置为 permissive，1 表示设置为 enforcing。示例如下：

```
[root@openeuler ~]# setenforce 0
[root@openeuler ~]# getenforce
Permissive
[root@openeuler ~]# setenforce 1
[root@openeuler ~]# getenforce
Enforcing
```

1）通过 setenforce 来设置 SELinux 只是临时修改，当系统重启后就会失效了，所以如果要永久修改，就通过修改 SELinux 主配置文件/etc/sysconfig/selinux。

2）在学习过程中，可以直接将 SELinux 的工作模式设置成 permissive，这样就不会出现策略拦截问题了，但是这样的话系统就没有 SELinux 安全防护。

【IT 工程师素养小课堂】信息社会中的账号密码威胁与防御指南

在当今的信息化社会中，一个人的数字账号可能比钱包更"值钱"。从社交平台到银行账户，从网购 App 到智能家居系统，密码已成为守护个人隐私与财产的核心防线。然而，根据相关机构发布的《2023 年数据泄露调查报告》，80%的网络安全事件与密码泄露直接相关。你的账号密码是否真的安全？我们又该如何应对无处不在的威胁？

1. 密码安全面临的主要威胁

（1）大规模数据泄露：网络中的"密码超市"

典型案例：2023 年，某社交平台数亿用户数据被以虚拟货币标价出售，包含明文密码、手机号等信息。

威胁本质：企业服务器被黑客攻破后，用户密码可能被批量窃取。若用户在不同平台重复使用同一密码，攻击者可"撞库"登录其他账号。

（2）钓鱼攻击：伪装成"安全提醒"的陷阱

操作模式：伪造银行、电商等官方邮件/SMS，诱导用户点击链接至虚假登录页面并输入密码。

技术升级：通过人工智能（AI）技术生成的高仿钓鱼网站已能通过域名相似性检测。

（3）暴力破解与弱密码漏洞

数据对比：单一字符或有规律的弱密码如"123456"可在 1 秒内被破解，而由数十位大小写字母、数字、各种符号等混合组成的强密码则可能需要超级计算机耗时数年才能破译。

攻击工具：黑客使用 GPU 集群或僵尸网络，每秒可尝试数百万次密码组合。

（4）社交工程：从"朋友圈"窃取密码线索

通过社交媒体获取用户生日、宠物名等信息以猜解密码，或者冒充亲友请求"验证码"或"临时借用账号"。

（5）本地设备风险：键盘记录与公共 Wi-Fi 监听

在公共计算机安装键盘记录软件，窃取输入的密码；未加密的公共 Wi-Fi 可被中间人攻击截获账号信息。

2. 构建密码安全的四重防御体系

（1）密码生成与管理——从"记忆负担"到"科学防护"

密码生成原则如下。

- 长度优先：12 位以上，避免常见词汇（如 password）。
- 复杂度混合：大小写字母+数字+符号（如"8F$qL@v2^eR9#"）。

管理工具推荐如下。

- 密码管理器：1Password、Bitwarden（自动生成并加密存储密码）。
- 替代方案：用"密码短语"代替随机字符（如"咖啡-3 杯-每天-不糖!"）。

（2）多因素认证（MFA）——为账号加上"第二把锁"

认证方式优先级：

- 物理密钥。
- 认证器 App。
- 短信/邮件验证码（仅做备用）。

关键账号必启用：邮箱、支付平台、社交媒体主账号。

（3）主动监测与应急响应——让风险"可视化"

定期自查策略：

- 使用工具检测密码是否已泄露。
- 检查账号登录记录。

应急方案如下：

- 发现异常立即修改密码并注销可疑设备。
- 银行账号被盗时，优先冻结卡片并报警。

（4）安全意识习惯——防御"人性弱点"

防"钓鱼"口诀：

- 不点陌生链接，不扫不明二维码，不透露验证码。

- 手动输入官网地址，避免点击邮件中的登录入口。

设备安全准则：
- 手机/计算机安装杀毒软件。
- 公共设备登录账号后彻底退出并清除缓存。

3. **未来趋势：从"密码依赖"到"无密码时代"**

应对当前信息化社会所面对的密码风险与威胁，相关安全技术也在不断发展与进步。

1）生物识别技术：指纹/面部识别（需要注意生物信息本地化存储）。
2）FIDO2 协议：通过硬件密钥实现无密码登录（如 Windows Hello）。
3）风险预警系统：人工智能实时分析登录行为，拦截异常访问。

可以说，密码安全将是一场"持久战"。在数字身份等同于现实身份的当今信息时代，保护密码安全需遵循以下三大原则。

1）绝不重复使用密码：一次泄露不等于全面崩溃。
2）默认开启多因素认证：单层防御已不足以应对专业攻击。
3）保持警惕与更新：安全工具需随技术威胁同步升级。

密码不仅是字符的组合，更是数字世界中的"生命线"。从今天起，检视所有账号的安全设置，用系统化的防御策略取代侥幸心理。

4.4 项目小结

本项目系统讲解了 Linux 用户、组及权限管理的核心机制，涵盖账户创建、权限控制、安全策略及高级功能（如 ACL、SELinux 等）。通过基本任务和拓展任务的实践，学习者可以掌握从基础用户管理到复杂权限配置的全流程技能，为系统安全和团队协作提供坚实保障。

4.5 思考与练习

文本：参考答案

一、操作题

1．使用 useradd 命令创建一个名为 john 的用户，并设置其主目录为/home/john，同时创建一个名为 developers 的组，并将 john 用户添加到 developers 组中。

2．使用 usermod 命令将 john 用户的改为非登录用户。

3．使用 passwd 命令为 john 用户设置密码。

4．使用 touch 命令在/home/john 目录下创建一个名为 project.txt 的文件，并使用 chmod 命令设置其权限为所有者可读写（rw-）、组可读（r--）、其他人无权限（---）。

5．使用 chown 命令将 project.txt 文件的所有者更改为 ftp 用户，组保持为 developers。

6．使用 ACL 设置额外权限：为 developers 组中的用户设置对 project.txt 文件的额外写权限（即使文件的所有者是 root）。

7. 使用 ls -l 命令查看 project.txt 文件的权限和所有者信息，并使用 getfacl 命令查看其 ACL 设置。

8.【综合题】假设你是一名系统管理员，需要为一个 Web 开发团队（分别是 user1、user2、user3 和 user4，都属于 project 组）创建一个共享工作区，其中包含一个 Web 服务器目录（/var/www/html）和一个日志目录（/var/log/web）。要求团队成员能够读写 Web 服务器目录中的文件，但只能读取日志目录中的文件。

二、HCIA 相关考题

1.【判断题】Linux 系统中，普通用户创建文件时，默认情况下文件的属组就是该用户的私有组或默认组。（   ）

2.【多选题】下列命令中，不可以修改用户的主组或附加组信息的是（   ）。
   A．gpasswd   B．groupmod   C．usermod   D．chmod

3.【多选题】下列关于 Linux 系统中用户和组的描述中，正确的式（   ）。
   A．Linux 系统中，用户一般分为超级用户、普通用户和系统用户 3 类
   B．Linux 系统中，创建用户时系统会默认给该用户创建一个和用户名相同的私有组或默认组
   C．Linux 系统中，用户的私有组或默认组和用户的附加组没有任何关系
   D．Linux 系统中，根据用户的 UID 来区分用户的类型

4.【多选题】Linux 系统中，使用 useradd username 命令创建用户后，系统默认会给该用户创建（   ）文件。
   A．/home/username   B．/etc/passwd
   C．/etc/group   D．/var/spool/mail/username

5.【多选题】下列命令中，可以将文件 file1 的所属组更改为 admin 的是（   ）。
   A．chown admin file1.   B．chgrp admin file1
   C．chown :admin file1   D．chmod admin file1

6.【多选题】Linux 系统中，命令 useradd 在创建用户时，可以指定用户的 shell。下列命令创建的用户不能使用 shell 登录系统的是（   ）。
   A．useradd -s /sbin/nologin user01   B．useradd -r user02
   C．useradd -u 655 user03   D．useradd -s /bin/false user04

7.【多选题】若希望/data 目录的所属组用户可以在该目录下创建或删除文件，下列权限可以满足该需求的是（   ）。
   A．755   B．644   C．574   D．775

8.【多选题】openEuler 系统中，用户组 CW、HR 和 XS 分别对应 3 个不同部门。现需要对/data 目录和/data/xs.txt 文件做权限规划，以下代码为/data 目录和 xs.txt 文件目前的权限信息，如果仅允许 XS 部门的所有用户查看和修改/data 目录下 xs.txt 文件的内容，下列命令可以满足该需求的是（   ）。

```
[root@openEuler01 ~]# ll -d /data/
drwxr-xr-- 2 root root 4.0K Nov  9 19:20 /data/
[root@openEuler01 ~]# ll /data/xs.txt
-rw-rw-r-- 1 root root 12 Nov  9 19:20 /data/xs.txt
[root@openEuler01 ~]#
```

A. chmod o+x /data/;setfacl -m g:XS:rw /data/xs.tx

B. chmod o+x /data/;setfacl -m u:XS:rw /data/xs.txt

C. chmod 755 /data,chown .XS /data/xs.txt

D. chmod o=rx /data,chgrp XS /data/xs.txt

9.【单选题】Linux 系统中，下列（　　）命令不能更改文件的权限信息。

A. usermod　　　B. chmod　　　C. setfacl　　　D. chacl

10.【单选题】下列关于 Linux 系统中用户的描述中，正确的是（　　）。

A. Linux 系统中，管理员用户的名字默认为 root，也可以是其他名字，但是 UID 必须为 0

B. Linux 系统中，管理员的用户名必须为 root，UID 可以为 0，也可以是其他数值

C. Linux 系统中，默认系统用户的 UID 范围是 1≤UID≤1000

D. Linux 系统中，默认普通用户的 UID 范围是 1000<UID<6000

11.【单选题】Linux 系统中，（　　）命令可以修改用户组 ID。

A. usermod -g　　　　　　　　B. groupmod -G

C. groupmod -g　　　　　　　D. usermod -G

12.【单选题】Linux 系统中，下列命令可以批量将 admin 组的成员设置为 user01、user02 和 user03 的是（　　）。

A. usermod -G user01,user02,user03 admin

B. gpasswd -M user01,user02,user03 admin

C. gpasswd -a user01,user02.user03 admin

D. usermod -A admin user01,user02,user03

13.【单选题】根据下列代码所示，test 用户对/data/euler 目录的权限有（　　）。

```
[root@openEuler ~]#
[root@openEuler ~]# id test
uid=1010(test) gid=1014(test) groups=1014(test)
[root@openEuler ~]# ll -d /data/euler/
drwx---r-x 2 root Euler 4.0K Dec  6 08:45 /data/euler/
[root@openEuler ~]#
```

A. 具有进入该目录，以及列出、创建、删除该目录文件的权限

B. 没有任何权限

C. 具有进入该目录，以及列出该目录文件的权限

D. 具有进入该目录的权限，但没有列出、创建、删除该目录文件的权限

项目 5
存储管理

【学习目标】

知识目标：
- 了解机械硬盘与固态硬盘的差异。
- 理解分区表在存储系统中的作用。
- 掌握 Linux 中磁盘设备的命名规则。

技能目标：
- 能用 MBR 和 GPT 两种方法实现磁盘的分区管理。
- 能用 LVM 方式管理存储设备。
- 能实现分区格式化及挂载操作。

素养目标：
- 了解各类信息安全威胁，培养数据安全意识。
- 通过网络查找存储技术的最新发展，培养创新精神。

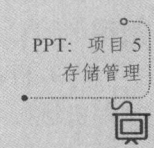

PPT：项目 5 存储管理

文本：单元设计

5.1 知识储备

5.1.1 存储系统

存储系统是指计算机中由存放程序和数据的各种存储设备、控制部件及管理信息调度的设备（硬件）和算法（软件）所组成的系统。

存储系统是计算机的重要组成部分之一，其提供写入和读取计算机工作所需要的信息（程序和数据）的能力，实现计算机的信息记忆功能。现代计算机系统中常采用寄存器、高速缓存、主存、外存的多级存储体系结构。

计算机存储系统的核心是存储器，它是计算机中必不可少、用来存储程序和数据的记忆设备。

● 内部存储器（简称内存）：主要存储计算机当前工作需要的程序和数据，包括高速缓冲存储器（Cache，简称缓存）和主存储器（RAM 和 ROM）。目前构成内存的主要是半导体存储器。

● 外部存储器（简称外存）：主要有磁性存储器、光存储器和半导体存储器 3 种实现方式，常见的存储介质有磁盘、光盘和移动存储器等。

5.1.2 磁盘概述

磁盘是计算机最主要的存储介质之一，主要用来储存软件、文档、图片、音视频资料等，属于外部存储器。相比于内存条，磁盘属于可持久化的数据存储介质，即断电之后数据不会被清空。

虽然 CPU 与软件的数据交换是通过内存来完成的，但是在调入内存的过程中，磁盘的读写速度同样影响用户使用体验，因此选择好的磁盘非常重要。

计算机系统中最常见的磁盘是硬盘，目前主流的硬盘有机械硬盘和固态硬盘两种类型。

（1）机械硬盘

机械硬盘里有一张或多张可读写数据的储存盘片，盘片上有个磁头，硬盘里还有一个电动机可以带动储存盘片转动，结合磁头的升缩，从而能读取到不同部分的数据，如图 5-1 所示。机械硬盘的优点是生产成本低、容量大、性价比高，但其稳定性及读写数据的速率不如固态硬盘，抗挤压、抗震性较差，携带不方便且噪声大。

（2）固态硬盘

固态硬盘有点像 U 盘，只是其电路板更为复杂。它没有机械硬盘中的电动机及存储盘片，而是使用固态电子存储芯片阵列制成，如图 5-2 所示。固态硬盘的优点是读写速率快、稳定性好、寿命长、防震，工作噪声值为 0 dB，但是其价格相对较贵，容量小，磁盘损坏后数据不能恢复。

图 5-1　机械硬盘

图 5-2　固态硬盘

5.1.3 磁盘分区表

在数据能够被存储到磁盘之前，该磁盘必须被划分成一个或几个磁盘分区（Partition），管理这些分区信息的载体则称为磁盘分区表（Partition Table）。

（1）磁盘分区表

磁盘分区表被用来存储磁盘分区的相关数据，如每一个磁盘分区的起始地址、结束地址以及是否为活动（Active）的磁盘分区等信息。目前主要有 MBR 和 GPT 两种磁盘分区表,使用 MBR 分区表的磁盘也称为 MBR 磁盘,使用 GPT 分区表的磁盘则称为 GPT 磁盘。

（2）MBR 磁盘

MBR 磁盘是标准的传统样式,其磁盘分区表存储在 MBR（Master Boot Record,主引导记录）内。MBR 位于磁盘的最前端,计算机启动时,主板上的 BIOS（基本输出/输入系统）会先读取 MBR,并将计算机的控制权交给 MBR 内的程序（Bootmgr）,然后由此程序来继续后面的启动工作。

磁盘的 0 磁道 0 扇区为 MBR 分区,存放着磁盘的 MBR 信息。一块硬盘有且只有一个 MBR 分区,大小为 512 B（字节）。其中,446 B 用于存放引导加载器程序（Boot Loader）,Linux 系统中常用的引导程序有 grub2 和 lilo。另外有 64 B 用于存放磁盘分区表信息,由于一个分区的信息占 16 B,所以最多只能保存 4 个分区的信息,但如果使用扩展分区,则情况就不同了,因为扩展分区的信息也会占用 16 B。最后 2 B 保存 55AA（十六进制）,用于校验分区表信息,如图 5-3 所示。

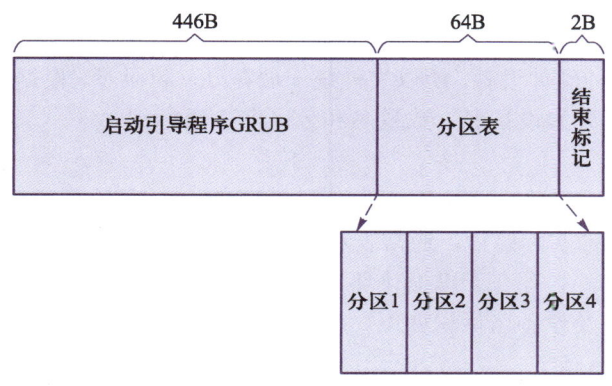

图 5-3　MBR 分区结构

MBR 磁盘的特点包括：磁盘的第 1 个扇区保存操作系统的引导信息及分区表信息；主分区和扩展分区加在一起至多只能有 4 个,且扩展分区只能有 1 个,也可以没有扩展分区；可以在扩展分区上划分逻辑分区,理论上逻辑分区没有限制个数；扩展分区本身并不存储数据,只有主分区和逻辑分区可以用于保存数据,且操作系统必须安装在主分区,如果安装在逻辑分区上则无法启动；由于操作系统无法识别到 2 TB 以上的磁盘容量,因此,单个分区最大容量是 2 TB。MBR 仅有一个扇区,如果被破坏后,很难甚至无法恢复。

（3）GPT 磁盘

GPT 磁盘的磁盘分区表存储在 GPT（GUID Partition Table,全局唯一标识符分区表）内,其同样位于磁盘的前端,而且它有磁盘分区表与备份磁盘分区表,可提供排错功能,如图 5-4 所示。GPT 磁盘使用 EFI（Extensible Firmware Interface,可扩展固件接口）作为计算机硬件与操作系统之间通信的桥梁,即 EFI 所扮演的角色类似于 MBR 磁盘的 BIOS。

PMBR	Partition Table						Partition					Table Backup	GPT Backup
MBR	GPT HDR	1	2	3	4	...	1	2	3	4	...	Partition Table Backup	GPT HDR Backup
LBA0	LBA1	LBA2				LBA3~ LBA34	LBA35~LBA-35					LBA-2~ LBA-34	LBA-1

图 5-4　GPT 分区结构

GPT 磁盘的特点包括：分区数量几乎没有限制，但在 Windows 系统中最多支持 128 个；分区容量几乎没有限制；在磁盘末端增加 GPT 分区表的备份；单个分区最大容量支持 2 TB。

5.1.4　Linux 系统中的磁盘标识

在 Linux 系统中，基于"一切皆文件"的思想，磁盘这类存储设备也有着独特的名称标识。因为都是属于各种硬件设备，所以文件统一放在/dev 目录下，根据不同类型、不同接口、不同设备和不同分区分为设备名、数量名和分区名 3 级标识。

（1）设备名

在 Linux 系统中，常见的设备名主要有 SD 和 VD。SD 是物理磁盘设备的表示，它直接关联到物理服务器上的实际磁盘，通常表示 SATA、SCSI 或 SAS 接口连接的磁盘。VD 是虚拟磁盘设备的表示，它存在于虚拟化环境中。

常见的存储设备及设备名标识如下。

- 软盘标识：/dev/fd。
- 光驱标识：/dev/sr。
- 磁带机标识：/dev/ht0（IDE 接口）、/dev/st0（SATA 或 SCSI 接口）。
- IDE 接口磁盘标识：/dev/hd。
- SATA、SCSI 或 SAS 接口磁盘标识：/dev/sd。
- 虚拟磁盘标识：/dev/vd。

微课 5-1
存储设备的标识

（2）数量名

如果在当前主机中，同一种接口类型的磁盘有多块，那么使用小写字母表示，从 a 开始，即 a 表示第 1 块磁盘，b 表示第 2 块磁盘，依此类推，示例如下。

- /dev/sda：通常为第 1 块非 IDE 接口磁盘。
- /dev/sdb：通常为第 2 块非 IDE 接口磁盘。
- /dev/hda：通常为第 1 块 IDE 接口磁盘。
- /dev/hda：通常为第 2 块 IDE 接口磁盘。

（3）分区名

如果在当前主机中，同一块磁盘上划分有多个分区，则使用数字表示，从 1 开始，即 1 表示第 1 个分区，2 表示第 2 个分区，依此类推。但是，因为在 MBR 的分区表中，最多只能分 3 个主分区和 1 个扩展分区，所以 Linux 系统规定，不管划分了多少个主分区，第 1 个逻辑分区都从 5 开始编号，示例如下。
- /dev/sda1：通常为第 1 块磁盘上的第 1 个分区。
- /dev/sdb2：通常为第 2 块磁盘上的第 2 个分区。
- /dev/sdc5：通常为第 3 块磁盘上的第 1 逻辑分区。

5.1.5 磁盘管理步骤

一般来说，磁盘从购买到可以使用其安装系统或保存数据，需要经过分区、格式化和挂载 3 个步骤。

（1）分区

分区是决定磁盘容量规划的过程，其类型包括主分区、扩展分区和逻辑分区。

1）主分区（Primary Partition）：可以用来启动操作系统，最少一个，最多 4 个。计算机启动时会到活动（Active）的主分区内读取磁盘分区引寻扇区（Partition Boot Sector），然后将控制权交给它来启动相关的操作系统。主分区主要用于引导和启动操作系统，也可以保存数据。

2）扩展分区（Extended Partition）：不能直接存储数据，也不能格式化，只能用于逻辑分区的管理，也就是说，数据是存储在逻辑分区当中的，但有了扩展分区，才能划分出更多的逻辑分区。此外，即便是逻辑分区也无法被用来启动操作系统，也就是说，在计算机启动时并不会到扩展分区里面读取磁盘分区引导扇区（Partition Boot Sector）。扩展分区可以没有，最多也只能有一个。所有的逻辑分区划分必须放在扩展分区以内。

3）逻辑分区（Logical Partition）：在扩展分区中所划分出来的存储区域，主要用于保存数据，可以没有，如果有则必须位于扩展分区以内。因不能用于引导系统，所以不建议把系统文件放在逻辑分区中。

（2）格式化

格式化是决定文件系统的过程。文件系统定义了数据文件在磁盘中的组织管理方法，不同的操作系统所支持的文件系统也不尽相同。有些文件系统是某种操作系统特有的，如 NTFS 是 Windows 特有的；有些则是相互兼容的，如 exFAT 是 Windows 和 Linux 都支持的；还有一些则是用于特定环境的，如 NFS 是网络文件系统，iso9660 是光盘文件系统，glusterfs 是分布式文件系统。文件系统大致归类如下：

Linux 支持的文件系统包括 EXT2、EXT3、EXT4、XFS、BTRFS、SWAP 等。

Windows 支持的文件系统包括 FAT32 和 NTFS。

（3）挂载

将额外文件系统与当前主机根文件系统中某个现存的目录建立起关联关系，进而使得此目录可以作为其他文件的访问入口（Mount Point）的行为，就称为挂载。需要注意的是，挂载点下原有文件在挂载完成后会被临时隐藏，只有卸载后，原挂载点目录中的文件才会重新显示出来，因此不建议使用包含文件的目录作为挂载点，必要时可创建新的目录。相应地，解除额外文件系统与当前主机根文件系统中某个现存目录关联关系的过程，就称为卸载。

5.2 项目实施

微课 5-2
MBR 磁盘
管理

任务 1：MBR 磁盘管理

任务描述：采用 MBR 分区表来管理磁盘虽然有一定的局限性，但兼容性较好，在大多数操作系统和磁盘上都能稳定运行，所以仍然需要掌握。本任务将在虚拟机中添加一块硬盘，用 fdisk 命令完成分区，用 mkfs 命令实现格式化，用 mount 命令将其挂载到文件系统中。

步骤 1：在 openEuler 中添加一块 10 GB 的硬盘。选择"设置"→"存储"→"SATA 控制器"→"添加虚拟硬盘"命令，在打开的对话框中单击"创建新的虚拟盘"按钮，如图 5-5 所示。设置硬盘大小为 10 GB，修改硬盘文件位置，其他参数默认，如图 5-6 所示，然后启动虚拟机。

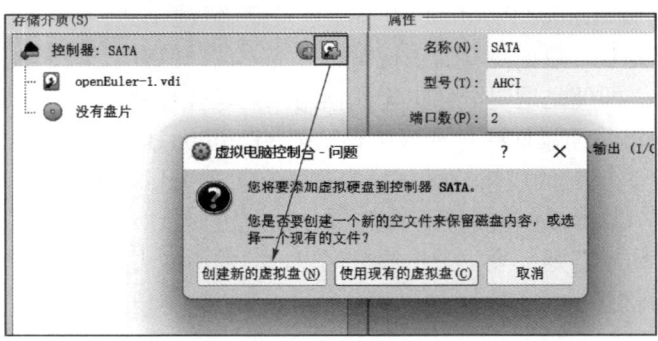

图 5-5　添加硬盘

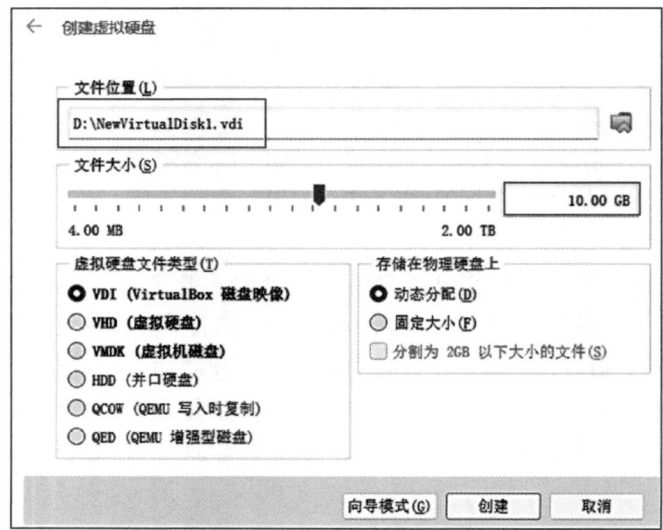

图 5-6　设置硬盘参数

步骤 2：使用 fdsik 命令查看添加的硬盘。
【命令格式】fdisk -l [设备名] 查看磁盘分区信息
　　　　　　fdisk <设备名> 启动交互式进程管理磁盘分区
fdsik 命令用于查看和管理磁盘分区，进程子命令如下。
- p：显示分区表。
- n：创建分区。
- d：删除分区。
- w：写入磁盘并退出。
- q：放弃写入磁盘并退出。
- m：菜单。
- l：列表所分区 ID，其中标准 Linux 分区的 ID 是 83，Linux SWAP 分区的 ID 是 82。
- t：转换分区 ID。

命令执行结果如图 5-7 所示，可以看出，/dev/sdb 为新添加的硬盘，/dev/sda 为系统盘。

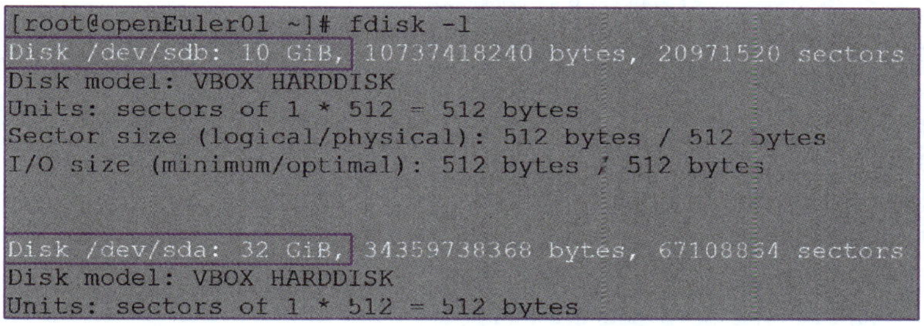

图 5-7　查看磁盘

步骤 3：对/dev/sdb 进行分区。本项目拟将硬盘分成两个主分区，大小分别为 3 GB 和 2 GB；一个扩展分区，大小为 4 GB，扩展分区里包含两个逻辑区，大小均为 2 GB。命令逻辑如下：

```
[root@localhost ~]# fdisk /dev/sdb
命令(输入 m 获取帮助)：n          #使用命令 n 新建一个分区
分区类型
    p  主分区 (0 primary, 0 extended, 4 free)
    e  扩展分区 (逻辑分区容器)
选择 (默认 p)：p                   #设置分区类型，默认为 p
分区号 (1-4，默认  1)：1           #设置分区编号，系统会自动编号，用户也可以手工设置
第一个扇区 (2048-41943039，默认 2048)：#分区的起始扇区设置，一般默认
最后一个扇区，+/-sectors 或 +size{K,M,G,T,P} (2048-41943039，默认 41943039)：+3G
#设置分区大小，可以用扇区或大小两种方式，用大小表达比较直观
命令(输入 m 获取帮助)：n          #继续新建新的分区
分区类型
    p  主分区 (1 primary, 0 extended, 3 free)
    e  扩展分区 (逻辑分区容器)
选择 (默认 p)：p
分区号 (2-4，默认  2)：2
第一个扇区 (10487808-41943039，默认 10487808)：
```

```
Last sector, +/-sectors or +/-size{K,M,G,T,P} (6293504-20971519, default 20971519): +2G
Command (m for help): n
Partition type
       p   primary (2 primary, 0 extended, 2 free)
       e   extended (container for logical partitions)
Select (default p): e
Partition number (3,4, default 3):              #默认分区编号；
First sector (10487808-20971519, default 10487808):
Last sector, +/-sectors or +/-size{K,M,G,T,P} (10487808-20971519, default 20971519):+4G
#分配 4 GB 空间给扩展分区
Command (m for help): n
Partition type
       p   primary (2 primary, 1 extended, 1 free)
       l   logical (numbered from 5)
Select (default p): l              #分区类型为逻辑区
Adding logical partition 5
First sector (10489856-18876415, default 10489856):
Last sector, +/-sectors or +/-size{K,M,G,T,P} (10489856-18876415, default 18876415): +2G
#第一个逻辑区大小为 2 GB；
Command (m for help): n
Partition type
       p   primary (2 primary, 1 extended, 1 free)
       l   logical (numbered from 5)
Select (default p): l
First sector (14686208-18876415, default 14686208):
Last sector, +/-sectors or +/-size{K,M,G,T,P} (14686208-18876415, default 18876415):
#将剩余空间给第 2 个逻辑区
Command (m for help): p              #使用命令 p 打印分区结果
Device     Boot    Start       End Sectors Size Id Type
/dev/sdb1          2048     6293503 6291456    3G 83 Linux
/dev/sdb2       6293504 10487807 4194304      2G 83 Linux
/dev/sdb3      10487808 18876415 8388608      4G  5 Extended
/dev/sdb5      10489856 14684159 4194304      2G 83 Linux
/dev/sdb6      14686208 18876415 4190208      2G 83 Linux
Command (m for help): t         #将分区 6 改为 SWAP 分区类型
Partition number (1-3,5,6, default 6): 6
Hex code or alias (type L to list all): 82   #82 为 SWAP 分区类型的编码，可以用 L 命令查看所有的分
                                             #区类型，默认的分区类型为 Linux
命令(输入 m 获取帮助): p              #再次打印分区类型
Device     Boot    Start       End Sectors Size Id Type
/dev/sdb1          2048     6293503 6291456    3G 83 Linux
/dev/sdb2       6293504 10487807 4194304      2G 83 Linux
/dev/sdb3      10487808 18876415 8388608      4G  5 Extended
/dev/sdb5      10489856 14684159 4194304      2G 83 Linux
/dev/sdb6      14686208 18876415 4190208      2G 82 Linux swap / Solaris
命令(输入 m 获取帮助): w         #使用 w 命令将分区表写入硬盘，写入硬盘的分区表才生效
```

> 如果分完主分区后，将所有剩余空间都给扩展分区，则新建逻辑分区时不会出现分

区类型的选择，直接默认为逻辑分区。

步骤 4：使用 mkfs 命令进行分区格式化。可以使用以下两种方法指定文件系统类型：
【命令格式】mkfs {文件系统类型} [选项] <设备名>
mkfs -t {文件系统类型} [选项] <设备名>
常用选项如下。
- -L 'LABEL'：设定卷标。
- -b {1024|2048|4096…}：设定块大小。
- -c：格式化的同时进行坏块的检查。

1）将第 1 个分区格式化为 XFS 格式，卷标为 MBR1。

```
[root@localhost ~]# mkfs -t xfs -L MBR1 /dev/sdb1
```

2）将第 2 个分区格式化为 EXT4，卷标为 MBR2，并在格式化的同时检查坏块。

```
[root@localhost ~]# mkfs -t ext4 -c -L MBR2 /dev/sdb2
```

3）将第 1 个逻辑分区格式化为 EXT3，卷标为 MBR3，块大小为 2048。

```
[root@localhost ~]# mkfs -t ext3 -L MBR3 -b 2048 /dev/sdb5
```

步骤 5：验证分区的格式化结果。
（1）lsblk 命令
该命令用于查看块设备信息。
【命令格式】lsblk [选项] [设备名]
常用选项如下。
- -a 或 --all：显示所有设备，包括未挂载或空的设备。
- -b 或 --bytes：以字节为单位显示设备大小。默认情况下，lsblk 会以可读的格式（如 KB、MB、GB）显示设备大小。使用这个选项可以获取更精确的字节级大小信息。
- -f 或 --fs：显示文件系统类型。
- -l 或 --list：使用列表格式输出。该选项将块设备信息以列表形式显示，每行一个设备，方便用户查看和解析。

（2）blkid 命令
该命令用于块设备属性信息查看。
【命令格式】blkid [选项] [设备名]
常用选项如下。
- -o <类型>：指定输出格式，可以是 full（完整格式，默认）、value（仅值）、export（shell 脚本格式）或 list（列表格式）。
- -s <标签>：指定要查询的标签，如 UUID、LABEL 等。
- -t <标签=值>：查询具有指定标签和值的设备。
- -L <标签>：查询具有指定 LABEL 的设备。
- -U <UUID>：查询具有指定 UUID 的设备。

1）用 lsblk 命令验证上一步的结果，如图 5-8 所示，可以看到文件系统类型和标签。

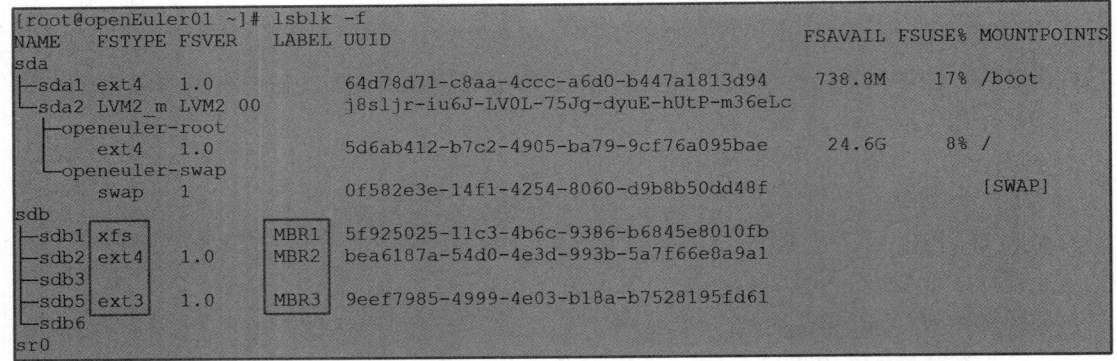

图 5-8 分区格式化的结果

2）用 blkid 命令验证结果，如图 5-9 所示，仅查看块设备的 UUID 和 BLOCK_SIZE 两个属性。

```
[root@openEuler01 ~]# blkid -s UUID -s BLOCK_SIZE
/dev/mapper/openeuler-swap: UUID="0f582e3e-14f1-4254-8060-d9b8b50dd48f"
/dev/sdb2: UUID="bea6187a-54d0-4e3d-993b-5a7f66e8a9a1" BLOCK_SIZE="4096"
/dev/sdb5: UUID="9eef7985-4999-4e03-b18a-b7528195fd61" BLOCK_SIZE="2048"
/dev/sdb1: UUID="5f925025-11c3-4b6c-9386-b6845e8010fb" BLOCK_SIZE="512"
/dev/mapper/openeuler-root: UUID="5d6ab412-b7c2-4905-ba79-9cf76a095bae" BLOCK_SIZE="4096"
/dev/sda2: UUID="j8sljr-iu6J-LV0L-75Jg-dyuE-hUtP-m36eLc"
/dev/sda1: UUID="64d78d71-c8aa-4ccc-a6d0-b447a1813d94" BLOCK_SIZE="4096"
```

图 5-9 选择性查看分区的属性

步骤 6：分区挂载。因为 Linux 是一棵单根的树，要想通过系统读写某个分区中的数据，需要将分区加载到树上的某个目录，让新的分区与原来的树"合二为一"，这个过程叫作挂载。挂载的那个目录就叫作挂载点。

（1）mount 命令

该命令用于查看或挂载设备。

【命令格式】mount [选项] [-t 文件系统类型] [-o 挂载选项] <设备名> <挂载点>

参数说明如下。

设备名：指明要挂载的设备，有 3 种方法。

- 设备文件，如/dev/sda5。
- 卷标，如 MYDATA。
- UUID，如 0c50523c-43f1-45e7-85c0-a126711d406e。

挂载点：事先建立的目录。

常用选项如下。

- -t vfstype：指定要挂载的设备上的文件系统类型（iso9660）。
- -r：readonly，即只读挂载。
- -w：read and write，即读写挂载。
- -a：自动挂载所有支持自动挂载的设备，即定义在/etc/fstab 文件中的设备。
- -L 'LABEL'：以卷标指定挂载设备。
- -U 'UUID'：以 UUID 指定要挂载的设备。

高级选项功能如下。
- -o：options，即挂载文件系统的选项，可多个同时使用，彼此使用逗号分隔。

async：异步模式。

sync：同步模式。

atime/noatime：包含目录和文件。

diratime/nodiratime：目录的访问时间戳。

auto/noauto：是否支持自动挂载。

exec/noexec：是否支持将文件系统上应用程序运行为进程。

dev/nodev：是否支持在此文件系统上启用设备文件。

suid/nosuid：是否支持在此文件系统上启用 SUID 权限。

remount：重新挂载。

Loop：用来把一个文件当成硬盘分区挂接上系统。

Iocharset：指定访问文件系统所用字符集

iocharset=cp936：解决汉字文件名显示为乱码或不显示。

ro：只读。

rw：读写。

user/nouser：是否允许普通用户挂载此设备。

acl：启用此文件系统上的 ACL 功能。

defaults：默认挂载选项，包括 rw、suid、dev、exec、auto、nouser 和 async 共 7 个选项。

（2）umount 命令

该命令用于卸载已挂载的设备。

【命令格式】umount <设备名>   #使用设备文件名卸载
　　　　　　umount <挂载点>   #使用挂载点目录名卸载

1）将/dev/sdb1 分区以设备名的方式挂载到/mymbr1 目录。

```
[root@openEuler01 ~]# mkdir /mymbr1
[root@openEuler01 ~]# mount /dev/sdb1 /mymbr1
```

2）将/dev/sdb2 分区以 UUID 的方式挂载到/mymbr2 目录。

```
[root@openEuler01 ~]# blkid -s UUID  /dev/sdb2
/dev/sdb2: UUID="bea6187a-54d0-4e3d-993b-5a7f66e8a9a1"
[root@openEuler01 ~]# mkdir /mymbr2
[root@openEuler01 ~]# mount -U "bea6187a-54d0-4e3d-993b-5a7f66e8a9a1" /mymbr2
```

3）将/dev/sdb5 分区以卷标的方式挂载到/mymbr3 上。

```
[root@openEuler01 ~]# blkid -s LABEL /dev/sdb5
/dev/sdb5: LABEL="MBR3"
[root@openEuler01 ~]# mkdir /mymbr3
[root@openEuler01 ~]# mount -L MBR3 /mymbr3
```

挂载点必须是一个目录，可以为空，也可以非空。如果目录非空，则挂载分区后目录中原来的内容不可读，挂载点应该是用户有权限访问的目录。

步骤 7：使用分区保存数据并查看使用情况。

(1) dd 命令

该命令用于复制文件并对原文件的内容进行转换和格式化处理。

【命令格式】dd if=[输入文件] of=[输出文件] [bs=块大小] [count=块数] [选项]

常用选项如下。

- bs=<字节数>：代表字节为单位的块大小。
- count=<块数>：代表被复制的块数。
- if=<文件>：代表输入文件。如果不指定 if，默认就会从 stdin 中读取输入。
- of=<文件>：代表输出文件。如果不指定 of，默认就会将 stdout 作为默认输出。

(2) df 命令

该命令用于报告文件系统磁盘空间使用情况。

【命令格式】df [选项] [文件或目录]

常用选项如下。

- -h：自动匹配空间大小单位（K, M, G）。
- -T：显示文件系统类型。

进入 sdb1 的挂载点，写一个大小为 50 MB 的文件，查看磁盘使用情况。如图 5-10 所示，创建文件前使用 54 MB，创建后使用 104 MB。

```
[root@openEuler01 mymbr1]# df -hT /dev/sdb1
Filesystem     Type  Size  Used Avail Use% Mounted on
/dev/sdb1      xfs   3.0G   54M  3.0G   2% /mymbr1
[root@openEuler01 mymbr1]# pwd
/mymbr1
[root@openEuler01 mymbr1]# dd if=/dev/urandom of=new bs=2M count=25
25+0 records in
25+0 records out
52428800 bytes (52 MB, 50 MiB) copied, 0.112658 s, 465 MB/s
[root@openEuler01 mymbr1]# df -hT /dev/sdb1
Filesystem     Type  Size  Used Avail Use% Mounted on
/dev/sdb1      xfs   3.0G  104M  2.9G   4% /mymbr1
```

图 5-10　创建文件并查看磁盘使用情况

设备 /dev/urandom 用于生成随机数据。

步骤 8：卸载分区。完成数据读写后，应及时卸载分区，以保证数据的安全性。如图 5-11 所示，比较分区卸载前后目录 mymbr1 的大小。

```
[root@openEuler01 /]# ls -l mymbr1
total 51200
-rw-r--r--. 1 root root 52428800 Feb 13 09:18 new
[root@openEuler01 /]# umount /dev/sdb1
[root@openEuler01 /]# ls -l mymbr1
total 0
```

图 5-11　卸载分区

任务 2：GPT 磁盘管理

任务描述：MBR 分区管理中存在分区数量受限、磁盘空间不能超过 2 TB、安全性不够等一些固有缺点，因此已经不能满足现代计算机系统的要求。GPT 形式的磁盘管理则刚好可以解决这些问题。本任务用 parted 工具来实现 GPT 分区管理。

步骤 1：parted 命令的使用。该命令用于管理 GPT 磁盘分区。

【命令格式】parted [设备名]　　　　　　　　　　#交互模式
　　　　　　parted [选项] [设备名 [命令 [参数]]]　#非交互模式

微课 5-3
GPT 磁盘
管理

常用选项如下。
- -l 或 --list：列出所有块设备的分区信息。
- -h 或 --help：提供帮助信息。
- -i 或 --interactive：在必要时，提示用户。
- -v 或 --version：显示版本信息。

进程子命令如下。
- help [命令]：打印子命令的帮助。
- mklabel：设置分区表类型，可选类型包括 msdos（MBR）和 gpt（GPT）。
- Mkpart [PART-TYPE] NAME [FS-TYPE] START END：创建新分区，参数说明如下。

PART-TYPE：分区类型，值可为 primary、extended 或 logical，注意只有对于 MBR 分区才需要说明。

NAME：分区的名称。

FS-TYPE：文件系统类型，值可为 btrfs、ext4、ext3、fat32、ntfs、xfs 或 linux-swap 等。

START/END：新分区的开始/结束位置。

- print [devices|free|list|all]：显示分区表。
- quit：退出交互模式进程。
- resizepart START END：调整分区的开始和结束位置。
- rm NUMBER：删除指定编号（NUMBER）的分区。
- select DEVICE：选择需要修改的设备。
- set NUMBER FLAG STATE：对指定编号（NUMBER）的分区设置分区标记，参数说明如下。

FLAG：取值可以是 boot（引导）、hidden（隐藏）、raid（软 RAID 磁盘阵）、lvm（逻辑卷）或 lba（Logic Block Addressing 模式）。

STATE：取值可以是 on 或 off。

- toggle [NUMBER [FLAG]]：切换指定编号（NUMBER）的分区的 FLAG 状态。
- unit：设置默认输出时表示磁盘大小的单位，取值可以是 M3、GB、'%'、s（扇区）或 cyl（柱面）。
- version：显示 GNU Parted 的版本号和版权信息。

步骤 2：给虚拟机再加一块 10 GB 的硬盘，并查看添加的结果。如图 5-12 所示，添加的硬盘名为 sdc。

```
[root@openEuler01 ~]# lsblk
NAME                  MAJ:MIN RM  SIZE RO TYPE MOUNTPOINTS
sda                     8:0    0   32G  0 disk
├─sda1                  8:1    0    1G  0 part /boot
└─sda2                  8:2    0   31G  0 part
  ├─openeuler-root    253:0    0 28.9G  0 lvm  /
  └─openeuler-swap    253:1    0  2.1G  0 lvm  [SWAP]
sdb                     8:16   0   10G  0 disk
├─sdb1                  8:17   0    3G  0 part
├─sdb2                  8:18   0    2G  0 part
├─sdb3                  8:19   0    1K  0 part
├─sdb5                  8:21   0    2G  0 part
└─sdb6                  8:22   0    2G  0 part
sdc                     8:32   0   10G  0 disk
sr0                    11:0    1 1024M  0 rom
```

图 5-12　添加第 2 块磁盘

步骤 3：用非交互方式进行磁盘的分区管理。

1）设置分区表类型为 GPT。

[root@openEuler01 ~]# parted /dev/sdc mklabel gpt

2）确认磁盘分区表类型。

[root@openEuler01 ~]# parted /dev/sdc print
Model: ATA VBOX HARDDISK (scsi)
Disk /dev/sdc: 10.7GB
Sector size (logical/physical): 512B/512B
Partition Table: gpt
Disk Flags:
Number Start End Size File system Name Flags

3）划分 3 个磁盘分区。

[root@localhost ~]# parted /dev/sdc mkpart primary 0G 4G
[root@localhost ~]# parted /dev/sdc mkpart primary 4G 8G
[root@localhost ~]# parted /dev/sdc mkpart primary 8G 10G

4）确认分区结果。

[root@openEuler01 ~]# parted /dev/sdc print
Model: ATA VBOX HARDDISK (scsi)
Disk /dev/sdc: 10.7GB
Sector size (logical/physical): 512B/512B
Partition Table: gpt
Disk Flags:

Number Start   End   Size   File system Name   Flags
 1   1049kB   4000MB   3999MB   primary
 2   4000MB   8000MB   3999MB   primary
 3   8000MB   10.0GB   2001MB   primary

步骤 4：分区的格式化和挂载。

GPT 分区的格式化、挂载和应用与 MBR 分区一样，这里不再赘述，请学习者自行完成。

任务 3：自动挂载分区

任务描述：前面所学的分区挂载方法称为手工挂载，即每次开机都得手工操作，这对于需要开机就访问的存储空间可能非常不方便，此时就要用到自动挂载。自动挂载是指在系统启动时，操作系统自动将硬盘或其他存储设备的分区挂载到文件系统的指定目录（挂载点）上，以提高数据访问的便利性和效率，确保用户能够无缝地访问和使用存储设备上的数据。

微课 5-4
分区的自动
挂载

自动挂载是利用/etc/fstab 这个配置文件来实现，系统每次启动时都会从该文件中读取相应的条目来完成分区的自动挂载。

以下是系统默认的自动条目，共有 3 条，表示有 3 个分区自动挂载。每个条目由 6 个字段组成，含义如下。

```
[root@openEuler01 ~]# cat /etc/fstab |grep -v ^#
/dev/mapper/openeuler-root                              /       ext4    defaults        1 1
UUID=64d78d71-c8aa-4ccc-a6d0-b447a1813d94 /boot         ext4    defaults        1 2
/dev/mapper/openeuler-swap                              none    swap    defaults        0 0
```

● **<file system>**：要挂载的设备或文件系统，可以是硬盘分区、CD-ROM 驱动器、远程文件系统等，通常使用设备名、UUID 或 LABEL 来指定。

● **<mount point>**：挂载点，即文件系统在 Linux 中的访问路径。这是一个目录，用于存放挂载的文件系统的内容。

● **<type>**：文件系统的类型，如 ext4、xfs、ntfs、swap、tmpfs 等。该字段指定了挂载设备或分区的文件系统类型。

● **<options>**：挂载选项，用于指定挂载时的行为。这些选项可以包括 rw/ro（读写/只读）、auto/noauto（自动/不自动挂载）、exec/noexec（允许/不允许执行二进制文件）、suid/nosuid（允许/不允许设置用户 ID 和组 ID）、user/nouser（允许/不允许普通用户挂载）等。defaults 表示使用默认的挂载选项。

● **<dump>**：该字段用于 dump 备份工具，决定文件系统是否需要被 dump 备份。通常设置为 0 表示不进行备份，设置为 1 表示进行备份。大多数用户可能没有安装 dump 工具，因此这个字段通常被忽略。

● **<pass>**：开机时使用 fsck 命令检查文件系统的顺序。设置为 0 表示不进行文件系统检查，设置为 1 表示优先检查（通常是根文件系统），设置为 2 表示在 1 之后按数字顺序检查。其他值也表示在 1 之后按数字顺序检查，但优先级较低。

默认自动挂载的分区为根分区、启动分区及交换分区，这 3 个分区也是安装系统时默认自动创建的分区。

步骤 1：查看 sdc 硬盘的状态。如图 5-13 所示，能看到文件系统类型、卷标、UUID。

```
[root@openEuler01 ~]# lsblk -f /dev/sdc
NAME    FSTYPE  FSVER   LABEL   UUID                                    FSAVAIL FSUSE% MOUNTPOINTS
sdc
├─sdc1  xfs             mygpt1  5e2f812f-dc57-494f-ab9b-ab6ee73109f4
├─sdc2  ext4    1.0     mygpt2  1802f04d-6bce-4586-832a-a1a0c6eed5bb
└─sdc3  ext3    1.0     mygpt3  e367a37b-9de2-4186-ae82-86ad182e3e97
```

图 5-13 sdc 设备的状态

步骤 2：将/dev/sdc1 分区以设备名引用的方式自动挂载。如图 5-14 所示，用 echo 命令在/etc/fstab 后面追加一行。

```
[root@openEuler01 ~]# mkdir /mygpt1
[root@openEuler01 ~]# echo  "/dev/sdc1   /mygpt1   xfs defaults 0 0" >> /etc/fstab
[root@openEuler01 ~]# mount -a
[root@openEuler01 ~]# lsblk -f /dev/sdc
NAME    FSTYPE FSVER LABEL   UUID                                   FSAVAIL FSUSE% MOUNTPOINTS
sdc
├─sdc1  xfs          mygpt1  5e2f812f-dc57-494f-ab9b-ab6ee73109f4       3.7G     2% /mygpt1
├─sdc2  ext4   1.0   mygpt2  1802f04d-6bce-4586-832a-a1a0c6eed5bb
└─sdc3  ext3   1.0   mygpt3  e367a37b-9de2-4186-ae82-86add82e3e97
```

图 5-14 挂载 sdc1 分区

步骤 3：将/dev/sdc2 分区以 UUID 引用的方式自动挂载。如图 5-15 所示，用 UUID 方式引用分区。

```
[root@openEuler01 /]# mkdir /mygpt2
[root@openEuler01 /]# echo  "UUID=1802f04d-6bce-4586-832a-a1a0c6eed5bb   /mygpt2   ext4 defaults 0 0" >> /etc/fstab
[root@openEuler01 /]# mount -a
[root@openEuler01 /]# lsblk -f /dev/sdc
NAME    FSTYPE FSVER LABEL   UUID                                   FSAVAIL FSUSE% MOUNTPOINTS
sdc
├─sdc1  xfs          mygpt1  5e2f812f-dc57-494f-ab9b-ab6ee73109f4       3.7G     2% /mygpt1
├─sdc2  ext4   1.0   mygpt2  1802f04d-6bce-4586-832a-a1a0c6eed5bb       3.4G     0% /mygpt2
└─sdc3  ext3   1.0   mygpt3  e367a37b-9de2-4186-ae82-86add82e3e97
```

图 5-15 挂载 sdc2 分区

步骤 4：将/dev/sdc3 分区以 LABEL 引用的方式自动挂载。如图 5-16 所示，用 LABEL 方式引用分区。

```
[root@openEuler01 /]# mkdir /mygpt3
[root@openEuler01 /]# echo  "LABEL=mygpt3   /mygpt3   ext3 defaults 0 0" >> /etc/fstab
[root@openEuler01 /]# mount -a
[root@openEuler01 /]# lsblk -f /dev/sdc
NAME    FSTYPE FSVER LABEL   UUID                                   FSAVAIL FSUSE% MOUNTPOINTS
sdc
├─sdc1  xfs          mygpt1  5e2f812f-dc57-494f-ab9b-ab6ee73109f4       3.7G     2% /mygpt1
├─sdc2  ext4   1.0   mygpt2  1802f04d-6bce-4586-832a-a1a0c6eed5bb       3.4G     0% /mygpt2
└─sdc3  ext3   1.0   mygpt3  e367a37b-9de2-4186-ae82-86add82e3e97       1.7G     0% /mygpt3
```

图 5-16 以 LABEL 方式引用分区

在编辑/etc/fstab 文件时，务必小心谨慎，因为任何错误都可能导致系统无法正常启动，因此建议初学者在修改前备份/etc/fstab 文件。

5.3 能力拓展

拓展任务 1：使用逻辑卷管理器（LVM）

不管是 MBR 分区还是 GPT 分区，一旦分区空间划定则不可更改，除非备份数据、停机，然后将整个磁盘空间重新划分，这是相当麻烦和危险的。而且对于服务器而言，数据必须 7×24 小时提供服务。因此，静态磁盘空间的管理方式是不适用于服务器数据保存的，LVM 技术应运而生。

1. LVM 概述

（1）什么是 LVM

LVM（Logical Volume Manager，逻辑卷管理器）不是实现格式化、挂载的工具，而是一种在设备不停机、数据无损的情况下，实现动态调整磁盘分区容量（扩容和缩容）的技术。运用这种技术，可以提高磁盘分区管理的灵活性。

LVM 本质上是一个虚拟设备驱动，是在内核中的块设备和物理设备之间添加的一个新的抽象层次。它可以将几块物理磁盘或分区通过转化后（物理卷）组合起来形成一个存储池或者卷组。然后每次从卷组中划分出不同大小的逻辑卷创建新的逻辑设备（类似主分区或逻辑分区）。底层的原始磁盘不再由内核直接控制，而是由 LVM 层来控制。

换言之，LVM 是在磁盘分区和文件系统之间添加的一个逻辑层，为文件系统屏蔽下层磁盘分区布局，并提供一个抽象的盘卷，在盘卷上建立文件系统保存数据。管理员利用 LVM 可以在不用重新分区的情况下动态调整文件系统的大小，并且利用 LVM 管理的文件系统可以跨越物理磁盘。当主机添加了新的磁盘后，管理员不必将原有的文件移动到新的磁盘上，而是通过 LVM 直接扩展文件系统来跨越物理磁盘。其工作逻辑如图 5-17 所示。

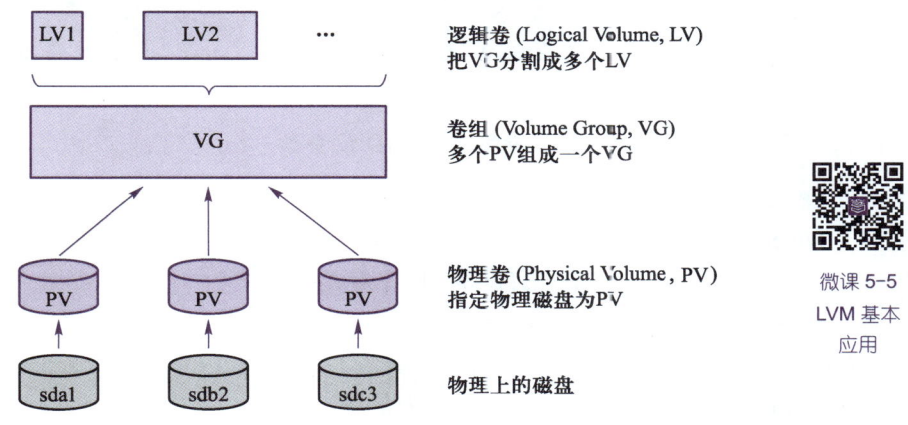

图 5-17 LVM 的工作机制

（2）LVM 的相关术语

1）物理存储介质（Physical Media）：最底层的物理存储设备，包括磁盘分区、整个磁盘、RAID 阵列或 iSCSI 磁盘等。被 LVM 管理和使用之前，这些存储设备必须初始化（转化）为物理卷。

2）物理卷（Physical Volume，PV）：磁盘分区或从逻辑上与磁盘分区具有同样功能的设备（如 RAID），是可以由 LVM 管理的最底层存储逻辑块，但和基本的物理存储介质（如分区、磁盘等）比较，却包含有与 LVM 相关的管理参数。物理卷可以是整个磁盘本身，也可以是磁盘上的某个分区。

3）卷组（Volume Group，VG）：可以由一个或多个物理卷组成，而且可以实现动态调整，在卷组上可以建立一个或多个逻辑卷。

4）逻辑卷（Logical Volume，LV）：从卷组中分出的一块空间，在其上通过格式化建立文件系统，保存数据。

5）物理区域（Physical Extent，PE）：组成物理卷的最小存储单元，类似于块的概念，具有唯一编号的 PE 是可以被 LVM 寻址的最小单元。PE 的大小是在创建卷组的过程中配置的，默认为 4 MB，用户也可以自定义，但组成同一卷组中所有物理卷的 PE 大小都应该是相同的。

6）逻辑区域（Logical Extent，LE）：组成逻辑卷的最小存储单元，类似于"簇"的概念。在同一卷组中 LE 的大小和 PE 的大小是相同的，并且是一一相对的。

2. LVM 的使用

步骤 1：准备存储设备。添加 3 块虚拟硬盘，容量均为 10 GB，将第 1 块硬盘分成两个分区，每个分区大小为 5 GB，如图 5-18 所示。

```
[root@openEuler01 ~]# lsblk
NAME              MAJ:MIN RM  SIZE RO TYPE MOUNTPOINTS
sda                 8:0    0   32G  0 disk
├─sda1              8:1    0    1G  0 part /boot
└─sda2              8:2    0   31G  0 part
  ├─openeuler-root 253:0   0 28.9G  0 lvm  /
  └─openeuler-swap 253:1   0  2.1G  0 lvm  [SWAP]
sdb                 8:16   0   10G  0 disk
├─sdb1              8:17   0  4.7G  0 part
└─sdb2              8:18   0  4.7G  0 part
sdc                 8:32   0   10G  0 disk
sdd                 8:48   0   10G  0 disk
sr0                11:0    1 1024M  0 rom
```

图 5-18 准备存储设备

存储设备可以是分区、磁盘或 RAID 设备。

步骤 2：管理 PV。相关命令介绍如下。

1）pvcreate 命令：将硬盘或分区创建成为 PV。

【命令格式】pvcreate [选项] [设备 1] [设备 2]…

2）pvs 命令：输出 PV 的信息报表。注意使用 pvs 命令仅能得到 PV 摘要信息。

【命令格式】pvs [选项] [设备名]

3）pvdisplay 命令：输出 PV 详细列表信息。

[命令格式] pvdisplay [选项] [设备名]

4）pvremove 命令：移除 PV，即把对应磁盘或分区的 PV 属性删除。

【命令格式】pvremove [选项] [设备名]

示例如下。

首先，存储设备 PV 化，命令如下：

```
[root@openEuler01 ~]# pvcreate /dev/sdb1
  Physical volume "/dev/sdb1" successfully created.
[root@openEuler01 ~]# pvcreate /dev/sdb2
  Physical volume "/dev/sdb2" successfully created.
[root@openEuler01 ~]# pvcreate /dev/sdc
  Physical volume "/dev/sdc" successfully created.
[root@openEuler01 ~]# pvcreate /dev/sdd
  Physical volume "/dev/sdd" successfully created.
```

然后，查看创建的 PV，命令如下：

```
[root@openEuler01 ~]# pvs
  PV         VG        Fmt  Attr PSize   PFree
  /dev/sda2  openeuler lvm2 a--  <31.00g      0
  /dev/sdb1            lvm2 ---   <4.66g <4.66g
  /dev/sdb2            lvm2 ---   <4.66g <4.66g
  /dev/sdc             lvm2 ---   10.00g 10.00g
  /dev/sdd             lvm2 ---   10.00g 10.00g
```

步骤 3：管理卷组。相关命令介绍如下。

1）vgcreate 命令：创建 VG。

【命令格式】vgcreate [选项] 卷组名 -s PE 大小 [设备]…

常用选项如下。

- -s PE_SIZE：设置卷组上的 PE 大小，默认为 4 MB。

2）vgdisplay 命令：显示目前系统上的 VG 状态。

【命令格式】vgdisplay [选项] [卷组名]

3）vgs 命令：显示 VG 摘要的信息。

【命令格式】vgs [选项] [卷组名]

4）vgextend 命令：在 VG 内添加 PV。

【命令格式】vgextend <卷组名> <PV 名>…

5）vgremove 命令：移除 VG。

【命令格式】vgremove <卷组名>

示例如下。

首先，创建初始卷组。将第 1 块硬盘的第 1 个分区与第 2 块硬盘组建成名为 myvg0 的卷组，PE 大小为 8 MB。

```
[root@openEuler01 ~]# vgcreate myvg0 -s 8M /dev/sdb1 /dev/sdc
  Volume group "myvg0" successfully created
```

然后，查看卷组简要信息，命令如下：

```
[root@openEuler01 ~]# vgs
  VG        #PV #LV #SN Attr   VSize   VFree
  myvg0       2   0   0 wz--n-  14.64g  14.64g
  openeuler   1   2   0 wz--n- <31.00g       0
```

最后，查看卷组详细信息，命令如下：

```
[root@openEuler01 ~]# vgdisplay myvg0
  --- Volume group ---
  VG Name               myvg0              #卷组名
  System ID
  Format                lvm2
  Metadata Areas        2
  Metadata Sequence No  1
  VG Access             read/write
```

VG Status	resizable	
MAX LV	0	
Cur LV	0	
Open LV	0	
Max PV	0	
Cur PV	**2**	#卷组中当前 pv 的数量
Act PV	**2**	#活动 pv 的数量
VG Size	**14.64 GiB**	#卷组的总的空间大小
PE Size	**8.00 MiB**	#PE 的大小
Total PE	1874	
Alloc PE / Size	0 / 0	
Free PE / Size	1874 / 14.64 GiB	
VG UUID	AKxEm3-jkqL-Vpk1-eyh7-b0D8-3Zcl-cwH4Tl	

步骤 4：管理 LV。相关命令介绍如下。

1）lvcreate 命令：创建 LV 或快照。

【命令格式】lvcreate [选项] <卷名> | -s <原始卷>

常用选项如下。

- -L：指定 LV 的大小，单位为"kKmMgGtT"字节。
- -n：设置 LV 的命名。
- -s：按照给定的 LV 的名称或路径，创建其对应的快照卷。

2）lvdisplay 命令：显示 LV 的相关信息。

【命令格式】lvdisplay [选项] [设备名]

3）lvs 命令：显示 LV 摘要信息。

【命令格式】lvs [选项] [设备名]

4）lvextend 命令：增加 LV 空间。

【命令格式】lvextend [选项] <LV 路径>

常用选项如下。

- -L [+]SIZE[kKmMgGtT]：指定扩展后的 LV 大小。
- -r：扩展文件系统。

5）lvremove 命令：删除指定 LV。

【命令格式】lvremove [选项] <LV 路径>

常用选项如下。

- -y：免交互确认，自动回答 yes。

示例如下。

首先，创建 LV。从卷组 myvg0 中创建两个 LV，分别为 hgpulv1（大小为 10 GB）和 hgpulv2（大小为 4 GB）。

```
[root@openEuler01 ~]# lvcreate -L 10g -n hgpulv1 myvg0
  Logical volume "hgpulv1" created.
[root@openEuler01 ~]# lvcreate -L 4g -n hgpulv2 myvg0
  Logical volume "hgpulv2" created.
```

然后，查看卷组简要信息，命令如下：

```
[root@openEuler01 ~]# lvs
  LV      VG       Attr       LSize   Pool Origin Data%  Meta%  Move Log C Convert
  hgpulv1 myvg0    -wi-a-----  10.00g
  hgpulv2 myvg0    -wi-a-----   4.00g
  root    openeuler -wi-ao----  28.94g
  swap    openeuler -wi-ao----   2.05g
```

最后，查看卷组详细信息（只截取一个 LV 的信息），命令如下：

```
[root@openEuler01 ~]# lvdisplay
  --- Logical volume ---
  LV Path                /dev/myvg0/hgpulv1         #逻辑卷的设备名
  LV Name                hgpulv1                    #逻辑卷名
  VG Name                myvg0                      #来自哪个卷组
  LV UUID                PPPOmG-qxM3-fkQf-WZXr-LZ01-nZCF-p2di6w
  LV Write Access        read/write
  LV Creation host, time openEuler01.hgpu.edu.cn, 2025-02-14 04:16:26 -1100
  LV Status              available
  # open                 0
  LV Size                10.00 GiB                  #逻辑卷的大小
  Current LE             1280                       #LE 的数量
  Segments               2
  Allocation             inherit
  Read ahead sectors     auto
  - currently set to     8192
  Block device           253:2
```

步骤 5：格式化并挂载 LV。

```
[root@openEuler01 ~]# mkfs.xfs   /dev/myvg0/hgpulv1
[root@openEuler01 ~]# mkdir /hgpulv1
[root@openEuler01 ~]# mount    /dev/myvg0/hgpulv1     /hgpulv1
```

步骤 6：进入挂载点，创建文件。在 LV 中创建一个文件，命令如下：

```
[root@openEuler01 hgpulv1]# echo "lv test" >>test
```

步骤 7：查看 LV 的使用情况。如图 5-19 所示，能看到 LV 来自哪个块设备及使用情况。

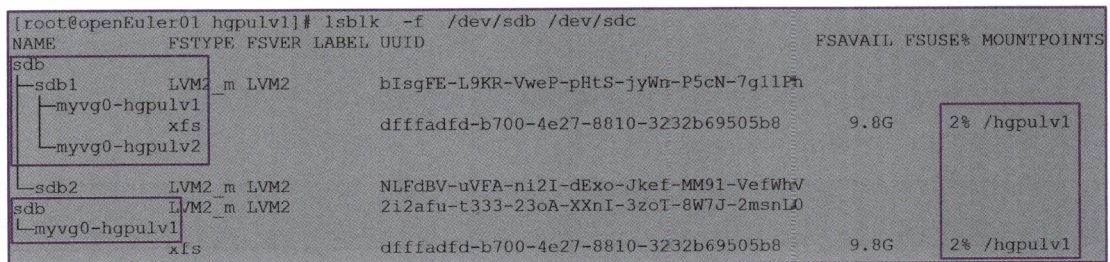

图 5-19　查看 LV 的使用状态

步骤 8：扩大卷组容量。将第 3 块磁盘追加到卷组 myvg0，扩大卷组容量。命令如下：

```
[root@openEuler01 hgpulv1]# vgextend myvg0 /dev/sdd
  Volume group "myvg0" successfully extended
```

步骤 9：查看卷组扩容后的结果，可以看到，卷组的 PV 由原来的两个增加为 3 个，容量由 15 GB 变为 25 GB。

```
[root@openEuler01 hgpulv1]# vgs /dev/myvg0
  VG      #PV #LV #SN Attr   VSize  VFree
  myvg0    3    2   0 wz--n- 24.63g 10.63g
```

步骤 10：扩大 LV 容量，将 hgpulv1 的容量由原来的 10 GB 扩容为 15 GB。命令如下：

```
[root@openEuler01 /]# lvextend -L +5G /dev/myvg0/hgpulv1
  Size of logical volume myvg0/hgpulv1 changed from 10.00 GiB (1280 extents) to 15.00 GiB (1920 extents).
  Logical volume myvg0/hgpulv1 successfully resized.
```

步骤 11：查看扩充的 LV。

```
[root@openEuler01 /]# lvs
  LV      VG        Attr       LSize  Pool Origin Data%  Meta%  Move Log Cpy%Sync Convert
  hgpulv1 myvg0     -wi-ao---- 15.00g                                                       #由 10 GB 变成 15 GB
  hgpulv2 myvg0     -wi-a----- 4.00g
  root    openeuler -wi-ao---- 28.94g
  swap    openeuler -wi-ao---- 2.05g
```

步骤 12：扩展文件系统。扩容只是将 LV 的空间扩大了，但扩充的空间还不能读写数据，需要先扩充文件系统，相关命令介绍如下。

1）resize2fs 命令：针对的是 EXT2、EXT3 以及 EXT4 文件系统调整大小。

【命令格式】resize2fs [选项] <设备路径> [新大小]

常用选项如下。

- -M：将文件系统缩小到最小值（释放未使用的空间）。

2）xfs_growfs 命令：针对的是 XFS 文件系统调整大小。

【命令格式】xfs_growfs [选项]　<挂载点>

常用选项如下。

微课 5-6
LVM 扩容

- -d：将文件系统的数据部分扩展到底层设备的最大大小。

3）应用管理。

首先，查看 hgpulv1 逻辑卷的文件系统类型，选择扩展命令，如图 5-20 所示，文件系统类型为 XFS，大小仍然只有 10 GB。

```
[root@openEuler01 /]# lsblk -f /dev/myvg0/hgpulv1
NAME          FSTYPE FSVER LABEL UUID                                 FSAVAIL FSUSE% MOUNTPOINTS
myvg0-hgpulv1 xfs          dfffadfd-b700-4e27-8810-3232b69505b8       9.8G    2%     /hgpulv1
```

图 5-20　查看逻辑卷文件系统类型

然后，扩展逻辑卷的文件系统，如图 5-21 所示，数据块由 2621440 扩充为 3932160。

```
[root@openEuler01 /]# xfs_growfs  /dev/myvg0/hgpulv1
meta-data=/dev/mapper/myvg0-hgpulv1 isize=512    agcount=4, agsize=655360 blks
         =                       sectsz=512   attr=2, projid32bit=1
         =                       crc=1        finobt=1, sparse=1, rmapbt=0
         =                       reflink=1    bigtime=1 inobtcount=0
data     =                       bsize=4096   blocks=2621440, imaxpct=25
         =                       sunit=0      swidth=0 blks
naming   =version 2              bsize=4096   ascii-ci=0, ftype=1
log      =internal log           bsize=4096   blocks=2560, version=2
         =                       sectsz=512   sunit=0 blks, lazy-count=1
realtime =none                   extsz=4096   blocks=0, rtextents=0
data blocks changed from 2621440 to 3932160
```

图 5-21　扩充文件系统

再次查看逻辑空间，如图 5-22 所示，数据空间已经变成 15 GB。

```
[root@openEuler01 /]# lsblk -f /dev/myvg0/hgpulv1
NAME          FSTYPE FSVER LABEL UUID                                 FSAVAIL FSUSE% MOUNTPOINTS
myvg0-hgpulv1 xfs                dfffadfd-b700-4e27-8810-3232b69505b8   14.8G     2% /hgpulv1
```

图 5-22　扩充后的数据空间

最后，检查数据是否损坏如图 5-23 所示，数据完好无损，验证了 LVM 的动态在线扩展能力。

```
[root@openEuler01 hgpulv1]# pwd
/hgpulv1
[root@openEuler01 hgpulv1]# ls
test
[root@openEuler01 hgpulv1]# cat test
lv  test
```

图 5-23　检验数据完整性

ext 类型的文件系统扩展方式类似，请学习者自行练习。

步骤 13：删除所有 LV、VG 和 PV。如果要对块设备清理，则要按卸载文件系统、删除 LV、删除 VG、删除 PV 的逆序来完成。

首先，卸载文件系统，命令如下：

[root@openEuler01 /]# umount /dev/myvg0/hgpulv1

然后，删除 LV，命令如下：

[root@openEuler01 /]# lvremove -y /dev/myvg0/hgpulv{1,2}
　　Logical volume "hgpulv1" successfully removed.
　　Logical volume "hgpulv2" successfully removed.

再然后，删除 VG，命令如下：

[root@openEuler01 /]# vgremove /dev/myvg0
　　unlink pvid file, path is /run/lvm/pvs_online/bIsgFEL9KRVwePpHtSjyWnP5cN7g11Ph
　　unlink pvid file, path is /run/lvm/pvs_online/2i2afut33323oAXXnI3zoT8W7J2msnL0
　　unlink pvid file, path is /run/lvm/pvs_online/fmahJg7fc79vIa4VJw5Y0zb4L7LTbYkH
　　Volume group "myvg0" successfully removed

最后，删除 PV，命令如下：

```
[root@localhost ~]# pvremove /dev/sdb{1,2} /dev/sdc /dev/sdd
  Labels on physical volume "/dev/sdb1" successfully wiped.
  Labels on physical volume "/dev/sdb2" successfully wiped.
  Labels on physical volume "/dev/sdc" successfully wiped.
  Labels on physical volume "/dev/sdd" successfully wiped.
```

查看块设备状态，如图 5-24 所示，可以看到块设备已经恢复原状。

```
[root@openEuler01 /]# lsblk
NAME               MAJ:MIN RM  SIZE RO TYPE MOUNTPOINTS
sda                  8:0    0   32G  0 disk
├─sda1               8:1    0    1G  0 part /boot
└─sda2               8:2    0   31G  0 part
  ├─openeuler-root 253:0    0 28.9G  0 lvm  /
  └─openeuler-swap 253:1    0  2.1G  0 lvm  [SWAP]
sdb                  8:16   0   10G  0 disk
├─sdb1               8:17   0  4.7G  0 part
└─sdb2               8:18   0  4.7G  0 part
sdc                  8:32   0   10G  0 disk
sdd                  8:48   0   10G  0 disk
sr0                 11:0    1 1024M  0 rom
```

图 5-24　恢复原状的块设备

分区空间在有空闲的情况下也可以收缩，注意先收缩文件系统，再收缩卷空间。但收缩可能会导致数据破坏，一定要先做好数据备份，谨慎为之。

拓展任务 2：管理交换分区

Linux 系统中的交换分区（SWAP Partition）是操作系统中用于实现虚拟内存的一种重要机制。交换分区是硬盘上的一个特殊区域，用于扩展物理内存。当系统运行程序所需的内存超过实际物理内存时，部分数据会被暂时存放在交换分区中。交换分区通过硬盘空间模拟内存，提供比物理内存更大的内存容量，从而提升系统性能。在进行系统安装时，必须要新建的分区之一就有交换分区。

微课 5-7
交换分区的管理

交换分区的设置原则如下。

1）内存小于或等于 2 GB：交换分区大小为内存的 2 倍。
2）内存为 2 GB 到 8 GB：交换分区大小等于内存大小。
3）内存大于 8 GB：交换分区大小通常为 4 GB 到 8 GB。

注意：如果系统需要支持休眠（Hibernate），交换分区大小应至少等于内存大小。

相关命令介绍如下。

1）swapon 命令：启用分区作为交换分区。

【命令格式】swapon [选项] [设备|文件]

常用选项如下。

- -a, --all：启用/etc/fstab 文件中定义的所有交换空间（文件系统类型字段为 swap），但安装选项字段为 noauto 的除外。

- -f, --fixpgsz：如果交换区的页面大小不匹配当前内核的页面大小，则重新初始化整个交换区设备（相当于调用 mkswap 命令，进而调用 mkswap(2)系统），但不检测坏块。
- -p priority, --priority priority：指定交换区设备的优先级。优先级是一个位于 0~32767 范围内的数值，数值越大表示优先级越高。
- -s, --summary 或 -S, --show：显示当前启用的交换空间的信息，包括设备文件、类型、大小、使用量和优先级等。
- -v, --verbose：显示命令的处理过程与动作，提供详细的输出信息，便于调试。
- -h, --help：显示命令的用法、概述与选项说明等帮助信息，然后退出。

2）mkswap 命令：创建交换分区文件系统。

【命令格式】mkswap [选项] <设备|文件>

常用选项如下。

- -c：在创建交换空间前检查设备是否有坏块。
- -L 'LABEL'：为交换分区或文件设置标签。

3）free 命令：查看系统内存空间使用情况。

【命令格式】free [选项]

常用选项如下。

- -b, --byte：以 B 为单位显示。
- -k, --kilo：以 KB 为单位显示。
- -m, --mega：以 MB 为单位显示。
- -g, --giga：以 GB 为单位显示。
- -h, --human：：以自适应单位显示。
- -t, --total：显示汇总信息。

4）swapoff 命令：禁用交换分区。

【命令格式】swapoff [选项] <设备|文件>

步骤 1：准备块设备作为交换分区。将/dev/sdb1 分区作为交换分区，需要将分区类型设置为 SWAP。

```
[root@openEuler01 ~]# parted /dev/sdb set 1 swap
New state?    [on]/off? on
Information: You may need to update /etc/fstab.

[root@openEuler01 ~]# parted /dev/sdb p
Model: ATA VBOX HARDDISK (scsi)
Disk /dev/sdb: 10.7GB
Sector size (logical/physical): 512B/512B
Partition Table: gpt
Disk Flags:

Number  Start    End      Size     File system  Name     Flags
 1      1049kB   5000MB   4999MB                primary  swap
 2      5000MB   10.0GB   5001MB                primary
```

步骤 2：创建交换分区文件系统。

```
[root@openEuler01 ~]# mkswap /dev/sdb1      #以块设备作为交换分区
[root@openEuler01 ~]# mkswap /swapfile      #以文件作为交换分区
```

👑 以文件作为交换分区时，要保证文件是一个已经存在的空文件，并用命令 dd 给其分配合适的大小，且文件权限设置为 0600。

步骤 3：挂载并查看交换分区。

```
[root@openEuler01 /]# swapon /dev/sdb1
[root@openEuler01 /]# swapon /swapfile
[root@openEuler01 /]# swapon -s
Filename         Type         Size        Used        Priority
/dev/dm-1        partition    2154492     0           -2
/dev/sdb1        partition    4881404     0           -3
/swapfile        file         1023996     0           -4
```

步骤 4：检查交换分区使用情况，如图 5-25 所示。

```
[root@openEuler01 /]# free -h
              total        used        free      shared  buff/cache   available
Mem:          1.4Gi       295Mi        74Mi       4.3Mi       1.2Gi       1.1Gi
Swap:         7.7Gi          0B       7.7Gi
```

图 5-25 交换分区使用情况

步骤 5：卸载交换分区。

```
[root@openEuler01 /]# swapoff /swapfile
[root@openEuler01 /]# swapon -s
Filename         Type         Size        Used        Priority
/dev/dm-1        partition    2154492     0           -2
/dev/sdb1        partition    4881404     0           -3
```

步骤 6：交换分区的自动挂载。在 /etc/fstab 文件中增加如下内容：

```
[root@openEuler01 /]# echo "/dev/sdb1 none swap defaults 0 0" >>/etc/fstab
#对于交换分区
[root@openEuler01 /]# echo "/swapfile none swap defaults 0 0">>/etc/fstab
#对于交换文件
```

👑 1）作为交换分区的块设备或者文件，一般都是开机自动挂载。
2）交换分区是没有挂载点的，所以上述第 2 个字段为 none。

【IT 工程师素养小课堂】数据即资产——硬盘中数据面临的威胁与保护策略

在数字时代，数据已成为企业核心资产，而硬盘作为数据的主要载体，其安全性保障尤为重要。从职业素养的角度出发，员工需要深刻理解数据威胁的本质，并通过规范操作与提升安全意识,将数据保护内化为职业本能。以下从威胁识别与防护措施两方面展开分析。

1. 硬盘数据面临的四大威胁

(1) 硬件故障:不可忽视的物理风险

典型场景:
- 机械硬盘(HDD)因震动、老化导致磁头损坏或盘片划伤。
- 固态硬盘(SSD)因频繁读写出现存储单元失效。

职业素养关联:员工若缺乏设备维护意识(如忽视硬盘健康监测),可能因突发故障导致关键业务数据丢失,影响团队协作甚至企业信誉。

(2) 人为操作失误:责任心的直接考验

常见错误:
- 误删重要文件或格式化硬盘。
- 未经验证直接覆盖数据(如编程中 rm -rf 命令的滥用)。

职业素养关联:粗心操作反映职业规范的缺失,可能引发项目延期甚至法律纠纷(如删除客户合同原件)。

(3) 恶意攻击:内外交织的安全挑战

攻击类型:
- 外部攻击:勒索病毒加密硬盘数据(如 WannaCry)、黑客窃取商业机密等。
- 内部威胁:员工私自复制敏感数据并出售(如技术图纸、客户信息)。

职业素养关联:缺乏数据保密意识或贪图私利的行为触及职业道德底线,甚至可能直接触犯《中华人民共和国数据安全法》。

(4) 存储介质管理漏洞:流程规范的缺失

现实案例:
- 离职员工未归还存有公司数据的硬盘。
- 废弃硬盘未彻底销毁(数据可通过工具恢复)。

职业素养关联:忽视介质管理流程,可能引发数据泄露风险,损害企业利益与个人职业声誉。

2. 职业素养驱动的数据防护措施

(1) 规范操作:将安全融入工作习惯

操作准则:
- 备份优先:遵循"3-2-1 原则"(3 份备份、2 种介质、1 份异地)。
- 权限最小化:仅访问工作必需的数据(如通过 Linux 权限控制 chmod 600)。

职业素养关联:规范操作体现专业性,降低人为失误概率,增强团队信任。

(2) 技术防御:提升数据保护硬实力

技术工具:
- 全盘加密:使用 BitLocker(Windows)或 LUKS(Linux)防止硬盘丢失后数据泄露。
- 健康监测:定期通过 CrystalDiskInfo 检查硬盘 S.M.A.R.T 状态。

职业素养关联:主动学习数据安全技术(如 RAID 阵列配置),成为团队中的"安全专家"。

(3) 合规意识:筑牢法律与道德防线

合规实践:

- 数据分类：区分公开、内部、机密文件（参考 ISO 27001 标准）。
- 介质管理：登记硬盘编号、责任人，废弃时物理销毁（消磁/破碎）。

职业素养关联：遵守《中华人民共和国个人信息保护法》及企业相关制度，避免因违规操作承担民事或刑事责任。

（4）应急响应：化被动为主动的风险管理

应急预案：
- 制定数据恢复流程（如从备份中还原，而非依赖数据恢复软件）。
- 定期演练勒索病毒攻击场景（隔离感染设备、上报安全团队）。

职业素养关联：参与应急演练可提升危机处理能力，凸显个人在团队中的关键作用。

3. 职业素养的进阶：从"执行者"到"守护者"

数据安全不仅是技术问题，更是职业态度的体现，因此需要在以下层面持续提升个人素养。

1）责任意识：将数据视为个人职业信誉的一部分，主动识别并上报潜在风险。
2）学习能力：跟踪数据安全技术趋势（如抗量子加密算法、云存储安全）。
3）道德自律：拒绝利益诱惑，严守职业底线（如不参与数据倒卖）。

硬盘数据安全与保护，反映出一名 IT 职场人的专业素质。通过规范操作、技术精进与合规意识，每位员工都能成为数据资产的合格"守护者"。在数据即生产力的时代，职业素养的提升不仅是个人竞争力的筹码，更是企业与社会责任担当的重要体现。

5.4 项目小结

本项目主要介绍了存储系统的构成与管理，包括 MBR 与 GPT 磁盘分区管理、逻辑卷管理以及交换分区管理。通过实践任务操作，学习者应当掌握磁盘分区、格式化、挂载等关键步骤，理解 LVM 在动态调整磁盘空间方面的重要性。本项目中包括大量存储管理的实用技能，可以为操作系统管理员的后续深入学习提供宝贵的指导经验。

5.5 思考与练习

文本：参考答案

一、操作题

1. 以手工分区的方法再来安装一次 openEuler，要求创建/、/boot、/swap 和/home 共 4 个分区。
2. 使用 fdisk 命令在/dev/sdb 磁盘上创建一个大小为 10 GB 的主分区，并格式化为 EXT4 文件系统。
3. 使用 parted 命令在/dev/sdc 磁盘上创建 GPT 分区表，并创建一个大小为 20 GB 的分区。

4. 将/dev/sdb1 分区挂载到/mnt/data 目录，并配置为开机自动挂载。
5. 使用 LVM 创建一个逻辑卷，命名为 lv_data，大小为 10 GB，并将其扩展到 15 GB。
6. 在/dev/sdb2 分区上创建交换分区，并启用它。
7. 将一个新的物理卷/dev/sdc1 添加到现有的卷组 vg_data 中。

二、HCIA 相关考题

1.【判断题】在 openEuler 系统中，如果要创建一个逻辑卷，选项"-L"为必选项。（　　）

2.【判断题】在 openEuler 系统中，命令 lvresize 和 lvreduce 都可以对逻辑卷进行缩容操作。（　　）

3.【判断题】在 openEuler 系统中，如果某块磁盘的容量超过了 2 TB，建议使用 parted 命令对其进行分区与相关的操作。（　　）

4.【判断题】在 GPT 分区方案和 MBR 分区方案中，分区方案对单个分区的容量几乎没有限制。（　　）

5.【判断题】在 GPT 分区文案支持 UEFI 启动方式，MBR 分区方案则不支持。（　　）

6.【判断题】在 openEuler 系统中，使用 parted 命令进行分区创建时，后一个分区的起始位置必须和前一个分区的结束位置一致。（　　）

7.【判断题】根据如下信息可以判定，系统中有两个逻辑卷。（　　）

```
[root@openEuler01 /]# lvs
  LV   VG       Attr       LSize  Pool Origin Data%  Meta%  Move Log Cpy%Sync Convert
  root openeuler -wi-ao---- 28.94g
  swap openeuler -wi-ao----  2.05g
```

8.【判断题】在安装 openEuler 操作系统时，/boot 分区和根分区必须要单独分出来。（　　）

9.【多选题】根据如下信息判断，下列描述中正确的是（　　）。

```
---------Physical volume--------
PV Name       /dev/sda2
VG Name       openeuler
PVSize        445.10GiB/not usable 4.00MiB
Allocatable   yes    (but full)
PE Size       4.00MiB
Total PE      113945
Free PE       0
Allocated PE  113945
PVUUID   b71dkh-tGq4-EQpB-Ylh0-HZjk-4LGQ-4zGnWE
```

A. 当前 PE 的大小为默认值
B. 当前 PV 使用的是一个分区
C. 当前 PV 包含了 113945 个 PE
D. 当前 PV 可分配的 PE 和总的 PE 数相同，表示其暂时未被使用

10.【多选题】根据如下信息判断，下列描述中正确的是（　　）。

```
--- Logical volume ---
LV Path                /dev/openeuler/root
LV Name                root
VG Name                openeuler
LV UUID                kqsHHC-anVB-MX2p-ldWz-KnAa-CF0E-xw3VHF
LV Write Access        read/write
LV Creation host, time openEuler01, 2024-12-26 15:37:27 +1100
LV Status              available
# open                 1
LV Size                28.94 GiB
Current LE             7409
Segments               1
Allocation             inherit
Read ahead sectors     auto
- currently set to     8192
Block device           253:0
```

  A．LV 是可用状态   B．LV 仅允许被读

  C．LV 来自 openeuler 卷组   D．LV 被挂载给了"/"目录

11．【多选题】在 Linux 系统的/etc/fstab 文件中，挂载选项 defaults 包含的参数有（　　）。

  A．suid   B．dev   C．exec   D．sync

12．【多选题】下列关于 fdisk 命令的描述中，正确的是（　　）。

  A．使用 fdisk 命令对硬盘进行分区时，其采用的是交互式的界面

  B．fdisk 命令仅支持交互式的界面查看硬盘分区

  C．使用 fdisk 命令可以对硬盘分区的格式进行修改

  D．使用 fdisk 命令可以筛选出未被挂载的磁盘分区

13．【多选题】在 openEuler 系统中，/etc/fstab 用来存储文件系统的静态信息，以下为该文件中字段的是（　　）。

  A．<filesystem>   B．<type>   C．<name>   D．<options>

14．【多选题】在 openEuler 系统中，使用（　　）命令可以查看到 PV 的信息。

  A．pvs   B．pvdisplay   C．pvcreate   D．pvresize

15．【多选题】在安装 openEuler 操作系统时，（　　）分区不是必须划分的。

  A．/boot   B．/home   C．/var   D．/

16．【多选题】在 openEuler 系统中，如果在某个 VG 中已经创建了数个 LV，下列操作中可以删除该 VG 的是（　　）。

  A．先删除已有的 LV，再进行 VG 的删除

  B．直接删除 VG，并根据系统的提示完成 LV 的删除、完成 VG 的删除

  C．先删除 LV，然后删除 PV，最后再完成 VG 的删除

  D．在命令 vgremove 后添加-f 选项，强行删除

17．【多选题】下列为 openEuler 所支持的文件系统类型的是（　　）。

  A．XFS   B．ext3   C．ext4   D．ISO9660

18．【多选题】管理员使用 parted 命令对分区 sdc1 进行容量修改时，系统提示信息"Warning：Shrinking a partition can casuse dataloss，are you sure you want to continue？"造成该错误的可能原因是（　　）。

  A．该分区已经被挂载   B．管理员对分区进行了减容

  C．管理员修改了该分区的结束位置   D．管理员已经对该分区进行了格式化

19.【单选题】在 openEuler 系统中，MBR 最多支持（　　）个 SCSI 逻辑分区。
　　A．15　　　　B．4　　　　C．12　　　　D．60

20.【单选题】在 openEuler 系统中，用于设置 SWAP 分区的命令是（　　）。
　　A．mkswap　　B．mkfs.swap　　C．swapon　　D．fdisk

21.【单选题】在 openEuler 系统中，逻辑卷支持缩容操作，在缩容前需要先缩减文件系统，命令是（　　）。
　　A．e2fsck　　B．resize2fs　　C．remove2fs　　D．reduce2fs

22.【单选题】在 openEuler 系统中，关于 vgremove 命令的作用，下列描述正确的是（　　）。
　　A．删除 VG　　B．移动 VG　　C．修改 VG　　D．重定义 VG

23.【单选题】在 Linux 系统中，（　　）分区用于存储系统引导相关程序文件。
　　A．swap　　B．/etc　　C．/　　D．/boot

24.【单选题】下列命令中，作用和命令"mkfs.ext2 /dev/sdc1"一样的是（　　）
　　A．mkfs -t ext2 /dev/sdc1　　B．fdisk /dev/sdc1
　　B．parted /dev/sdc mapart 1 0 100G　　D．mount /dev/sdc1 ext2

25.【单选题】在 openEuler 系统中，系统交换分区的物理空间通常来自（　　）。
　　A．内存　　B．磁盘　　C．CPU　　D．外设

26.【单选题】下列关于磁盘分区的描述中，正确的是（　　）。
　　A．格式化完成后，该分区即可被直接写入数据
　　B．格式化完成后，需将分区挂载到某个目录下，才可被写入数据
　　C．一个分区不可以同时被挂载给多个目录
　　D．一个分区可以同时被格式化成多种文件系统

27.【单选题】下列关于 openEuler 系统中 PV 的描述，正确的是（　　）。
　　A．PV 必须是整块硬盘
　　B．PV 必须是硬盘上的某个分区
　　C．PV 可以是整块硬盘，也可以是某个硬盘上的分区
　　D．一个 VG 中，所有 PV 的形式需保持一致，要么是整块硬盘，要么是硬盘上的某个分区

28.【单选题】管理员在 openEuler 系统中输入了命令"lvcreate -l 30% vg-test"，下列关于这个操作的描述中，正确的是（　　）。
　　A．新创建的 LV 的容量是 VG 总容量的 30%
　　B．新创建的 LV 的容量是 VG 剩余容量的 30%
　　C．新创建的 LV 的容量是 PV 总容量的 30%
　　D．新创建的 LV 的容量是 PV 剩余容量的 30%

29.【单选题】在 openEuler 系统中，创建 VG 的命令是（　　）。
　　A．Vgcreate　　B．vgs　　C．vgextend　　D．vgscan

30.【单选题】在 MBR 分区文案中，分区表占用的字节长度是（　　）。
　　A．446　　B．64　　C．2　　D．512

31.【填空题】以下内容为命令"_____/dev/sdc"的输出。

```
  PV          VG         Fmt  Attr PSize    PFree
  /dev/sda2   openeuler  lvm2 a--  <31.00g    0
```

32.【填空题】在 openEuler 系统中，使用 mount 命令挂载的分区在系统重启后失效，如果希望系统启动时该分区能够被自动挂载，一般会将相应的配置信息放到_____文件中。（请写绝对路径）

33.【填空题】在 openEuler 系统中，如果在/etc/fstab 文件中，在分区的挂载选项（options）参数中增加_____，表示该分区为只读模式挂载。

项目 6
网络管理

【学习目标】

知识目标：
- 掌握 IP 地址、子网掩码、默认网关、DNS 等网络参数的作用。
- 理解 NetworkManager 的功能和 nmcli 命令的使用。
- 了解路由表命令和 ping、traceroute 等网络命令的应用。

技能目标：
- 能够配置和管理 Linux 系统的网络连接。
- 熟练使用 nmcli 命令进行网络配置和故障排除。
- 能运用网络命令进行网络状态查看和连通性测试。

素养目标：
- 通过细致的网络管理工作，培养踏实、严谨的工作作风。
- 了解各类网络安全威胁，增强网络与数据安全意识。

PPT：项目 6 网络管理

文本：单元设计

6.1 知识储备

微课 6-1 网络基本参数的含义

6.1.1 网络节点参数

一个网络终端节点需要具有 IP 地址、子网掩码、默认网关、DNS、主机名或域名等参数，才能提供畅通无阻的网络通信服务，这些参数各自扮演着至关重要的角色。

1）IP 地址：作为节点的唯一标识符，在网络中用于定位和识别终端节点，确保数据包能够准确无误地送达目的地。

2）子网掩码：用于区分 IP 地址中的网络部分和主机部分，帮助设备理解哪些 IP 地址属于同一子网，从而优化网络通信效率并保障网络安全。

3）默认网关：作为连接不同网络的桥梁，当终端节点需要访问外部网络（如互联网）时，数据包会被发送到默认网关，由网关进行路由选择并转发至目标网络。

4）DNS（域名系统）：将人们易于记忆的域名转换为计算机可识别的 IP 地址，简化了网络访问过程，用户只须输入域名即可访问相应的网络资源。

5）主机名或域名：为网络中的设备提供易于识别的名称，便于用户和管理员进行管理和访问。主机名在局域网内部使用，通过本机的/etc/hosts 文件解析，而域名则通常用于互联网上的资源定位，由 DNS 服务器解析。

这些网络参数能保证终端节点高效、准确地与其他设备通信，无论是同一子网内的设备还是跨网络的远程设备，都能访问互联网上的各种资源和服务，如网页、电子邮件、文件传输等。此外，还可以在网络中实现身份认证和资源授权，确保网络通信的安全性和可靠性。

因此，正确查看或配置这些网络参数对于确保终端节点的网络通信畅通无阻至关重要。

6.1.2 网络管理工具 NetworkManager

NetworkManager 是 Linux 中的一个功能强大的网络管理守护进程（Daemon），为 Linux 系统提供了全面的网络配置和连接管理能力，其具有如下一些特点。

微课 6-2 NetworkManager 服务

1）自动连接管理：NetworkManager 能够自动检测并管理可用的网络连接。当用户设备进入某个网络范围时，它可以自动连接到用户之前配置过的网络，无须手动操作。

2）网络配置简化：提供了图形化界面（如 nm-connection-editor）和命令行工具（如 nmcli），使用户能够轻松地配置和管理网络连接。支持配置多种网络类型，如以太网、Wi-Fi、VPN 等，用户可以设置各种网络参数，如 IP 地址、子网掩码、DNS 服务器等。

3）网络状态监控：NetworkManager 实时监控网络连接的状态，包括连接是否建立、信号强度、网络速度等。当网络状态发生变化时，它会及时通知用户，并可以根据用户的配置执行相应的操作，如重新连接网络或切换到其他网络。

4）网络问题诊断与修复：NetworkManager 能够收集和分析网络状态信息，帮助用户快速定位和解决网络问题。它提供了网络诊断工具，如 ping、traceroute 等，用户可以使用这些工具来检测网络连通性和延迟等问题。

5）网络安全性：NetworkManager 支持最新的网络安全标准，如 WPA2、WPA3 等，确保无线网络连接的安全性。同时，它还提供了 VPN 连接功能，允许用户通过加密隧道安全地访问远程网络资源。

6）启动与停止：可以使用 systemctl 命令来启动、停止或重启 NetworkManager 服务，以及查看其运行状态和是否开机启动。

> 更早版本的 Linux 中用到的守护进程是 network，其只适合于有线网络设备的配置。

6.2 项目实施

任务 1：ifconfig 命令的应用

任务描述：ifconfig 命令由 net-tools 软件包提供，在 openEuler 较高的版本中一般是没有安装的，因此需要先安装该软件包才能执行这个命令。使用该命令可以方便地查看网络接口的相关参数，也能设置 IP 地址、子网掩码等参数，还可以启用禁用网卡。

【命令格式】ifconfig [接口] [选项]

接口：网络接口名称，没有则表示所有网络接口。

常用选项如下。

- -a：查看所有网络接口的相关数据，包括未激活的设备。
- up：激活网络接口。
- down：停用网络接口。
- addr 或 inet：设置或显示接口的 IP 地址。
- netmask：设置或显示网络掩码。

微课 6-3
ifconfig 命令的应用

步骤 1：查看所有接口的数据，如图 6-1 所示。

```
[root@openEuler01 ~]# ifconfig -a
enp0s3: flags=4163<UP,BROADCAST,RUNNING,MULTICAST>  mtu 1500
        inet 192.168.10.100  netmask 255.255.255.0  broadcast 192.168.10.255
        ether 08:00:27:9a:7e:bf  txqueuelen 1000  (Ethernet)
        RX packets 366869  bytes 82263629 (78.4 MiB)
        RX errors 0  dropped 75  overruns 0  frame 0
        TX packets 209388  bytes 22306133 (21.2 MiB)
        TX errors 0  dropped 0 overruns 0  carrier 0  collisions 0

enp0s8: flags=4163<UP,BROADCAST,RUNNING,MULTICAST>  mtu 1500
        ether 08:00:27:30:bd:92  txqueuelen 1000  (Ethernet)
        RX packets 80  bytes 26514 (25.8 KiB)
```

图 6-1 显示网络接口信息

步骤 2：设置接口 IP 地址及子网掩码。

[root@openEuler01 ~]# ifconfig enp0s3 1.1.1.1 netmask 255.255.255.0

♠ 修改 IP 地址会中断 putty 的连接，所以此处没有截图演示。

步骤 3：关闭或者打开网络接口。

[root@openEuler01 ~]# ifconfig enp0s3 down
[root@openEuler01 ~]# ifconfig enp0s3 up

任务 2：IP 命令的应用

任务描述：ip 命令是 Linux 操作系统中一个非常强大的网络管理工具，它属于 iproute2 套件，用于配置和管理网络接口、路由表以及网络协议参数。该命令跟系统的安装模式没有关系，即使是最小化安装也会保留该套件，所以 ip 命令在任何环境下都可以运行。

微课 6-4
ip 命令的应用

【命令格式】ip [选项] <对象> {子命令 | help}

常用选项如下。

- -s 或 --stats 或 --statistics：显示统计信息，包括接口的接收（RX）和发送（TX）的字节数、包数、错误数等。

使用场景：分析网络接口的流量和性能。

- -d 或 --details：显示详细信息。该选项会提供更多的上下文和细节信息，具体取决于操作的对象。

使用场景：需要深入了解网络接口或路由的详细信息时。

- -r 或--resolve：在显示主机名、服务名等时，不解析为 IP 地址或端口号，而是保持原名。

使用场景：当需要保持名称的原始形式，而不是解析为数字形式时。

- -h 或--human-readable：以可读的格式显示信息，如使用 K（千）、M（兆）等单位表示大数值。

使用场景：当需要以更直观的方式查看大数值时。

- -o 或--oneline：使输出信息每条记录输出一行，即使内容较多也不换行显示。

使用场景：当需要将输出信息简洁地显示在一行时。

- -4 或--family inet：指定使用 IPv4 协议簇。

使用场景：与 ip addr、ip route 等命令一起使用时，指定操作 IPv4 地址或路由。

- -6 或--family inet6：指定使用 IPv6 协议簇。

使用场景：与 ip addr、ip route 等命令一起使用时，指定操作 IPv6 地址或路由。

常用对象如下。

- link：代表网络设备，即网卡或网络接口，用于查看和管理网络接口的状态和属性。
- address（或简写为 addr）：代表设备上的协议地址，包括 IPv4 和 IPv6 地址，用于查看和配置网络接口上的 IP 地址。
- route：代表路由表条目，用于定义数据包在网络中的传输路径，以查看和管理路由表。

常用的子命令如下。

- add：添加。
- delete 或 del：删除。
- change：修改。
- show：显示。
- flush：清空。

▲ 不同对象的子命令可能会有所不同。

步骤 1：管理 link 对象。该对象用于对链路状态信息进行管理，有如下一些用法。

- ip link show：显示网络接口的信息，包括接口名称、状态、MAC 地址等，如图 6-2 所示。

```
[root@openEuler01 ~]# ip link show
1: lo: <LOOPBACK,UP,LOWER_UP> mtu 65536 qdisc noqueue state UNKNOWN mode DEFAULT gr
oup default qlen 1000
    link/loopback 00:00:00:00:00:00 brd 00:00:00:00:00:00
2: enp0s3: <BROADCAST,MULTICAST,UP,LOWER_UP> mtu 1500 qdisc fq_codel state UP mode
DEFAULT group default qlen 1000
    link/ether 08:00:27:9a:7e:bf brd ff:ff:ff:ff:ff:ff
3: enp0s8: <BROADCAST,MULTICAST,UP,LOWER_UP> mtu 1500 qdisc fq_codel state UP mode
DEFAULT group default qlen 1000
    link/ether 08:00:27:30:bd:92 brd ff:ff:ff:ff:ff:ff
```

图 6-2　所有网络接口的参数信息

- ip link set <interface> up/down：启用或禁用网络接口，如图 6-3 所示。

```
[root@openEuler01 ~]# ip link set enp0s8 down
[root@openEuler01 ~]# ip link show
1: lo: <LOOPBACK,UP,LOWER_UP> mtu 65536 qdisc noqueue state UNKNOWN mode DEFAULT gr
oup default qlen 1000
    link/loopback 00:00:00:00:00:00 brd 00:00:00:00:00:00
2: enp0s3: <BROADCAST,MULTICAST,UP,LOWER_UP> mtu 1500 qdisc fq_codel state UP mode
DEFAULT group default qlen 1000
    link/ether 08:00:27:9a:7e:bf brd ff:ff:ff:ff:ff:ff
3: enp0s8: <BROADCAST,MULTICAST> mtu 1500 qdisc fq_codel state DOWN mode DEFAULT gr
oup default qlen 1000
    link/ether 08:00:27:30:bd:92 brd ff:ff:ff:ff:ff:ff
```

图 6-3　关掉网络接口

- ip link add 和 ip link delete：添加或删除网络接口，一般用于网络虚拟化场合，这里不做讨论。

步骤 2：管理 address 对象。该对象用于对接口的 IP 地址等相关参数进行管理，有如下一些用法。

- ip address show [dev INTERFACE]：显示所有或者指定接口的地址信息，如图 6-4 所示。

```
[root@openEuler01 ~]# ip address show dev enp0s3
2: enp0s3: <BROADCAST,MULTICAST,UP,LOWER_UP> mtu 1500 qdisc fq_codel state UP group
 default qlen 1000
    link/ether 08:00:27:9a:7e:bf brd ff:ff:ff:ff:ff:ff
    inet 192.168.10.100/24 brd 192.168.10.255 scope global noprefixroute enp0s3
        valid_lft forever preferred_lft forever
```

图 6-4　显示地址信息

- ip address add <IP_ADDRESS/PREFIX_LENGTH> < INTERFACE>：给指定接口添加 IP 地址及子网掩码，如图 6-5 所示。

```
[root@openEuler01 ~]# ip a add 1.1.1.1/24 dev enp0s8
[root@openEuler01 ~]# ip a show enp0s8
3: enp0s8: <BROADCAST,MULTICAST> mtu 1500 qdisc fq_codel state DOWN group default q
len 1000
    link/ether 08:00:27:30:bd:92 brd ff:ff:ff:ff:ff:ff
    inet 1.1.1.1/24 scope global enp0s8
        valid_lft forever preferred_lft forever
```

图 6-5　给接口添加 IP 地址及子网掩码

> 一个接口可以配置多个 IP 地址。

- ip address del <IP_ADDRESS/PREFIX_LENGTH> <dev INTERFACE>：删除指定接口的指定 IP 地址及子网掩码，如图 6-6 所示。

```
[root@openEuler01 ~]# ip a show enp0s8
3: enp0s8: <BROADCAST,MULTICAST,UP,LOWER_UP> mtu 1500 qdisc fq_codel state UP group
 default qlen 1000
    link/ether 08:00:27:30:bd:92 brd ff:ff:ff:ff:ff:ff
    inet 1.1.1.1/24 scope global enp0s8
        valid_lft forever preferred_lft forever
    inet 2.2.2.2/24 scope global enp0s8
        valid_lft forever preferred_lft forever
    inet 3.3.3.3/24 scope global enp0s8
        valid_lft forever preferred_lft forever
[root@openEuler01 ~]# ip addr del 1.1.1.1/24 dev enp0s8
[root@openEuler01 ~]# ip a show enp0s8
3: enp0s8: <BROADCAST,MULTICAST,UP,LOWER_UP> mtu 1500 qdisc fq_codel state UP group
 default qlen 1000
    link/ether 08:00:27:30:bd:92 brd ff:ff:ff:ff:ff:ff
    inet 2.2.2.2/24 scope global enp0s8
        valid_lft forever preferred_lft forever
    inet 3.3.3.3/24 scope global enp0s8
        valid_lft forever preferred_lft forever
```

图 6-6　删除多个 IP 地址中的一个

- ip address flush <dev INTERFACE>：删除指定接口的所有 IP 地址的相关数据，如图 6-7 所示。

```
[root@openEuler01 ~]# ip a show enp0s8
3: enp0s8: <BROADCAST,MULTICAST,UP,LOWER_UP> mtu 1500 qdisc fq_codel state UP group default qlen 1000
    link/ether 08:00:27:30:bd:92 brd ff:ff:ff:ff:ff:ff
    inet 2.2.2.2/24 scope global enp0s8
       valid_lft forever preferred_lft forever
    inet 3.3.3.3/24 scope global enp0s8
       valid_lft forever preferred_lft forever
[root@openEuler01 ~]# ip a flush dev enp0s8
[root@openEuler01 ~]# ip a show enp0s8
3: enp0s8: <BROADCAST,MULTICAST,UP,LOWER_UP> mtu 1500 qdisc fq_codel state UP group default qlen 1000
    link/ether 08:00:27:30:bd:92 brd ff:ff:ff:ff:ff:ff
```

图 6-7 删除所有 IP 地址

> ip address 可以略写为 ip a。

步骤 3：管理 route 对象。该对象用于显示和操作 IP 路由表的命令，它允许管理员查看、添加、删除和修改路由表的内容，有如下一些常见用法。

- Ip route <show | list>：显示路由信息，如图 6-8 所示。

```
[root@openEuler01 ~]# ip route list
default via 192.168.10.1 dev enp0s3 proto static metric 100
1.1.1.0/24 dev enp0s8 proto kernel scope link src 1.1.1.1
192.168.10.0/24 dev enp0s3 proto kernel scope link src 192.168.10.100 metric 100
```

图 6-8 默认网关及两个网段的路由信息

- Ip rout add <subnet/prefix> <dev INTERFACE>：向路由表添加一条路由信息，如图 6-9 所示，将发往 2.2.2.0/24 网段的路由经由 enp0s8 送出。

```
[root@openEuler01 ~]# ip route add 2.2.2.0/24 via 1.1.1.1 dev enp0s8
[root@openEuler01 ~]# ip route list
default via 192.168.10.1 dev enp0s3 proto static metric 100
1.1.1.0/24 dev enp0s8 proto kernel scope link src 1.1.1.1
2.2.2.0/24 via 1.1.1.1 dev enp0s8
192.168.10.0/24 dev enp0s3 proto kernel scope link src 192.168.10.100 metric 100
```

图 6-9 添加一条路由信息

- ip route add default：添加默认路由，如图 6-10 所示。

```
[root@openEuler01 ~]# ip route add default via 192.168.10.10
[root@openEuler01 ~]# ip route show
default via 192.168.10.10 dev enp0s3
default via 192.168.10.1 dev enp0s3 proto static metric 100
192.168.10.0/24 dev enp0s3 proto kernel scope link src 192.168.10.100 metric 100
```

图 6-10 添加一条默认路由信息

- Ip route del：删除一条路由，如图 6-11 所示，将去向 2.2.2.0/24 网段的路由删除。

```
[root@openEuler01 ~]# ip route del 2.2.2.0/24
[root@openEuler01 ~]# ip route list
default via 192.168.10.1 dev enp0s3 proto static metric 100
1.1.1.0/24 dev enp0s8 proto kernel scope link src 1.1.1.1
192.168.10.0/24 dev enp0s3 proto kernel scope link src 192.168.10.100 metric 100
```

图 6-11 删除路由信息

- ip route get：获得发往某个网段或地址的路由，如图 6-12 所示，发往 8.8.8.8 的数据包经由 192.168.10.1 送出。

```
[root@openEuler01 ~]# ip route get 8.8.8.8
8.8.8.8 via 192.168.10.1 dev enp0s3 src 192.168.10.100 uid 0
```

图 6-12　获得某个路由信息

- ip route flush：清空所有或某个路由表项，如图 6-13 所示。

```
[root@openEuler01 ~]# ip route flush 1.1.1.0/24
[root@openEuler01 ~]# ip route list
default via 192.168.10.1 dev enp0s3 proto static metric 100
192.168.10.0/24 dev enp0s3 proto kernel scope link src 192.168.10.100 metric 100
```

图 6-13　清空到达 1.1.1.0/24 网段的路由信息

⚠ 慎用清空所有路由信息操作，因为会造成网络中断。

任务 3：通过配置文件持久化网络参数

任务描述：在任务 1 和任务 2 中，对网络参数所做的修改都是临时，系统重启后，这些更改会丢失，因为系统启动时会从网络配置文件中读取网络配置数据。因此，要想持久化网络参数，必须将参数在配置文件中保存起来。在 openEuler 22.03 版本的系统中，也可以通过/etc/sysconfig/ network-scripts/下的配置文件持久化网络参数。

步骤 1：找到路径并熟悉文件名特点。如图 6-14 所示，配置文件名为"ifcfg-*"的形式，其中"*"为设备名称。

```
[root@openEuler01 network-scripts]# pwd
/etc/sysconfig/network-scripts
[root@openEuler01 network-scripts]# ls
ifcfg-enp0s3
```

图 6-14　网卡配置文件路径

微课 6-5
通过配置
文件持久化
网络参数

配置文件中各参数含义如下。
- TYPE=Ethernet：指定网络接口的类型是以太网（Ethernet）。
- BOOTPROTO=static：指定了地址获方式为静态（Static），意味着相关参数是手动配置的，而不是通过 DHCP（动态主机配置协议）自动获取的。
- NAME=enp0s3：设置网络接口的名称。
- UUID=bfa362f9-894d-42ef-b84c-db8baca917db：唯一标识这个网络接口的配置，虚拟化环境中建议去掉该参数，避免冲突。
- DEVICE=enp0s3：指定网络接口对应的设备名称。
- ONBOOT=yes：指定了网络接口在系统启动时是否自动激活，yes 或者 no。
- IPADDR=192.168.10.100：设置网络接口的静态 IP 地址。
- NETMASK=255.255.255.0：设置网络掩码（Netmask），用于区分网络地址和主机地址，也可以用 prefix 属性。

- GATEWAY=192.168.10.1：设置默认网关的 IP 地址。
- DNS1=192.168.10.1：设置首选 DNS 服务器的 IP 地址。
- DNS2=：设置备用 DNS 服务器的 IP 地址。

步骤 2：按照要求配置相关参数。

要求：在系统中再添加一张网卡，采用"网络地址转换（NAT）"的连接方式，如图 6-15 所示，将网卡的参数获取形式设置为 DHCP，如图 6-16 所示。

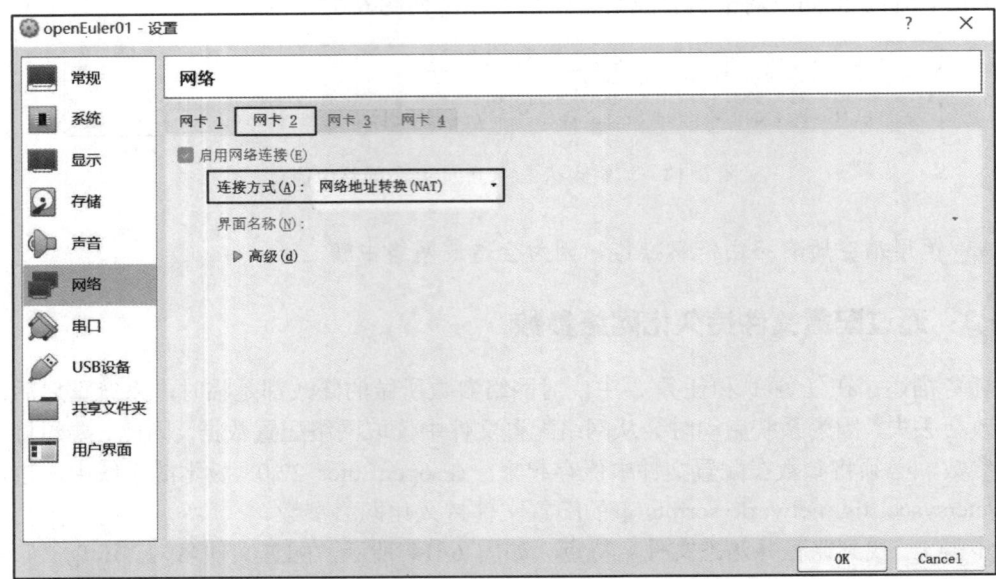

图 6-15　网卡 2 的网络连接方式

```
TYPE=Ethernet
BOOTPROTO=dhcp
NAME=enp0s8
DEVICE=enp0s8
ONBOOT=yes
```

图 6-16　网卡 2 的网络配置内容

步骤 3：重启网卡，查看获取到的网络参数，如图 6-17 所示。

```
[root@openEuler01 network-scripts]# ifdown enp0s8
Connection 'enp0s8' successfully deactivated (D-Bus active path: /org/freedeskto
p/NetworkManager/ActiveConnection/61)
[root@openEuler01 network-scripts]# ifup enp0s8
Connection successfully activated (D-Bus active path: /org/freedesktop/NetworkMa
nager/ActiveConnection/62)
[root@openEuler01 network-scripts]# ip a show enp0s8
3: enp0s8: <BROADCAST,MULTICAST,UP,LOWER_UP> mtu 1500 qdisc fq_codel state UP group de
fault qlen 1000
    link/ether 08:00:27:30:bd:92 brd ff:ff:ff:ff:ff:ff
    inet 10.0.3.15/24 brd 10.0.3.255 scope global dynamic noprefixroute enp0s8
       valid_lft 86286sec preferred_lft 86286sec
    inet6 fe80::a00:27ff:fe30:bd92/64 scope link
       valid_lft forever preferred_lft forever
```

图 6-17　重启网卡查看参数

步骤 4：测试网络的连通性，如图 6-18 所示。

```
[root@openEuler01 ~]# ping -I enp0s8 www.baidu.com
PING (36.152.44.96) from 10.0.3.15 enp0s8: 56(84) bytes of data.
64 bytes from www.baidu.com (36.152.44.96): icmp_seq=1 ttl=51 time=25.6 ms
64 bytes from www.baidu.com (36.152.44.96): icmp_seq=2 ttl=51 time=34.9 ms
64 bytes from www.baidu.com (36.152.44.96): icmp_seq=3 ttl=51 time=36.8 ms
64 bytes from www.baidu.com (36.152.44.96): icmp_seq=4 ttl=51 time=22.5 ms
64 bytes from www.baidu.com (36.152.44.96): icmp_seq=5 ttl=51 time=29.0 ms
64 bytes from www.baidu.com (36.152.44.96): icmp_seq=6 ttl=51 time=29.7 ms
64 bytes from www.baidu.com (36.152.44.96): icmp_seq=7 ttl=51 time=23.6 ms
```

图 6-18　外网连通性测试

任务 4：nmcli 命令的应用

任务描述：nmcli 即 NetworkManager Command Line Interface，是网络管理守护进程 NetworkManage 的命令行方式。通过该方式修改配置文件，可以更快速地实现网络的持久化管理。nmcli 提供了丰富的功能，包括连接配置、连接管理、网络监控和状态查询等。通过 nmcli，用户可以方便地配置各种类型的网络连接，如有线网络、无线网络、蓝牙、VPN 等。

【命令格式】nmcli [选项] <对象> { 子命令 | help }

对象：命令管理的对象，可以是 general、networking、radio、connection 或 device 等。

- general：用于执行与网络管理相关的一般性操作，如查看或设置系统主机名等。
- networking：用于管理整个网络系统的状态，如启用或禁用所有网络连接。
- radio：用于控制无线设备的开关状态，如启用或禁用 Wi-Fi、蓝牙。
- connection：用于管理和配置网络连接，包括查看、添加、删除、修改和激活网络连接等，也是 nmcli 命令中最常用的对象之一。
- device：用于管理和配置网络设备，如网卡、Wi-Fi 适配器等。可以查看设备的状态、详细信息，以及连接或断开设备等。

常用选项如下。
- -t 或--terse：用于脚本输出。
- -p 或--pretty：用于用户友好的输出。
- -h 或--help：显示帮助信息。

微课 6-6
nmcli 命令的应用

对于不同的对象有不同的子命令。

步骤 1：管理 general 对象，相关命令如下。
- nmcli general status：显示网络管理器的状态信息，包括运行状态、连接状态和设备状态等。
- nmcli general hostname[host-name]：显示或设置主机名，如图 6-19 所示。
- nmcli general permissions：显示或修改 NetworkManager 的访问控制权限。
- nmcli general log：用户查看和更改 NetworkManager 的日志记录级别，这对于诊断网络问题或监控网络活动非常有用。通过调整日志级别，用户可以控制 NetworkManager 输出到系统日志（如 syslog）的信息量。

步骤 2：管理 networking 对象，相关命令如下。
- nmcli networking on：启用所有网络连接。

```
[root@cjl ~]# nmcli general hostname openEuler01
[root@cjl ~]# su

Welcome to 5.10.0-216.0.0.115.oe2203sp4.x86_64

System information as of time:    Fri Jan 24 07:10:58 PM +11 2025

System load:      0.02
Memory used:      9.3%
Swap used:        0%
Usage On:         9%
IP address:       192.168.10.100
IP address:       192.168.1.100
Users online:     1

[root@openEuler01 ~]#
```

图 6-19 修改主机名并生效

- nmcli networking off：禁用所有网络连接。
- nmcli networking connectivity [check]：连接检查，如图 6-20 所示。

```
[root@openEuler01 ~]# nmcli networking connectivity check
full
```

图 6-20 网络连接 full 状态

网络连接常见状态如下。
- full：主机可以访问互联网上的服务。
- limited：主机可以访问本地网络或某些受限的网络资源，但不能完全访问互联。
- none：主机无法连接到任何网络资源。
- unknown：无法确定连接状态。

步骤 3：管理 radio 对象，相关命令如下。
- nmcli radio wifi on：启用 Wi-Fi。
- nmcli radio wifi off：禁用 Wi-Fi。
- nmcli radio bluetooth on：启用蓝牙（如果系统支持）。
- nmcli radio bluetooth off：禁用蓝牙（如果系统支持）。

步骤 4：管理 connection 对象，相关命令如下。
- nmcli connection show[--active]：显示所有或者激活的网络连接的详细信息，包括连接名称、类型、连接设备等，如图 6-21 所示。

```
[root@openEuler01 ~]# nmcli c show
NAME    UUID                                  TYPE      DEVICE
enp0s3  3c36b8c2-334b-57c7-91b6-4401f3489c69  ethernet  enp0s3
enp0s8  00cb8299-feb9-55b6-a378-3fdc720e0bc6  ethernet  enp0s8
enp0s9  c6444613-d477-4925-bdff-72284f8134bf  ethernet  --
[root@openEuler01 ~]# nmcli connection show --active
NAME    UUID                                  TYPE      DEVICE
enp0s3  3c36b8c2-334b-57c7-91b6-4401f3489c69  ethernet  enp0s3
enp0s8  00cb8299-feb9-55b6-a378-3fdc720e0bc6  ethernet  enp0s8
```

图 6-21 显示连接状况

- nmcli connection up <CONNECTION-NAME>：启用指定的网络连接。
- nmcli connection down <CONNECTION-NAME>：禁用指定的网络连接，如图 6-22 所示，禁用 enp0s8。

```
[root@openEuler01 ~]# nmcli connection show --active
NAME    UUID                                  TYPE      DEVICE
enp0s3  3c36b8c2-334b-57c7-91b6-4401f3489c69  ethernet  enp0s3
enp0s8  00cb8299-feb9-55b6-a378-3fdc720e0bc6  ethernet  enp0s8
[root@openEuler01 ~]# nmcli connection down enp0s8
Connection 'enp0s8' successfully deactivated (D-Bus active path: /org/freedesktp/NetworkManager/ActiveConnection/2)
[root@openEuler01 ~]# nmcli connection show --active
NAME    UUID                                  TYPE      DEVICE
enp0s3  3c36b8c2-334b-57c7-91b6-4401f3489c69  ethernet  enp0s3
```

图 6-22　禁用指定的网络连接

- nmcli connection add type <连接类型> <属性名 属性值>…：添加新的网络连接，如以太网、Wi-Fi 或 VPN。如图 6-23 所示，添加一个以太网类型的连接。

```
[root@openEuler01 network-scripts]# nmcli conn show
NAME    UUID                                  TYPE      DEVICE
enp0s3  3c36b8c2-334b-57c7-91b6-4401f3489c69  ethernet  enp0s3
[root@openEuler01 network-scripts]# nmcli conn add type ethernet ifname enp0s8 con-name enp0s8 ipv4.addresses 192.168.1.100/24 ipv4.gateway 192.168.1.1 ipv4.method manual ipv4.dns "8.8.8.8 8.8.4.4"
Connection 'enp0s8' (7a77716e-462f-4d1b-83b9-a747b0e7d4f5) successfully added.
[root@openEuler01 network-scripts]# nmcli conn show
NAME    UUID                                  TYPE      DEVICE
enp0s3  3c36b8c2-334b-57c7-91b6-4401f3489c69  ethernet  enp0s3
enp0s8  7a77716e-462f-4d1b-83b9-a747b0e7d4f5  ethernet  enp0s8
[root@openEuler01 network-scripts]# ls
ifcfg-enp0s3  ifcfg-enp0s8
```

图 6-23　添加一个以太网类型的连接

各参数说明如下。

type ethernet：类型为以太网。

ifname enp0s8：对应的接口名称。

con-name enp0s8：连接名称。

ipv4.addresses 192.168.1.100/24：IPv4 地址及子网掩码。

ipv4.gateway 192.168.1.1：IPv4 的网关地址。

ipv4.method manual：IPv4 的获取方法为手动。

ipv4.dns "8.8.8.8,8.8.4.4"：IPv4 的首选及备用 DNS。

命令执行成功后，在/etc/sysconfig/network-scripts 下生成连接的配置文件 ifcfg-enp0s8。

- nmcli connection modify <连接名> <属性名> <属性值>：修改指定网络连接的属性，如 IP 地址、网关、DNS 等。如图 6-24 所示，修改连接的 DNS 属性。

```
[root@openEuler01 network-scripts]# nmcli conn modi enp0s8 ipv4.dns "192.168.1.10"
[root@openEuler01 network-scripts]# nmcli conn show enp0s8 |grep 'ipv4.dns'
ipv4.dns:                               192.168.1.10
ipv4.dns-search:                        --
ipv4.dns-options:                       --
ipv4.dns-priority:                      0
```

图 6-24　修改 DNS 属性

- nmcli connection modify <连接名> autoconnect yes：设置连接开机自动启动。
- nmcli connection up(down) <连接名>：启用（关闭）连接，如图 6-25 所示。

```
[root@openEuler01 network-scripts]# nmcli conn down enp0s8
Connection 'enp0s8' successfully deactivated (D-Bus active path: /org/freedesktop/NetworkM
anager/ActiveConnection/4)
[root@openEuler01 network-scripts]# nmcli conn show
NAME    UUID                                  TYPE      DEVICE
enp0s3  3c36b8c2-334b-57c7-91b6-4401f3489c69  ethernet  enp0s3
enp0s8  7a77716e-462f-4d1b-83b9-a747b0e7d4f5  ethernet  --
[root@openEuler01 network-scripts]# nmcli conn up enp0s8
Connection successfully activated (D-Bus active path: /org/freedesktop/NetworkManager/Acti
veConnection/5)
[root@openEuler01 network-scripts]# nmcli conn show
NAME    UUID                                  TYPE      DEVICE
enp0s3  3c36b8c2-334b-57c7-91b6-4401f3489c69  ethernet  enp0s3
enp0s8  7a77716e-462f-4d1b-83b9-a747b0e7d4f5  ethernet  enp0s8
```

图 6-25 启用或关闭连接

- nmcli connection reload <连接名>：重载所有或指定连接。当网络连接配置文件发生更改后，可以使用此命令使更改生效，这不会断开现有的连接，但会重新应用配置。
- nmcli connection delete <连接名>：删除指定的网络连接，如图 6-26 所示。

```
[root@openEuler01 network-scripts]# nmcli conn show
NAME    UUID                                  TYPE      DEVICE
enp0s3  3c36b8c2-334b-57c7-91b6-4401f3489c69  ethernet  enp0s3
enp0s8  7a77716e-462f-4d1b-83b9-a747b0e7d4f5  ethernet  enp0s8
[root@openEuler01 network-scripts]# nmcli conn del enp0s8
Connection 'enp0s8' (7a77716e-462f-4d1b-83b9-a747b0e7d4f5) successfully deleted.
[root@openEuler01 network-scripts]# nmcli conn show
NAME    UUID                                  TYPE      DEVICE
enp0s3  3c36b8c2-334b-57c7-91b6-4401f3489c69  ethernet  enp0s3
```

图 6-26 删除指定的网络连接

步骤 5：管理 device 对象，相关命令如下。
- nmcli device status：显示所有网络设备的详细信息，包括设备名称、类型、连接状态等，如图 6-27 所示。

```
[root@openEuler01 network-scripts]# nmcli device status
DEVICE  TYPE      STATE         CONNECTION
enp0s3  ethernet  connected     enp0s3
enp0s8  ethernet  disconnected  --
lo      loopback  unmanaged     --
```

图 6-27 设备的状态信息

lo 环回口处于 unmanaged 状态，即不在 NetworkManager 的管辖之中。lo 接口的配置通常是由系统内部自动完成的，无须外部网络管理工具（如 NetworkManager）的介入。

- nmcli device show [设备名]：显示所有或指定网络设备的详细信息，如图 6-28 所示。
- nmcli device wifi list：显示附近的无线网络设备的详细信息。
- nmcli device wifi connect <SSID> password <PASSWORD>：连接到指定的无线网络。

在没有歧义的情况下，nmcli 命令中的对象和子命令可以作一个或一个以上的字母的减写。

```
[root@openEuler01 NetworkManager]# nmcli   device show enp0s3
GENERAL.DEVICE:                         enp0s3
GENERAL.TYPE:                           ethernet
GENERAL.HWADDR:                         08:00:27:9A:7E:BF
GENERAL.MTU:                            1500
GENERAL.STATE:                          100 (connected)
GENERAL.CONNECTION:                     enp0s3
GENERAL.CON-PATH:                       /org/freedesktop/NetworkManager/ActiveConnection/1
WIRED-PROPERTIES.CARRIER:               on
IP4.ADDRESS[1]:                         192.168.10.100/24
IP4.GATEWAY:                            192.168.10.1
IP4.ROUTE[1]:                           dst = 0.0.0.0/0, nh = 192.168.10.1, mt = 100
IP4.ROUTE[2]:                           dst = 192.168.10.0/24, nh = 0.0.0.0, mt = 100
IP4.DNS[1]:                             192.168.10.1
```

图 6-28　设备的详细信息

任务 5：其他常用网络命令的应用

任务描述：前面的任务都是实现对网络设备及网络连接的管理，在进行网络系统运维时，还需要结合其他网络管理命令进行网络状态查看及故障排除。

步骤 1：ping 命令的使用。该命令用于进行网络连通性的检查。

【命令格式】ping [选项] <目标>

目标：可以是一个 IP 地址或一个域名。

常用选项如下。

- -c：指定包的数量，默认情况下一直发包。
- -i：指定包之间的发送间隔时间，默认为 1 秒。
- -s：指定发出数据包的大小，默认 64 B。

如图 6-29 和图 6-30 所示，以大小 32 B 向目标节点发送两个包。

微课 6-7
其他网络
命令的应用

```
[root@openEuler01 ~]# ping -c  2  -s 32 192.168.10.1
PING 192.168.10.1 (192.168.10.1) 32(60) bytes of data.
40 bytes from 192.168.10.1: icmp_seq=1 ttl=64 time=1.44 ms
40 bytes from 192.168.10.1: icmp_seq=2 ttl=64 time=2.29 ms

--- 192.168.10.1 ping statistics ---
2 packets transmitted, 2 received, 0% packet loss, time 1002ms
rtt min/avg/max/mdev = 1.440/1.864/2.289/0.424 ms
```

图 6-29　以特定参数测试网络连通性

```
[root@openEuler01 ~]# ping -c  2  -s 48 172.26.1.1
PING 172.26.1.1 (172.26.1.1) 48(76) bytes of data.

--- 172.26.1.1 ping statistics ---
2 packets transmitted, 0 received, 100% packet loss, time 1045ms
```

图 6-30　与目标不能连通的情况

1）指定数据包大小为 32 B，回显示包大小是 40 B，是加上了 ICMP 的包头大小。

2）ping 不通目标并不代表链路一定不能连通，有些目标节点可能会过滤 ping 包。

步骤 2：netstat 命令的使用。该命令可以显示网络连接、路由表、接口统计数据、伪装连接和多播成员资格等信息，为网络监控及故障排查提供了很好的依据。

【命令格式】netstat [选项]

常用选项如下。
- -a：显示所有连接和监听端口，包括 TCP 和 UDP 连接。
- -t：仅显示 TCP 连接。
- -u：仅显示 UDP 连接。
- -l：仅显示监听状态的套接字。
- -n：以数字形式显示地址和端口号，不进行名称解析，加快输出速度。
- -p：显示每个连接的进程 ID（PID）和程序名称，需要超级用户权限。
- -r：显示路由表信息。
- -s：显示每个协议的统计信息，如传输的数据包数量、错误和丢弃的包等。
- -i：显示网络接口的统计信息。
- -c：持续输出网络状态信息，每隔一段时间刷新一次。

如图 6-31 所示，以数字方式显示系统中 TCP 连接的相关信息，包括接收/发送数据包的数量，源目 IP 地址及端口号，连接状态及连接进程的 ID 和进程名。

```
[root@openEuler01 ~]# netstat -antp
Active Internet connections (servers and established)
Proto Recv-Q Send-Q Local Address         Foreign Address        State       PID/Program name
tcp        0      0 0.0.0.0:111           0.0.0.0:*              LISTEN      763/rpcbind
tcp        0      0 0.0.0.0:22            0.0.0.0:*              LISTEN      860/sshd: /usr/sbin
tcp        0     64 192.168.10.100:22     192.168.10.4:56615     ESTABLISHED 2542/sshd: root [pr
tcp6       0      0 :::111                :::*                   LISTEN      763/rpcbind
tcp6       0      0 :::22                 :::*                   LISTEN      860/sshd: /usr/sbin
```

图 6-31　TCP 连接的相关信息

如图 6-32 所示，显示系统中的路由表。

```
[root@openEuler01 ~]# netstat -r
Kernel IP routing table
Destination     Gateway         Genmask         Flags   MSS Window  irtt Iface
default         gateway         0.0.0.0         UG        0 0          0 enp0s3
192.168.10.0    0.0.0.0         255.255.255.0   U         0 0          0 enp0s3
```

图 6-32　显示系统中的路由表

与 netstat 命令类似的还有 ss 命令。

步骤 3：traceroute 命令的使用。该命令用于追踪从源主机到目标主机的数据包所经过的路径，以帮助管理员或开发人员了解数据包在网络中是如何流动的，并可以用来检测网络故障点。

【命令格式】traceroute [选项] <目标主机名或 IP 地址>

常用选项如下。
- -n：不对外部地址进行 DNS 解析，直接显示 IP 地址，加快命令执行速度。
- -m：设置最大跳数（TTL 值），用于限制路由追踪的跳数。
- -q：设置每一跳发送的查询数，默认为 3。
- -i：使用特定的网络接口发送数据包。

如图 6-33 所示，追踪到达 8.8.8.8 的路由，经过 15 跳到达。

```
[root@openEuler01 yum.repos.d]# traceroute 8.8.8.8
traceroute to 8.8.8.8 (8.8.8.8), 30 hops max, 60 byte packets
 1  gateway (192.168.10.1)  4.359 ms  4.841 ms  4.829 ms
 2  192.168.1.1 (192.168.1.1)  4.819 ms  4.808 ms  5.031 ms
 3  * * *
 4  111.47.95.33 (111.47.95.33)  12.829 ms  12.796 ms  12.735 ms
 5  120.202.0.65 (120.202.0.65)  14.197 ms  14.549 ms  15.140 ms
 6  221.183.39.213 (221.183.39.213)  16.269 ms  221.183.39.209 (221.183.39.209)  9.329 ms
 7  221.183.40.49 (221.183.40.49)  22.538 ms  221.183.150.94 (221.183.150.94)  25.206 ms  25.831 ms
 8  * 221.183.89.9 (221.183.89.9)  30.569 ms  221.183.89.45 (221.183.89.45)  26.398 ms
 9  221.183.89.34 (221.183.89.34)  27.068 ms  31.377 ms  221.183.89.70 (221.183.89.70)  34.017 ms
10  221.183.89.181 (221.183.89.181)  31.391 ms  221.183.89.177 (221.183.89.177)  34.806 ms *
11  223.120.3.193 (223.120.3.193)  59.593 ms  223.120.3.177 (223.120.3.177)  58.010 ms  223.120.3.185
    (223.120.3.185)  59.192 ms
12  223.120.2.118 (223.120.2.118)  60.613 ms  223.120.2.42 (223.120.2.42)  57.883 ms  57.214 ms
13  223.119.17.154 (223.119.17.154)  53.780 ms  223.120.2.118 (223.120.2.118)  53.567 ms  223.119.17.
154 (223.119.17.154)  52.833 ms
14  223.119.17.154 (223.119.17.154)  58.939 ms  54.404 ms  58.999 ms
15  dns.google (8.8.8.8)  61.142 ms  68.798 ms  69.099 ms
```

图 6-33　追踪路由

👑 追踪过程中的 "＊＊＊＊" 表示路由器配置为不响应 ICMP 请求，或者出于安全考虑过滤掉了这些请求。

6.3　能力拓展

拓展任务 1：VirtualBox 中虚拟网络的应用

虚拟化软件 VirtualBox 为客户机之间或者客户机与其他物理机之间提供了多种网络连接形式，如图 6-34 所示。其中，最为常见的有 4 种，每一种网络连接形式适用于不同的场合，用户应能根据具体需要进行合适的选择。

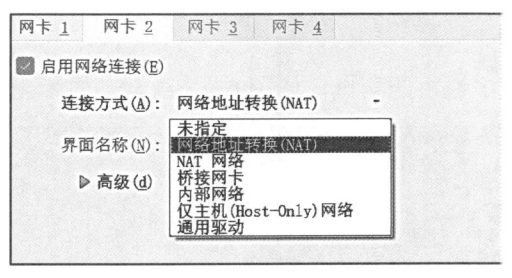

微课 6-8
VirtualBox 中
虚拟网络的
应用

图 6-34　VirtualBox 的网络连接形式

1. 网络地址转换（NAT）方式的应用

该种模式下，虚拟机通过虚拟 DHCP 服务器获取一个私网的 IP 地址及相关参数，需要访问外部网络时，再通过虚拟 NAT 服务器将私网地址映射到宿主机的 IP 地址。因为多台采用同样连接方式的虚拟机之间是隔离的，所以外部网络也无法直接访问虚拟机（除非进行端口映射）。

步骤 1：启用虚拟机的第 2 块网卡，并设置为"网络地址转换（NAT）"，如图 6-34 所示。

步骤 2：为网卡添加连接，并将地址获取方式设置为 auto，如图 6-35 所示。

```
[root@openEuler01 network-scripts]# nmcli conn add type ethernet if
name enp0s8 con-name enp0s8 ipv4.method auto
Connection 'enp0s8' (0f8db09c-a99a-4699-b371-5b8798b5a213) successfully
 added.
[root@openEuler01 network-scripts]# nmcli conn show
NAME       UUID                                  TYPE      DEVICE
enp0s3     3c36b9c2-334b-57c7-91b6-4401f3489c69  ethernet  enp0s3
enp0s8     0f8db09c-a99a-4699-b371-5b8798b5a213  ethernet  enp0s8
[root@openEuler01 network-scripts]# ip a show enp0s8
3: enp0s8: <BROADCAST,MULTICAST,UP,LOWER_UP> mtu 1500 qdisc fq_codel st
ate UP group default qlen 1000
    link/ether 08:00:27:30:bd:92 brd ff:ff:ff:ff:ff:ff
    inet 10.0.3.15/24 brd 10.0.3.255 scope global dynamic noprefixroute
 enp0s8
       valid_lft 86298sec preferred_lft 86298sec
    inet6 fe80::ebef:553b:1daa:334f/64 scope link noprefixroute
       valid_lft forever preferred_lft forever
```

图 6-35　准备好 NAT 网卡的网络参数

步骤 3：查看网络地址转换（NAT）网络的网关，如图 6-36 所示。

```
[root@openEuler01 network-scripts]# nmcli device show | grep IP4.GATEWAY
IP4.GATEWAY:                            192.168.10.1
IP4.GATEWAY:                            10.0.3.2
```

图 6-36　enp0s8 的网关

步骤 4：用 enp0s8 接口进行外网连通性测试，如图 6-37 所示。

```
[root@openEuler01 network-scripts]# ping -I enp0s8 www.baidu.com
PING (36.152.44.96) from 10.0.3.15 enp0s8: 56(84) bytes of data.
64 bytes from www.baidu.com (36.152.44.96): icmp_seq=1 ttl=51 time=23.4 ms
64 bytes from www.baidu.com (36.152.44.96): icmp_seq=2 ttl=51 time=23.3 ms
64 bytes from www.baidu.com (36.152.44.96): icmp_seq=3 ttl=51 time=22.9 ms
64 bytes from www.baidu.com (36.152.44.96): icmp_seq=4 ttl=51 time=23.7 ms
64 bytes from www.baidu.com (36.152.44.96): icmp_seq=5 ttl=51 time=23.1 ms
^C
```

图 6-37　NAT 连接方式的外网访问

步骤 5：宿主机访问虚拟机的测试，如图 6-38 所示，显示无法访问。

```
C:\Users\chen>ping 10.0.3.15
正在 Ping 10.0.3.15 具有 32 字节的数据:
请求超时。
请求超时。
请求超时。
请求超时。

10.0.3.15 的 Ping 统计信息:
    数据包: 已发送 = 4, 已接收 = 0, 丢失 = 4 (100% 丢失),
```

图 6-38　由外到内的访问测试

2. 桥接网卡方式的应用

在该方式下，虚拟机通过宿主机网卡架设桥梁直接连接到物理网络，虚拟机拥有独立的 IP 地址，且与主机处于同一网络中，因此虚拟机可以与外部设备自由通信，且可以被外部设备访问到。

步骤1：将网卡1设置为桥接网卡模式，如图6-39所示。

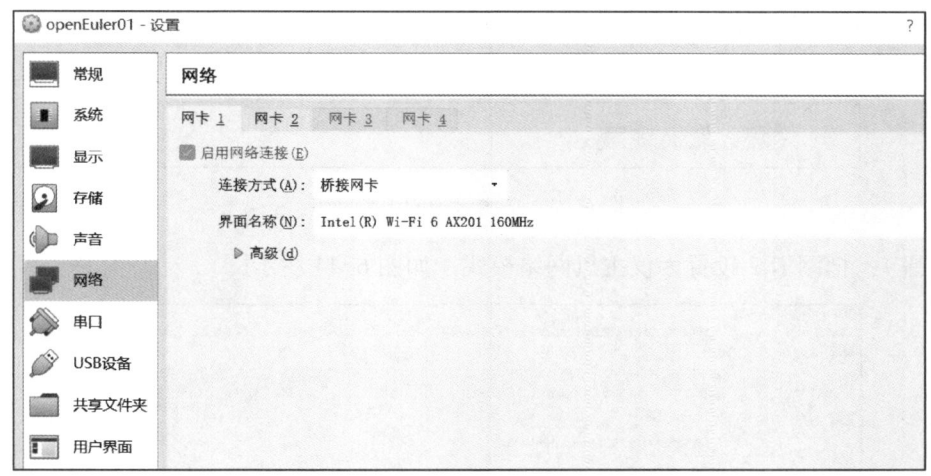

图6-39　桥接网卡模式

步骤2：设置好IP地址，与宿主机在同一网段，如图6-40所示。

```
[root@openEuler01 ~]# ip a show enp0s3
2: enp0s3: <BROADCAST,MULTICAST,UP,LOWER_UP> mtu 1500 qdisc fq_codel state UP gr
oup default qlen 1000
    link/ether 08:00:27:9a:7e:bf brd ff:ff:ff:ff:ff:ff
    inet 192.168.10.20/24 brd 192.168.10.255 scope global noprefixroute enp0s3
       valid_lft forever preferred_lft forever
    inet6 2409:8a4c:9022:53e1:a00:27ff:fe9a:7ebf/64 scope global dynamic mngtmpa
ddr
       valid_lft 83362sec preferred_lft 562sec
    inet6 fe80::a00:27ff:fe9a:7ebf/64 scope link
       valid_lft forever preferred_lft forever
```

图6-40　桥接网卡的IP地址

步骤3：测试与外网的连通性，如图6-41所示。

```
[root@openEuler01 ~]# ping -I enp0s3 www.baidu.com
PING www.baidu.com (36.152.44.96) from 192.168.10.20 enp0s3: 56(84) bytes of dat
a.
64 bytes from www.baidu.com (36.152.44.96): icmp_seq=1 ttl=52 time=24.9 ms
64 bytes from www.baidu.com (36.152.44.96): icmp_seq=2 ttl=52 time=22.7 ms
64 bytes from www.baidu.com (36.152.44.96): icmp_seq=3 ttl=52 time=22.9 ms
64 bytes from www.baidu.com (36.152.44.96): icmp_seq=4 ttl=52 time=23.8 ms
^C
--- www.baidu.com ping statistics ---
4 packets transmitted, 4 received, 0% packet loss, time 3005ms
rtt min/avg/max/mdev = 22.692/23.573/24.855/0.852 ms
```

图6-41　测试与外网的连通性

步骤4：宿主机访问虚拟机的测试，如图6-42所示，显示能正常访问。

```
C:\Users\chen>ping 192.168.10.20

正在 Ping 192.168.10.20 具有 32 字节的数据:
来自 192.168.10.20 的回复: 字节=32 时间<1ms TTL=64
来自 192.168.10.20 的回复: 字节=32 时间<1ms TTL=64
来自 192.168.10.20 的回复: 字节=32 时间<1ms TTL=64
来自 192.168.10.20 的回复: 字节=32 时间<1ms TTL=64

192.168.10.20 的 Ping 统计信息:
    数据包: 已发送 = 4，已接收 = 4，丢失 = 0 (0% 丢失)，
往返行程的估计时间(以毫秒为单位):
    最短 = 0ms，最长 = 0ms，平均 = 0ms
```

图6-42　宿主机访问虚拟机的连通测试

3. 仅主机（Host-Only）网络方式的应用

在该方式下虚拟机之间可以相互通信，宿主机通过 Virtualbox 生成的虚拟网卡（图 6-43）与虚拟机通信，虚拟机无法访问外网，外网也不能访问虚拟机。

图 6-43　宿主机中的虚拟网卡

步骤 1：把网卡 2 设置为仅主机网络模式，如图 6-44 所示。

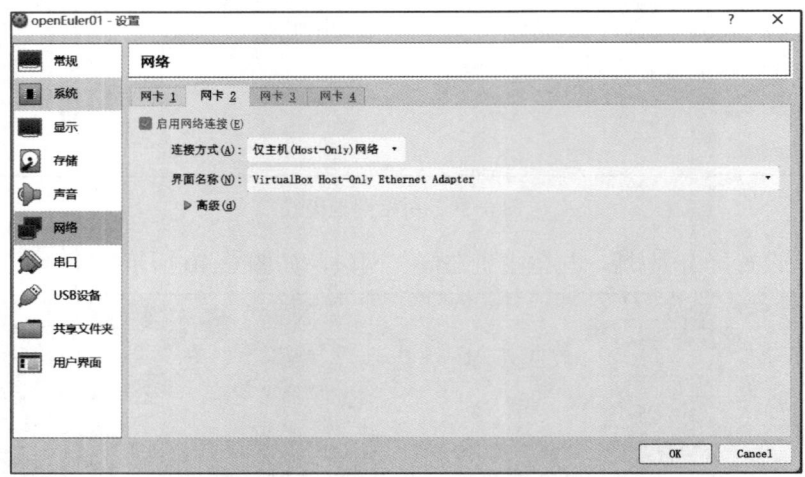

图 6-44　仅主机网络模式

步骤 2：打开"主机网络管理器"界面，选择 VirtualBox Host-Only Ethernet Adapter，在其中选中"启用"复选框，自动或者手动配置网卡地址，如图 6-45 所示。

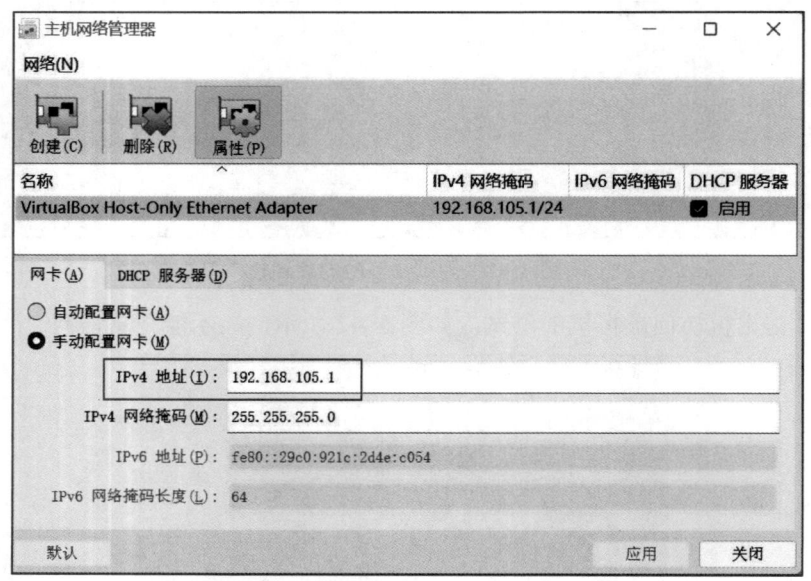

图 6-45　设置宿主机的网卡参数

步骤 3：选择"DHCP 服务器"选项卡，查看 DHCP 服务器的相关参数，如图 6-46 所示。

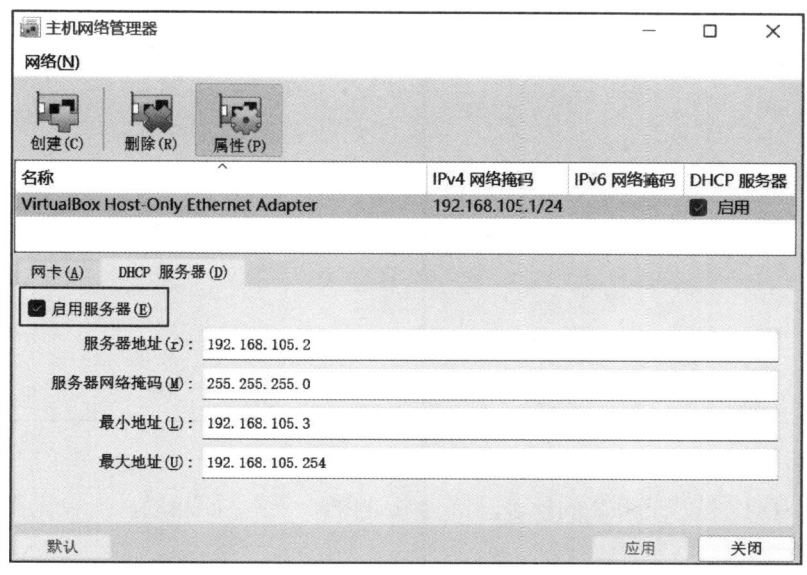

图 6-46　DHCP 服务器参数

步骤 4：重启 enp0s8，查看所获取到的地址，如图 6-47 所示。

```
[root@openEuler01 ~]# ip a show enp0s8
3: enp0s8: <BROADCAST,MULTICAST,UP,LOWER_UP> mtu 1500 qdisc fq_codel state UP gr
oup default qlen 1000
    link/ether 08:00:27:30:bd:92 brd ff:ff:ff:ff:ff:ff
    inet 192.168.105.3/24 brd 192.168.105.255 scope global dynamic noprefixroute
 enp0s8
       valid_lft 1193sec preferred_lft 1193sec
    inet6 fe80::ebef:553b:1daa:334f/64 scope link noprefixroute
       valid_lft forever preferred_lft forever
```

图 6-47　虚拟机获取到的地址

步骤 5：测试虚拟机与宿主机之间的连通性，如图 6-48 所示。

```
[root@openEuler01 ~]# ping -I enp0s8 192.168.105.1
PING 192.168.105.1 (192.168.105.1) from 192.168.105.3 enp0s8: 56(84) bytes of da
ta.
64 bytes from 192.168.105.1: icmp_seq=1 ttl=128 time=1.32 ms
64 bytes from 192.168.105.1: icmp_seq=2 ttl=128 time=0.214 ms
64 bytes from 192.168.105.1: icmp_seq=3 ttl=128 time=0.373 ms
^C
--- 192.168.105.1 ping statistics ---
3 packets transmitted, 3 received, 0% packet loss, time 2048ms
rtt min/avg/max/mdev = 0.214/0.637/1.324/0.490 ms
```

图 6-48　虚拟机与宿主机之间的连通性测试

注意测试所用的宿主机的地址是虚拟网卡的地址。

4. 内部网络方式的应用

该方式下虚拟机之间可通过内部网络进行互访，但虚拟机与外部网络完全隔离，相互之间都不能访问。该模式下没有 DHCP 服务器，只能手工配置虚拟机的网络参数。

步骤 1：将网卡 enp0s8 改为内部网络模式，如图 6-49 所示。

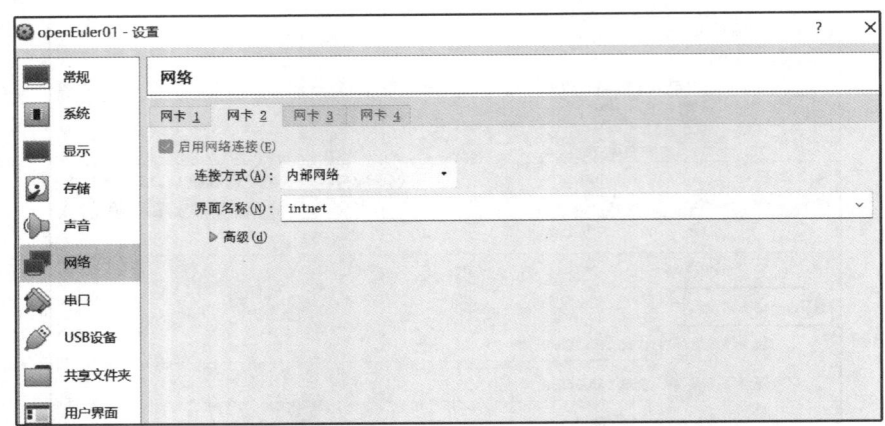

图 6-49 内部网络模式

步骤 2：手工设置 enp0s8 的地址，因为只是内部网络之间相通，所以无需网关和 DNS 参数，如图 6-50 所示。

```
[root@openEuler01 network-scripts]# nmcli conn modi enp0s8 ipv4.method manual ipv4.address 10.0.0.1/24
[root@openEuler01 network-scripts]# ip a show enp0s8
3: enp0s8: <BROADCAST,MULTICAST,UP,LOWER_UP> mtu 1500 qdisc fq_codel state UP gr
oup default qlen 1000
    link/ether 08:00:27:30:bd:92 brd ff:ff:ff:ff:ff:ff
    inet 10.0.0.1/24 brd 10.0.0.255 scope global noprefixroute enp0s8
       valid_lft forever preferred_lft forever
    inet6 fe80::ebef:553b:1daa:334f/64 scope link noprefixroute
       valid_lft forever preferred_lft forever
```

图 6-50 手工设置参数

步骤 3：开启另一台虚拟机，并进行同样的网络类型选择和地址配置，如图 6-51 所示。

```
[root@openEuler02 network-scripts]# nmcli conn modi enp0s8 ipv4.method manual ipv4.address 10.0.0.2/24
[root@openEuler02 network-scripts]# ip a show enp0s8
3: enp0s8: <BROADCAST,MULTICAST,UP,LOWER_UP> mtu 1500 qdisc fq_codel state UP gr
oup default qlen 1000
    link/ether 08:00:27:82:bf:19 brd ff:ff:ff:ff:ff:ff
    inet 10.0.0.2/24 brd 10.0.0.255 scope global noprefixroute enp0s8
       valid_lft forever preferred_lft forever
    inet6 fe80::a00:27ff:fe82:bf19/64 scope link
       valid_lft forever preferred_lft forever
```

图 6-51 另一台虚拟机的网络配置

步骤 4：两台虚拟机之间进行网络连通性测试，如图 6-52 所示。

```
[root@openEuler01 network-scripts]# ping -I enp0s8 10.0.0.2
PING 10.0.0.2 (10.0.0.2) from 10.0.0.1 enp0s8: 56(84) bytes of data.
64 bytes from 10.0.0.2: icmp_seq=1 ttl=64 time=1.45 ms
64 bytes from 10.0.0.2: icmp_seq=2 ttl=64 time=0.265 ms
64 bytes from 10.0.0.2: icmp_seq=3 ttl=64 time=0.238 ms
^C
--- 10.0.0.2 ping statistics ---
3 packets transmitted, 3 received, 0% packet loss, time 2036ms
rtt min/avg/max/mdev = 0.238/0.650/1.449/0.564 ms
```

图 6-52 内部网络中的两台虚拟机之间进行网络连通性测试

拓展任务 2：firewalld 的应用

firewalld 是 openEuler 系统中的一个防火墙前端管理工具，以守护进程的方式提供服务，借助后端防火墙引擎可以方便地进行网络流量的控制，主要具有如下几个特点。

1）动态管理：firewalld 支持动态地添加、删除和修改防火墙规则，而无须重启防火墙服务。

2）图形化界面：firewalld 提供了图形化的界面，使得配置和管理防火墙规则变得更加简单。

3）支持多种防火墙后端引擎：GNU/Linux 发行版中防火墙引擎逐步从 iptables 向 nftables 迁移，firewalld 是目前唯一能够支持这两种防火墙后端引擎的前端服务组件。

4）灵活的配置选项：用户可以根据实际需要定义和配置不同的区域和服务，并且可以通过端口或其他规则来进一步细化配置。

firewalld 是一个基于主机的防火墙，根据主机的工作位置不同分成几个区域，不同的区域有不同的默认信任级别和规则集，常见的区域有以下一些类型。

1）Public（公共）：表示公共、不受信任的网络。在这个区域中，不信任其他计算机，但可能会根据情况允许选定的传入连接。

2）External（外部）：用于启用伪装的外部网络，只接受选定的传入连接，通过此区域转发的 IPv4 传出流量将进行地址伪装。

3）DMZ（隔离区）：隔离区域，也称为非军事区域，内外网络之间增加的一层网络，起到缓冲作用。对于隔离区域，只有选择接受传入的网络连接，通常用于放置可公开访问但对内部网络有限制访问的服务器。

4）Internal（内部）：用于内部网络，除非与传出流量相关，或与 SSH、IPP-client、MDNS、Samba-client、DHCPv6-client 预定义服务匹配，否则拒绝流量传入。

5）Trusted（受信任区域）：可接收所有的网络连接，该区域绑定的规则（如网卡、源网段、服务等）不受防火墙阻挡，所有流量均可通过，谨慎使用。

firewalld 服务管理的相关操作命令如下。

- 启动防火墙服务：systemctl start firewalld。
- 停止防火墙服务：systemctl stop firewalld。
- 重启防火墙服务：sudo systemctl restart firewalld。
- 查看防火墙服务状态：systemctl status firewalld。

微课 6-9
firewalld 的应用

1. 查看防火墙当前规则

如图 6-53 所示，配置文件定义了名为 public 的活动区域，也是默认的工作区域。区域中有 enp0s3 和 enp0s8 两个端口，允许 DHCPv6-client、MDNS、SSH 这 3 个服务通过并打开了 IP 转发设置，没有启用源地址伪装、端口转发、源端口限制、ICMP 阻塞规则或富规则。

2. 常用配置命令

- firewall-cmd --zone=public --add-port=80/tcp -permanent：在 Public 区域永久添加对 80 号端口的访问。

- firewall-cmd --zone=public --remove-port=80/tcp -permanent：拒绝对 80 号端口的访问通过 Public 区域。

```
[root@openEuler01 ~]# firewall-cmd  --list-all
public (active)
  target: default
  icmp-block-inversion: no
  interfaces: enp0s3 enp0s8
  sources:
  services: dhcpv6-client mdns ssh
  ports:
  protocols:
  forward: yes
  masquerade: no
  forward-ports:
  source-ports:
  icmp-blocks:
  rich rules:
```

图 6-53　firewalld 的默认规则

- firewall-cmd --zone=public --add-service=http：打开一个服务。
- firewall-cmd --zone=public --remove-service=http：移除一个服务。
- firewall-cmd --panic-on：拒绝所有包通过。
- firewall-cmd --panic-off：取消拒绝所有包。
- firewall-cmd --query-panic：查看是否拒绝所有包通过。
- firewall-cmd --zone=public --add-interface=enp0s4：将网口添加到区域，默认都在 Public 区域。
- firewall-cmd --set-default-zone=public：设置默认工作区域。
- firewall-cmd --zone=public --list-ports：查看区域所有打开的端口。

3. 配置举例 1：拒绝 ping 命令

默认状态下，防火墙不对 ICMP 所有报文类型阻塞，因此要拒绝 ping 命令就要添加对 echo-request 报文的阻塞。

步骤 1：查看 firewalld 对 echo-request 报文的状态，如图 6-54 所示。

```
[root@openEuler01 ~]# firewall-cmd  --query-icmp-block=echo-request
no
```

图 6-54　echo-request 的默认阻塞状态

步骤 2：测试宿主机 ping 虚拟机状态，如图 6-55 所示，能正常 ping 通。

```
C:\Users\chen>ping 192.168.10.20

正在 Ping 192.168.10.20 具有 32 字节的数据:
来自 192.168.10.20 的回复: 字节=32 时间<1ms TTL=64
来自 192.168.10.20 的回复: 字节=32 时间<1ms TTL=64
来自 192.168.10.20 的回复: 字节=32 时间<1ms TTL=64
来自 192.168.10.20 的回复: 字节=32 时间<1ms TTL=64
```

图 6-55　默认 ping 状态

步骤 3：在 public 区域中添加对 echo-request 报文的阻塞，如图 6-56 所示。

```
[root@openEuler01 ~]# firewall-cmd  --add-icmp-block="echo-request"  --zone=public
success
[root@openEuler01 ~]# firewall-cmd  --reload
success
```

图 6-56　添加 echo-request 报文阻塞

步骤 4：再次测试 ping 命令结果，如图 6-57 所示，不能 ping 通。

```
C:\Users\chen>ping 192.168.10.20
正在 Ping 192.168.10.20 具有 32 字节的数据:
来自 192.168.10.20 的回复: 无法访问目标网。
来自 192.168.10.20 的回复: 无法访问目标网。
来自 192.168.10.20 的回复: 无法访问目标网。
来自 192.168.10.20 的回复: 无法访问目标网。
```

图 6-57　阻塞后的 ping 状态

👉 firewalld 的配置结果即时生效，但如果想让配置效果永久生效，需要在配置命令中添加 --permanent 选项。

4. 配置举例 2：拒绝对 SSH 服务的访问

默认情况下，firewalld 会放行对 SSH 服务的访问，因此可以通过 SSH 客户端软件远程登录虚拟机。要拒绝对 SSH 服务的访问，则需要添加对应服务或端口的拒绝。

步骤 1：查询对 SSH 服务的默认状态，如图 6-58 所示。

```
[root@openEuler01 ~]# firewall-cmd --list-services
dhcpv6-client mdns ssh
```

图 6-58　默认对 SSH 服务的支持状态

步骤 2：测试服务的可用性，如图 6-59 所示，能让客户端登录。

```
login as: root
Pre-authentication banner message from server:
Authorized users only. All activities may be monitored and reported.
End of banner message from server
root@192.168.10.20's password:
```

图 6-59　可登录状态

步骤 3：移除对 SSH 服务通行的支持，如图 6-60 所示。

```
[root@openEuler01 ~]# firewall-cmd --remove-service=ssh
success
[root@openEuler01 ~]#
[root@openEuler01 ~]# firewall-cmd --list-services
dhcpv6-client mdns
```

图 6-60　移除对 SSH 服务通行的支持

步骤 4：测试 firewalld 对 SSH 服务的阻塞，如图 6-61 所示，不能登录。

👉 1）对服务的控制也可以端口的方式实现，如对 SSH 服务的禁止可通过对 22 端口的禁止实现。

2）firewalld 默认是开启状态，并拒绝大多数的网络访问，对于后面的网络服务配置有一定的影响，要学会一些基本配置。

图 6-61　阻塞 SSH 服务

【IT 工程师素养小课堂】公用 Wi-Fi 安全隐患及规避方法

在随处都是 Wi-Fi 的时代，人们上网极为方便，但同时其也带来了诸多安全隐患。以下是常见风险及对应的规避方法，帮助用户在享受便利的同时保护隐私和数据安全。

1. 公用 Wi-Fi 的主要风险

1）中间 Wi-Fi 人攻击（Man-in-the-middle Attacks，MITM）：攻击者截取设备与路由器之间的通信，窃取账号密码、聊天记录等敏感信息。

2）伪造钓鱼热点：恶意热点伪装成合法名称（如 Free Airport WiFi 或 Cafe_Guest），诱导用户连接。

3）未加密的网络：多数公共 Wi-Fi 未启用加密，数据以明文传输，易被窃听。

4）恶意软件传播：通过漏洞或伪装文件感染设备，窃取数据或控制设备。

5）会话劫持（Session Hijacking）：攻击者劫持已登录的账户会话（如社交媒体、邮箱），无需密码即可操作。

2. 规避风险的常用方法

1）警惕钓鱼热点：

- 连接前向场所工作人员确认官方 Wi-Fi 名称，避免连接名称相似的可疑网络。
- 关闭设备"自动连接 Wi-Fi"功能（手机设置中禁用）。

2）避免敏感操作：

- 不在公共网络下登录银行账户、支付平台或输入社保号等敏感信息。
- 必要时切换至移动数据（4G/5G）进行操作。

3）启用防火墙和杀毒软件：确保系统防火墙开启，并安装可靠的杀毒软件（如 Bitdefender、Malwarebytes），定期更新病毒库。

4）关闭文件共享和 AirDrop：在公共网络环境中，禁用设备上的文件共享、网络发现和蓝牙功能（Windows：控制面板→网络共享中心；Mac：系统设置→共享）。

5）使用双重验证（2FA）：为重要账户（邮箱、社交媒体）启用双重验证（如短信验证码、Authenticator 应用），即使密码泄露也能阻挡入侵。

6）更新系统和软件：及时安装操作系统和应用程序的安全补丁，修复可能被利用的漏洞。

7）断开后清除网络记录：使用完公共 Wi-Fi 后，在设备设置中"忘记此网络"，避免自动重连。

3. 高风险场景应对建议

1）出差或旅行时：优先使用手机热点替代公共 Wi-Fi，或携带便携式 VPN 路由器。

2）紧急需要传输文件：使用端到端加密工具（如 Signal、Telegram 私密聊天）发送文件，而非直接通过邮件或云盘。

公用 Wi-Fi 的风险本质源于数据传输的暴露。通过 VPN 加密、警惕钓鱼网络、禁用非必要功能及强化账户安全，可显著降低风险。对于涉及敏感信息的操作，始终优先使用受信任的私有网络。

6.4 项目小结

本项目旨在使学习者掌握网络管理的基础知识，包括 IP 地址、子网掩码等网络参数的作用，以及 NetworkManager 等网络管理工具的使用。通过基本任务和拓展任务，学习者能够熟练配置和管理 Linux 网络连接，运用多种网络命令进行状态查看和故障排除。同时，本项目还着重培养学习者的网络管理意识、问题解决能力和团队协作精神。

6.5 思考与练习

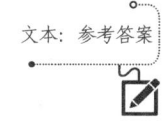

一、简答题

1．openEuler 22.03 系统中网络管理的守护进程是哪一个，有什么特点？
2．ip 命令可以管理哪些对象，其管理有什么特点？
3．查看系统中的路由表有哪些方法？
4．nmcli 命令可以管理哪些对象，它的管理有什么特点？
5．VirtualBox 提供了哪几种网络连接方式，其各自有什么特点？

二、HCIA 相关考题

1．【判断题】在 Linux 系统中，主机名是一个局域网中唯一标识一台计算机的名称。（　　）

2．【判断题】在 openEuler 系统中，使用 nmcli 命令创建网络连接时，ifname 和 con-name 参数后的名称可以一致。（　　）

3. 【多选题】在 openEuler 系统中，使用（　　）命令可以查看到网卡 eth0 的 IP 地址。
   A．ifconfig eth0
   B．nmcli con show eth0
   C．ip addr show eth0
   D．nmcli device show eth0
4. 【单选题】在 Linux 系统中，网卡配置文件中的 ONBOOT 参数的含义是（　　）。
   A．系统启动时，该网络连接是否被激活
   B．系统启动时，检测该网络连接是否为激活状态
   C．系统启动时，检测该网络连接是否能够正常被激活
   D．系统启动时，检测该网络连接是否具备激活的能力
5. 【单选题】在 Linux 系统中，nmcli 命令可以配置和添加静态路由，如果采用交互式，则命令 save persistent 的含义是（　　）。
   A．将配置永久保存
   B．将路由信息保存在 persistent 文件中
   C．保存名称为 persistent 网络连接的相关配置
   D．保存名称为 persistent 网卡的相关配置
6. 【单选题】下列命令中，可以在 openEuler 系统中正确地创建出网络连接 br0 的是（　　）。
   A．nmcli conn add ifname br0 type bridge
   B．nmcli conn add con-name br0 type bridge
   C．nmcli conn add type-name bridge br0
   D．nmcli conn add type-name br0 bridge
7. 【多选题】下列命令中，可以在 openEuler 系统中查看路由表的是（　　）。
   A．route　　B．ip route　　C．ifconfig　　D．nmcli -g ipv4.route
8. 【多选题】下列关于 Linux 系统和网络管理的表述中，正确的是（　　）。
   A．使用 iptables 命令可以配置 Linux 系统的防火墙规则，以实现网络流量的控制和安全策略
   B．在配置静态路由时，需要指定目的网络、子网掩码以及下一跳地址或出接口
   C．netstat 命令可以用于显示网络连接、路由表、接口统计信息等
   D．在 Linux 系统中，可以通过修改 /etc/resolv.conf 文件来配置 DNS 服务器地址

项目 7 软件包管理

【学习目标】

知识目标：
- 理解 openEuler 环境中软件包的类型与格式，特别是 RPM 软件包管理机制。
- 掌握软件包间的依赖关系及其重要性。

技能目标：
- 能够使用 rpm 命令管理无复杂依赖关系的软件包。
- 能运用 dnf 命令解决软件包的依赖关系，实现软件包的查找、安装、删除与更新。
- 能完成源代码包的安装。

素养目标：
- 通过不断优化命令，培养细致、耐心的工作态度。
- 树立持续学习与适应新技术变化的意识。

PPT：项目 7 软件包管理

文本：单元设计

7.1 知识储备

7.1.1 软件包概述

在 openEuler 环境中软件包常有如下两种格式。

（1）RPM 软件包格式

RPM（Red Hat Package Manager）是由 Red Hat 公司提出的软件包管理机制，它建立了统一的数据库文件，详细记录软件包安装、卸载等变化信息，并能够自动分析软件包的依赖关系。这种格式的软件包通常包含应用程序的二进制文件、配置文件、帮助文档等，通常以 *.rpm 的形式呈现，如图 7-1 所示。

```
zip-3.0-30.oe2203sp4.x86_64.rpm
```

图 7-1 包名结构

图中各信息含义如下。

- zip：软件包的名称，表示这个 RPM 包所包含的是 zip 程序。zip 是一种广泛使用的压缩文件格式，同时也指代用于创建、查看和解压这种格式文件的工具。
- 3.0：软件的主版本号，这里表示该 zip 软件包的版本是 3.0。主版本号通常用于表示软件的主要更新或重构。
- -30：这部分通常表示软件包的修订号。在本例中，-30 意味着这是基于 zip 3.0 版本的第 30 次修订。修订号通常用于修复错误、添加小功能或更新依赖项等。
- oe2203sp4：这部分通常表示软件包的特定的发行版信息，oe 即 openEuler，2203 表示发布的日期（如 2022 年 3 月），sp4 则表示这个软件包是某个补丁集的第 4 版。
- x86_64：这部分表示软件包适用的架构。x86_64 指的是 64 位的 x86 架构，也称为 AMD64 或 Intel 64，表示该软件包是为运行在 64 位处理器上的系统设计的。
- rpm：文件扩展名，表示这是一个 RPM 软件包。

（2）源代码格式的软件包

该种格式的软件包提供了软件的源代码，而不是已经编译成可执行文件的二进制代码。用户需要在自己的计算机上编译源代码，以生成可执行程序。这种软件包通常用于需要自定义编译和安装的场景，可通过优化编译参数而提高性能，提供了更高的灵活性和可定制性，当然其安装过程比 RPM 软件包复杂得多。

该种格式的软件包经常以压缩包的形式存在，包中包含以下一些文件。

1）源代码：包含软件的原始程序代码，用户可以查看和修改。
2）编译和构建脚本：用于自动化源代码的编译、配置和构建过程的脚本文件。
3）配置文件：用于配置软件行为和特性的文件，用户可以根据需要进行调整。
4）文档：包含软件使用手册、帮助文档等信息，以便用户更好地了解软件的功能和用法。

例如，一个 Nginx 的源代码包 nginx-1.16.1.tar.gz.zip 中包含的文件如图 7-2 所示。

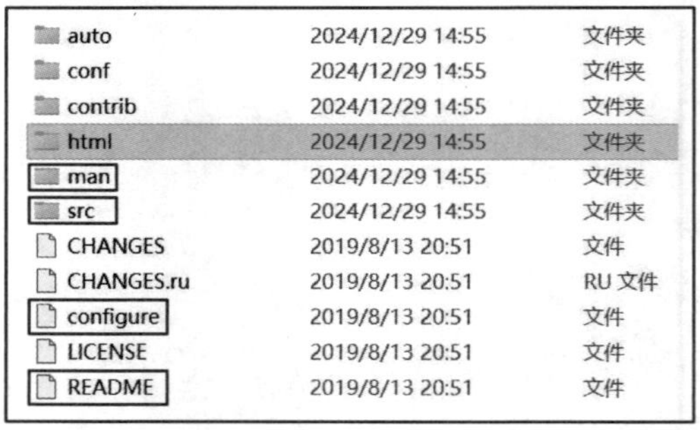

图 7-2　源代码包结构

7.1.2　软件包间的依赖关系

Linux 系列的操作系统遵循开源文化，因此 Linux 系统下的软件包也是开源的，用户可以自由地查看、修改、复制和分发软件源代码，这就使得"不重复发明轮子"这一理念在 Linux 环境中尤为突出，它强调利用现有的软件、代码和功能，通过重新组合和优化来提高效率和生产力，避免从头开始编写代码，从而节省时间和资源。这种灵活性使得 Linux 软件包能够适应不同的应用场景和需求，用户或开发者无须开发全新的软件包。但是，这也带来一个问题，就是软件包间复杂的依赖关系。

所谓依赖关系，就是软件 A 中用到了软件 B 的代码，如果要安装软件 A，则必须要先安装软件 B，这就叫作软件 A 依赖软件 B。有时候，这种依赖关系可以嵌套十几层甚至几十层，这种复杂的依赖关系如果靠手工方法去解决，则软件安装就会成为学习 Linux 中的一个极大障碍。

7.2 项目实施

微课 7-1
简单软件包
管理

任务 1：简单软件包管理

任务描述：没有依赖关系或者依赖关系比较简单的软件包，可以直接用 rpm 命令来进行管理。

【命令格式】rpm [选项] [软件包文件/软件包名称]

常用选项如下。

- -i 或--install：安装一个新的软件包。
- -v：显示详细的安装过程。
- -h：显示安装进度，以哈希标记表示。
- --force：强制安装，忽略某些错误。
- --nodeps：安装或卸载时忽略软件包的依赖关系。
- -e 或--erase：卸载一个已经安装的软件包。
- -U 或--upgrade：升级一个已经安装的软件包到新版本，如果旧版本不存在，则安装新版本。
- -F 或--freshen：刷新已安装的软件包，仅更新已安装的软件包中缺失的文件。
- -q 或--query：查询软件包的信息。
- -a 或--all：查询所有已安装的软件包。
- -p：查询未安装的软件包文件。
- -f：查询指定文件属于哪个软件包。
- -l：列出一个已安装软件包的文件列表。
- -R：显示软件包的依赖关系。
- -i：显示软件包的详细信息（如名称、版本、发行版、大小等）。
- -V 或--verify：验证已安装的软件包是否完整，检查文件的大小、类型、权限等是否发生改变。

步骤 1：挂载光驱，并进入到光盘中软件包所在路径。

```
[root@openEuler01 ~]# mount /dev/sr0 /mnt/cdrom
[root@openEuler01 ~]# cd /mnt/cdrom/Packages
```

步骤 2：查询软件包 zziplib 是否安装。

[root@openEuler01 ~]# rpm -qa | grep zziplib

步骤 3：安装 zziplib 软件包，校验、安装并显示安装进度，如图 7-3 所示。

[root@openEuler01 ~]# rpm -ivh zziplib-0.13.71-5.oe2203sp4.x86_64.rpm

```
[root@openEuler01 Packages]# rpm -ivh  zziplib-0.13.71-5.oe2203sp4.x86_64.rpm
warning: zziplib-0.13.71-5.oe2203sp4.x86_64.rpm: Header V4 RSA/SHA256 Signature, key I
D b675600b: NOKEY
Verifying...                          ################################# [100%]
Preparing...                          ################################# [100%]
Updating / installing...
   1:zziplib-0.13.71-5.oe2203sp4      ################################# [100%]
```

图 7-3　软件安装过程

步骤 4：查询 zziplib 软件包安装后生成了哪些文件，如图 7-4 所示（图中只包含部分信息）。

[root@openEuler01 ~]# rpm -ql zziplib

```
[root@openEuler01 Packages]# rpm -ql zziplib
/etc/ima/digest_lists.tlv/0-metadata_list-compact_tlv-zziplib-0.13.71-5.oe2203sp4.x86_
64
/etc/ima/digest_lists/0-metadata_list-compact-zziplib-0.13.71-5.oe2203sp4.x86_64
/usr/bin/unzip-mem
/usr/bin/unzzip
/usr/bin/unzzip-big
/usr/bin/unzzip-mem
/usr/bin/unzzip-mix
/usr/bin/zzcat
/usr/bin/zzdir
/usr/bin/zzxorcat
/usr/bin/zzxorcopy
```

图 7-4　查询软件包安装的文件

步骤 5：查询系统中 /usr/bin/unzzip 文件由哪个软件包安装，如图 7-5 所示。

```
[root@openEuler01 Packages]# rpm -qf  /usr/bin/unzzip
zziplib-0.13.71-5.oe2203sp4.x86_64
```

图 7-5　查询某个文件来自哪个包

步骤 6：卸载 zziplib 软件包，包的卸载没有提示信息，如图 7-6 所示。

[root@openEuler01 ~]# rpm -e zziplib

```
[root@openEuler01 Packages]# rpm -e zziplib
[root@openEuler01 Packages]#
```

图 7-6　卸载包

步骤 7：再次查询，显示未安装包 zziplib 的相关信息，如图 7-7 所示（图中只包含部分信息）。

```
[root@openEuler01 Packages]# rpm -qip  zziplib-0.13.71-5.oe2203sp4.x86_64.rpm
warning: zziplib-0.13.71-5.oe2203sp4.x86_64.rpm: Header V4 RSA/SHA256 Signature, key ID b6
75600b: NOKEY
Name         : zziplib
Version      : 0.13.71
Release      : 5.oe2203sp4
Architecture : x86_64
Install Date : (not installed)
Group        : Unspecified
Size         : 380191
License      : LGPLv2+ or MPLv1.1
```

图 7-7　查询未安装包信息

步骤 8：查询软件包 httpd-2.4.51-21.oe2203sp4.x86_64.rpm 的依赖关系，如图 7-8 所示（图中只包含部分信息）。从图中可以看出，依赖关系比较复杂。

```
[root@openEuler01 Packages]# rpm -qR   httpd-2.4.51-21.oe2203sp4.x86_64.rpm
warning: httpd-2.4.51-21.oe2203sp4.x86_64.rpm: Header V4 RSA/SHA256 Signature, key ID b675
600b: NOKEY
/bin/sh
/bin/sh
/bin/sh
/bin/sh
config(httpd) = 2.4.51-21.oe2203sp4
httpd-filesystem
httpd-filesystem = 2.4.51-21.oe2203sp4
httpd-tools = 2.4.51-21.oe2203sp4
libapr-1.so.0()(64bit)
libaprutil-1.so.0()(64bit)
```

图 7-8　查询包的依赖关系

步骤 9：安装软件包 httpd-2.4.51-21.oe2203sp4.x86_64.rpm，如图 7-9 所示。

```
[root@openEuler01 Packages]# rpm -ivh httpd-2.4.51-21.oe2203sp4.x86_64.rpm
warning: httpd-2.4.51-21.oe2203sp4.x86_64.rpm: Header V4 RSA/SHA256 Signature, key ID b675
600b: NOKEY
error: Failed dependencies:
        httpd-filesystem is needed by httpd-2.4.51-21.oe2203sp4.x86_64
        httpd-filesystem = 2.4.51-21.oe2203sp4 is needed by httpd-2.4.51-21.oe2203sp4.x86_
64
        httpd-tools = 2.4.51-21.oe2203sp4 is needed by httpd-2.4.51-21.oe2203sp4.x86_64
        libapr-1.so.0()(64bit) is needed by httpd-2.4.51-21.oe2203sp4.x86_64
        libaprutil-1.so.0()(64bit) is needed by httpd-2.4.51-21.oe2203sp4.x86_64
        mod_http2 is needed by httpd-2.4.51-21.oe2203sp4.x86_64
        system-logos-httpd is needed by httpd-2.4.51-21.oe2203sp4.x86_64
```

图 7-9　安装软件包

由图 7-9 可知，由于复杂的依赖关系，安装并没有成功，那么该如何解决这个问题呢？

任务 2：有复杂依赖关系的软件包管理

任务描述：任务 1 中软件包 httpd-2.4.51-21.oe2203sp4.x86_64.rpm 因为有复杂的依赖关系，用 rpm 命令安装非常麻烦且很容易失败。低版本的 Linux 系统中是用工具 yum 来完成依赖关系的解决，在 openEuler 22.03 版中则用 dnf 来解决这个问题。dnf 即 Dandified Yum，相较于 yum，其提升了用户检验、内存占用、依赖分析、运行速度等多方面的内容。

步骤1：准备软件仓库。软件仓库即存放相关软件的路径，可以是本地的光盘或硬盘，也可以是互联网中的用 HTTP 或 FTP 服务提供的存储软件包的路径。本任务中使用可挂载光盘，将其路径作为仓库源。命令如下：

```
mount /dev/sr0 /mnt/cdrom
```

步骤2：定位并查看仓库配置文件。配置文件告诉了 dnf 寻找相关软件包的路径及一些作用参数，该文件在 /etc/yum.repos.d/ 路径下，文件的扩展名必须是 repo。系统自带的配置文件如图 7-10 所示。

微课 7-2
有复杂依赖
关系的软件
包管理

```
[root@openEuler01 yum.repos.d]# ls
openEuler.repo
```

图 7-10　自带仓库配置文件

配置文件内容如图 7-11 所示，由 8 行构成，各行含义如下。
- [os]：软件仓库的 ID 值，用方括号括起来，在系统中必须唯一。
- name=：仓库的更详细的说明文字。
- baseurl=http://：仓库的路径，这是由 HTTP 服务提供的存储路径，仓库路径的提供方式还可以有以下两种类型。
  ➢ baseurl=ftp://：用 FTP 服务器提供的存储路径。
  ➢ baseurl=file://：用本地目录作为仓库。
- metalink=：如果直接访问 baseurl 失败，dnf 会尝试从 metalink 指定的 URL 下载元数据。
- metadata_expire=：缓存的元数据过期时间。
- enabled=：是否启用该仓库，1 为启用，0 为禁用，默认为 1。
- gpgcheck=：是否对包进行 GPG 签名验证，1 为验证，0 为不验证，默认为 1。
- gpgkey=：GPG 公钥文件的 URL 地址，用于验证包的完整性。

```
#           http://license.coscl.org.cn/MulanPSL2
#THIS SOFTWARE IS PROVIDED ON AN "AS IS" BASIS, WITHOUT WARRANTIES OF ANY K
EITHER EXPRESS OR
#IMPLIED, INCLUDING BUT NOT LIMITED TO NON-INFRINGEMENT, MERCHANTABILITY OR
FOR A PARTICULAR
#PURPOSE.
#See the Mulan PSL v2 for more details.

[OS]
name=OS
baseurl=http://repo.openeuler.org/openEuler-22.03-LTS-SP4/OS/$basearch/
metalink=https://mirrors.openeuler.org/metalink?repo=$releasever/OS&arch=$b
ch
metadata_expire=1h
enabled=1
gpgcheck=1
gpgkey=http://repo.openeuler.org/openEuler-22.03-LTS-SP4/OS/$basearch/RPM-G
Y-openEuler
```

图 7-11　仓库配置文件内容

以上属性中仓库的 ID、name、baseurl 和 gpgcheck 这几个参数是必需的，一个仓库配置文件中可以有多个仓库源，在 /etc/yum.repos.d/ 目录中也可以有多个仓库配置文件。

⚠ 如果 gpgcheck 设置为 1，则一定要正确指定 gpgkey 文件的路径，否则仓库文件无法通过校验。

步骤 3：添加一个本地光盘作为仓库源的配置文件。

```
[root@openEuler01 ~]# vim local.repo
    [local-cdrom]
    name=this is from local cdrom
    baseurl=file:///mnt/cdrom
    enabled=1
    gpgcheck=0
```

步骤 4：使用 dnf 命令实现软件包管理。

【命令格式】dnf [选项] <子命令>

常用子命令如下。

- repolist：列出所有启用的软件仓库。
- search：搜索软件包。
- list（installed/available/all）：列表（已安装的/可用的/所有）软件包。
- info：获取指定软件包的详细信息，包括版本、大小等。
- deplist：列出包的依赖关系。
- download：下载而不安装包到当前目录中。
- install：安装指定的软件包。
- remove 或 erase：卸载指定的软件包。
- autoremove：删除系统中不再需要的孤立软件包。
- clean all：删除所有软件缓存，包括已下载的包和元数据。
- makecache：手动更新软件源缓存（通常在使用 update 或 install 命令时系统会自动更新）。
- provides <file_or_package>：查找提供特定文件或子包的软件包名称。

常用的选项如下。

- -v 或 --verbose：操作过程中显示详细信息。
- --enablerepo [repo]：临时启用某个或某些 enabled=0 的仓库源。
- --disablerepo [repo]：临时关闭某个或某些 enabled=1 的仓库源。

1）查询所有的仓库源。如图 7-12 所示，图中结果包含 3 个字段，分别是仓库的 ID、仓库的说明及仓库的开启状态。

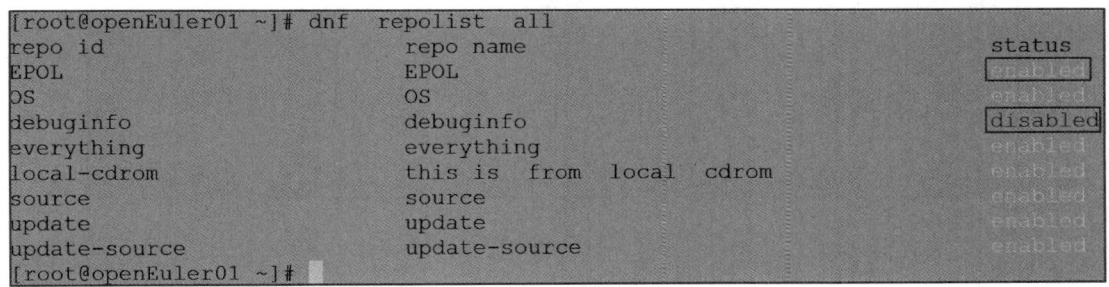

图 7-12　查询仓库状态

2）查找软件包 httpd 是否安装。

[root@openEuler01 ~]# dnf list installed | grep httpd

3）查找仓库中是否有软件包 httpd，如图 7-13 所示。图中结果包含 3 个字段，分别是软件包的名字、软件包所在仓库的 ID、软件包的版本

```
[root@openEuler01 ~]# dnf  list |grep httpd
httpd.src                                                 2.4.51-21.oe2203sp4
                             source
httpd.src                                                 2.4.51-21.oe2203sp4
                             update-source
httpd.x86_64                                              2.4.51-23.oe2203sp4
                             update
httpd-debuginfo.x86_64                                    2.4.51-23.oe2203sp4
                             update
httpd-debugsource.x86_64                                  2.4.51-23.oe2203sp4
```

图 7-13　查找 httpd 软件包

4）显示软件包 httpd 的详细信息，如图 7-14 所示，包含软件包的名称、版本、大小等。

```
[root@openEuler01 ~]# dnf  info httpd
Last metadata expiration check: 0:55:13 ago on Tue 31 Dec 2024 04:58:27 AM +11.
Available Packages
Name           : httpd
Version        : 2.4.51
Release        : 21.oe2203sp4
Architecture   : src
Size           : 7.4 M
Source         : None
Repository     : source
Summary        : Apache HTTP Server
URL            : https://httpd.apache.org/
License        : ASL 2.0
Description    : Apache HTTP Server is a powerful and flexible HTTP/1.1 compliant web server.
```

图 7-14　软件包 httpd 的详细信息

5）查询软件包 httpd 的依赖关系，如图 7-15 所示，列出 httpd 依赖哪些文件及这些文件由哪些包提供。

```
[root@openEuler01 ~]# dnf  deplist httpd
Last metadata expiration check: 0:56:15 ago on Tue 31 Dec 2024 04:58:27 AM +11.
package: httpd-2.4.51-21.oe2203sp4.src
  dependency: apr-devel >= 1.5.0
   provider: apr-devel-1.7.0-6.oe2203sp4.x86_64
  dependency: apr-util-devel >= 1.5.0
   provider: apr-util-devel-1.6.1-14.oe2203sp4.x86_64
  dependency: autoconf
   provider: autoconf-2.71-7.oe2203sp4.noarch
   provider: autoconf-2.71-7.oe2203sp4.noarch
   provider: autoconf-2.71-7.oe2203sp4.src
   provider: autoconf-2.71-7.oe2203sp4.src
  dependency: brotli-devel
   provider: brotli-devel-1.0.9-3.oe2203sp4.x86_64
   provider: brotli-devel-1.0.9-3.oe2203sp4.x86_64
   provider: brotli-devel-1.0.9-3.oe2203sp4.x86_64
```

图 7-15　软件包 httpd 的依赖关系

6）安装 httpd 软件包及依赖包，如图 7-16 所示，其中的-y 选项控制在安装时不与用户对话，直接安装，这一点在脚本编程中非常有用。

```
[root@openEuler01 ~]# dnf  install  httpd -y
Last metadata expiration check: 0:07:12 ago on Tue 31 Dec 2024 05:59:59 AM +11.
Dependencies resolved.
==============================================================================
 Package                  Arch      Version                Repository     Size
==============================================================================
Installing:
 httpd                    x86_64    2.4.51-23.oe2203sp4    update        1.3 M
Installing dependencies:
 apr                      x86_64    1.7.0-6.oe2203sp4      local-cdrom   106 k
 apr-util                 x86_64    1.6.1-14.oe2203sp4     local-cdrom   105 k
 httpd-filesystem         noarch    2.4.51-23.oe2203sp4    update        6.6 k
 httpd-tools              x86_64    2.4.51-23.oe2203sp4    update         66 k
 mariadb-connector-c      x86_64    3.1.13-4.oe2203sp4     local-cdrom   174 k
 mod_http2                x86_64    1.15.25-3.oe2203sp4    local-cdrom   122 k
 openEuler-logos-httpd    noarch    1.0-9.oe2203sp4        local-cdrom   6.6 k
```

图 7-16　直接安装包

7）再次查找 httpd 包的安装状态，如图 7-17 所示。图中包含软件包的名称、版本和来自哪个仓库，已经安装的软件包仓库前面会有一个 "@" 符号。

```
[root@openEuler01 ~]# dnf  list  installed |grep httpd
httpd.x86_64                   2.4.51-23.oe2203sp4              @update
httpd-filesystem.noarch        2.4.51-23.oe2203sp4              @update
httpd-tools.x86_64             2.4.51-23.oe2203sp4              @update
openEuler-logos-httpd.noarch   1.0-9.oe2203sp4                  @local-cdrom
```

图 7-17　判断包安装状态

8）仅下载而不安装包及相关依赖包，如图 7-18 所示，通过--resolv 参数把依赖包也下载下来，否则只下载主包。

```
[root@openEuler01 ~]# mkdir  nginx
[root@openEuler01 ~]# cd nginx
[root@openEuler01 nginx]# dnf  download  --resolv  nginx
Last metadata expiration check: 0:21:07 ago on Tue 31 Dec 2024 05:59:59 AM +11.
(1/8): nginx-all-modules-1.21.5-7.oe2203sp4.noarch.rpm         24 kB/s | 3.1 kB    00:00
(2/8): nginx-filesystem-1.21.5-7.oe2203sp4.noarch.rpm          30 kB/s | 4.2 kB    00:00
(3/8): nginx-mod-http-image-filter-1.21.5-7.oe2203sp4.x86_    208 kB/s |  13 kB    00:00
(4/8): nginx-mod-http-perl-1.21.5-7.oe2203sp4.x86_64.rpm      432 kB/s |  22 kB    00:00
(5/8): nginx-mod-http-xslt-filter-1.21.5-7.oe2203sp4.x86_6    333 kB/s |  12 kB    00:00
(6/8): nginx-1.21.5-7.oe2203sp4.x86_64.rpm                    1.6 MB/s | 494 kB    00:00
(7/8): nginx-mod-mail-1.21.5-7.oe2203sp4.x86_64.rpm           564 kB/s |  45 kB    00:00
(8/8): nginx-mod-stream-1.21.5-7.oe2203sp4.x86_64.rpm         880 kB/s |  67 kB    00:00
```

图 7-18　下载依赖包

9）删除安装的 httpd 包，如图 7-19 所示，在删除主包的同时还把不用的依赖包也删除了。

```
[root@openEuler01 nginx]# dnf  erase  httpd
Dependencies resolved.
==============================================================================
 Package                  Arch      Version                Repository     Size
==============================================================================
Removing:
 httpd                    x86_64    2.4.51-23.oe2203sp4    @update       4.6 M
Removing unused dependencies:
 apr                      x86_64    1.7.0-6.oe2203sp4      @local-cdrom  264 k
 apr-util                 x86_64    1.6.1-14.oe2203sp4     @local-cdrom  312 k
 httpd-filesystem         noarch    2.4.51-23.oe2203sp4    @update       366
 httpd-tools              x86_64    2.4.51-23.oe2203sp4    @update       193 k
 mariadb-connector-c      x86_64    3.1.13-4.oe2203sp4     @local-cdrom  519 k
 mod_http2                x86_64    1.15.25-3.oe2203sp4    @local-cdrom  329 k
 openEuler-logos-httpd    noarch    1.0-9.oe2203sp4        @local-cdrom  3.8 k

Transaction Summary
==============================================================================
Remove  8 Packages
```

图 7-19　删除安装的软件包

10）查询某个文件由哪个包安装，如图 7-20 所示，文件/usr/bin 由 filesystem-3.16-5.oe2203sp4.x86_64 包安装而来。

```
[root@openEuler01 nginx]# dnf provides /usr/bin
Last metadata expiration check: 0:58:26 ago on Tue 31 Dec 2024 05:59:59 AM +11.
filesystem-3.16-5.oe2203sp4.x86_64 : The basic directory layout for a Linux system
Repo        : @System
Matched from:
Filename    : /usr/bin
```

图 7-20 查询文件来源包

11）手工清除安装缓存。安装包后会形成大量缓存，这些缓存对后续的安装可能会有影响，所以每次安装后建议清除缓存。

```
[root@openEuler01 ~]# dnf clean all
```

 本节中因为相关命令反馈的信息较多，因此相应图片大部分只展示了部分关键内容。

任务 3：使用 dnf 命令行方式编辑仓库配置文件

任务描述：有时，为了提高仓库配置的速度，特别是在调试环境中，可能需要用到命令行方式对仓库进行编辑，而不是用 vim 编辑器来交互编辑。

微课 7-3
使用 dnf
命令行方式
编辑仓库
配置文件

【命令格式】dnf config-manager [选项]

常用选项如下。

- --add-repo URL：添加一个仓库源。
- --set-enabled：启用一个仓库源。
- --set-disabled：禁用一个仓库源。

步骤 1：添加一个仓库源，如图 7-21 所示。该命令会在/etc/yum.repos.d/目录生成一个仓库配置文件，文件名为 nginx.repo，仓库 ID 为 nginx，URL 为 file:///nginx，其他参数为默认值，如图 7-22 所示。

```
[root@openEuler01 yum.repos.d]# dnf config-manager --add-repo file:///nginx
Adding repo from: file:///nginx
```

图 7-21 以命令方式添加一个仓库源

```
[root@openEuler01 yum.repos.d]# cat nginx.repo
[nginx]
name=created by dnf config-manager from file:///nginx
baseurl=file:///nginx
enabled=1
```

图 7-22 验证参数

步骤 2：启用一个仓库源，如图 7-23 所示。

```
[root@openEuler01 yum.repos.d]# dnf config-manager --set-enabled nginx
[root@openEuler01 yum.repos.d]# cat nginx.repo
[nginx]
name=created by dnf config-manager from file:///nginx
baseurl=file:///nginx
enabled=1
```

图 7-23 启用一个仓库源

步骤 3：禁用一个仓库源，如图 7-24 所示。

```
[root@openEuler01 yum.repos.d]# dnf config-manager --set-disabled nginx
[root@openEuler01 yum.repos.d]# cat nginx.repo
[nginx]
name=created by dnf config-manager from file:///nginx
baseurl=file:///nginx
enabled=0
```

图 7-24　禁用一个仓库源

7.3　能力拓展

微课 7-4
源代码格式
包的安装

拓展任务 1：安装源代码包

源代码包在网上以压缩文件的形式存在，也是 Linux 系统中一种非常重要的软件存在形式。使用源代码包的方式安装可以提高软件的定制性和兼容性，其安装过程如图 7-25 所示。下面以下载好的 Nginx 包为例来说明安装过程。

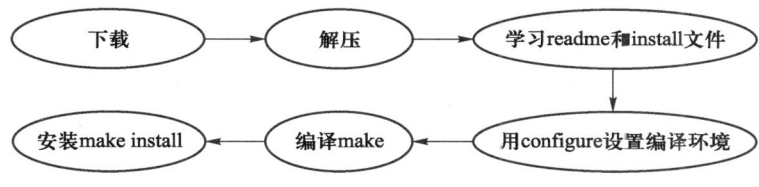

图 7-25　源代码包的安装过程

步骤 1：将下载的 Nginx 压缩包通过 psftp 工具传到虚拟机中，如图 7-26 所示。

```
[root@openEuler01 ~]# ls
anaconda-ks.cfg  cdrom  nginx-1.16.1.tar.gz.zip
```

图 7-26　上传 Nginx 包

步骤 2：根据压缩包的类型选择相应的解压缩命令，如对于步骤 1 所示的格式选择如下命令。

```
[root@openEuler01 ~]#tar –xzvf nginx-1.16.1.tar.gz
```

步骤 3：进入解压缩目录，查看解压缩之后的文件，学习其中的 README 文件，该文件中包含着安装方法和注意事项，如图 7-27 所示。

```
[root@openEuler01 ~]# cd nginx-1.16.1/
[root@openEuler01 nginx-1.16.1]# ls
auto  CHANGES  CHANGES.ru  conf  configure  contrib  html  LICENSE  man  README  src
```

图 7-27　解压缩后的文件

步骤 4：通过 configure 命令配置安装环境，这里选择几个典型的环境参数加以说明。

- --prefix=PATH：指定 Nginx 安装的根路径，默认在/usr/local/nginx 下。
- --sbin-path=PATH：指定 Nginx 可执行文件的放置路径，默认在 prefix/sbin/nginx 下。
- --modules-path=PATH：指定第三方模块的存放路径。
- --with-http_ssl_module：启用 HTTPS 支持模块。
- --without-stream_geo_module：关闭 ngx_stream_geo_module 模块支持。

例如，下面的命令：

./configure --prefix=/usr/nginx --with-http_ssl_module --without-http_rewrite_module

表示将 Nginx 安装在/usr/nginx 目录，并启用 HTTPS 支持，关闭 http_rewrite_module 模块支持，配置结果如图 7-28 所示。

```
Configuration summary
  + PCRE library is not used
  + using system OpenSSL library
  + using system zlib library

  nginx path prefix: "/usr/nginx"
  nginx binary file: "/usr/nginx/sbin/nginx"
  nginx modules path: "/usr/nginx/modules"
  nginx configuration prefix: "/usr/nginx/conf"
  nginx configuration file: "/usr/nginx/conf/nginx.conf"
  nginx pid file: "/usr/nginx/logs/nginx.pid"
  nginx error log file: "/usr/nginx/logs/error.log"
  nginx http access log file: "/usr/nginx/logs/access.log"
  nginx http client request body temporary files: "client_body_temp"
  nginx http proxy temporary files: "proxy_temp"
  nginx http fastcgi temporary files: "fastcgi_temp"
  nginx http uwsgi temporary files: "uwsgi_temp"
  nginx http scgi temporary files: "scgi_temp"
```

图 7-28　预编译结果

configure 命令前面一定要加 "./"，没有配置的参数会有相应的默认值。

步骤 5：用 make 命令完成源代码的编译，如图 7-29 所示。

```
objs/src/http/modules/ngx_http_browser_module.o \
objs/src/http/modules/ngx_http_upstream_hash_module.o \
objs/src/http/modules/ngx_http_upstream_ip_hash_module.o \
objs/src/http/modules/ngx_http_upstream_least_conn_module.o \
objs/src/http/modules/ngx_http_upstream_random_module.o \
objs/src/http/modules/ngx_http_upstream_keepalive_module.o \
objs/src/http/modules/ngx_http_upstream_zone_module.o \
objs/ngx_modules.o \
-lcrypt -lssl -lcrypto -lz \
-Wl,-E
sed -e "s|%%PREFIX%%|/usr/nginx|" \
    -e "s|%%PID_PATH%%|/usr/nginx/logs/nginx.pid|" \
    -e "s|%%CONF_PATH%%|/usr/nginx/conf/nginx.conf|" \
    -e "s|%%ERROR_LOG_PATH%%|/usr/nginx/logs/error.log|" \
    < man/nginx.8 > objs/nginx.8
make[1]: Leaving directory '/root/nginx-1.16.1'
```

图 7-29　编译源代码

> 编译的速度由软件包的复杂度和计算机的性能注定，在编译前还可以使用 make clean 命令清除上次编译结果，以实现多次调试编译。

步骤 6：用 make install 命令完成软件包的安装，如图 7-30 所示。

```
cp conf/scgi_params \
        '/usr/nginx/conf/scgi_params.default'
test -f '/usr/nginx/conf/nginx.conf' \
        || cp conf/nginx.conf '/usr/nginx/conf/nginx.conf'
cp conf/nginx.conf '/usr/nginx/conf/nginx.conf.default'
test -d '/usr/nginx/logs' \
        || mkdir -p '/usr/nginx/logs'
test -d '/usr/nginx/logs' \
        || mkdir -p '/usr/nginx/logs'
test -d '/usr/nginx/html' \
        || cp -R html '/usr/nginx'
test -d '/usr/nginx/logs' \
        || mkdir -p '/usr/nginx/logs'
make[1]: Leaving directory '/root/nginx-1.16.1'
```

图 7-30　安装软件包

步骤 7：进入 configure 命令所指定的安装路径/usr/nginx，可以看到安装之后形成的文件，如图 7-31 所示。

```
[root@openEuler01 nginx-1.16.1]# cd /usr/nginx
[root@openEuler01 nginx]# ls
conf  html  logs  sbin
```

图 7-31　安装后文件

步骤 8：继续进入下一级目录 sbin，可以看到 Nginx 服务的二进制文件，如图 7-32 所示，运行该文件即可启动 Nginx 服务。

```
[root@openEuler01 sbin]# ls
nginx
```

图 7-32　安装后的二进制文件

微课 7-5
本地软件源
仓库的应用

步骤 9：安装完成后，用 make clean 命令清除安装过程中生成的文件。

拓展任务 2：配置本地软件源仓库

本地软件源仓库是指相互依赖的软件包存储在本地硬盘的某个目录中。这与挂载到本地硬盘的光盘或者互联网中用 HTTP 或 FTP 服务提供的软件源仓库有什么不同呢？在光盘或者网络仓库的目录中，有一个 repodata 的文件夹，如图 7-33 所示，该文件夹中存储着一系列文件，这些文件是仓库中软件包的元数据及索引，而 yum 或 dnf 需要依靠这些文件去解决包间的依赖关系。

```
[root@openEuler01 ~]# cd /mnt/cdrom
[root@openEuler01 cdrom]# ls
docs  EFI  images  isolinux  ks  Packages  repodata  RPM-GPG-KEY-openEuler  TRANS.TBL
```

图 7-33　索引文件夹

所以，如果要创建本地软件源仓库，就需要把这个文件夹及相关文件创建出来，并放在仓库目录中。创建 repodata 文件夹及文件的命令是 createrepo，该命令是系统中默认情况下未安装的，需要用 dnf 命令先行安装。

步骤 1：安装 createrepo，如图 7-34 所示。

```
[root@openEuler01 ~]# dnf install createrepo
Last metadata expiration check: 0:35:21 ago on Tue 31 Dec 2024 05:41:27 PM +11.
Dependencies resolved.
================================================================================
 Package                Architecture    Version              Repository      Size
================================================================================
Installing:
 createrepo_c           x86_64          0.17.6-3.oe2203sp4   local-cdrom    133 k
Installing dependencies:
 drpm                   x86_64          0.5.1-1.oe2203sp4    local-cdrom     56 k

Transaction Summary
================================================================================
Install  2 Packages

Total size: 188 k
Installed size: 535 k
```

图 7-34　安装索引工具

步骤 2：准备相关包的目录，以 Nginx 的相关包为例，可以用 dnf download --resolv nginx 命令将相关包下载到本地，如图 7-35 所示。

```
[root@openEuler01 nginx]# dnf download --resolv nginx
Last metadata expiration check: 0:38:16 ago on Tue 31 Dec 2024 05:41:27 PM +11.
(1/8): nginx-filesystem-1.21.5-7.oe2203sp4.noarch.rpm           7.6 kB/s | 4.2 kB     00:00
(2/8): nginx-mod-http-image-filter-1.21.5-7.oe2203sp4.x86_64    44 kB/s |  13 kB     00:00
(3/8): nginx-mod-http-perl-1.21.5-7.oe2203sp4.x86_64.rpm       107 kB/s |  22 kB     00:00
(4/8): nginx-mod-http-xslt-filter-1.21.5-7.oe2203sp4.x86_6      47 kB/s |  12 kB     00:00
(5/8): nginx-all-modules-1.21.5-7.oe2203sp4.noarch.rpm          2.2 kB/s | 3.1 kB     00:01
(6/8): nginx-mod-mail-1.21.5-7.oe2203sp4.x86_64.rpm            135 kB/s |  45 kB     00:00
(7/8): nginx-mod-stream-1.21.5-7.oe2203sp4.x86_64.rpm          187 kB/s |  67 kB     00:00
(8/8): nginx-1.21.5-7.oe2203sp4.x86_64.rpm                     158 kB/s | 494 kB     00:03
[root@openEuler01 nginx]# ls
gperftools-libs-2.10-3.oe2203sp4.x86_64.rpm
nginx-1.21.5-7.oe2203sp4.x86_64.rpm
nginx-all-modules-1.21.5-7.oe2203sp4.noarch.rpm
nginx-filesystem-1.21.5-7.oe2203sp4.noarch.rpm
nginx-mod-http-image-filter-1.21.5-7.oe2203sp4.x86_64.rpm
nginx-mod-http-perl-1.21.5-7.oe2203sp4.x86_64.rpm
nginx-mod-http-xslt-filter-1.21.5-7.oe2203sp4.x86_64.rpm
nginx-mod-mail-1.21.5-7.oe2203sp4.x86_64.rpm
nginx-mod-stream-1.21.5-7.oe2203sp4.x86_64.rpm
```

图 7-35　索引前的文件

步骤 3：为该目录创建 repodata 索引文件，如图 7-36 所示。

```
[root@openEuler01 nginx]# ls
gperftools-libs-2.10-3.oe2203sp4.x86_64.rpm
nginx-1.21.5-7.oe2203sp4.x86_64.rpm
nginx-all-modules-1.21.5-7.oe2203sp4.noarch.rpm
nginx-filesystem-1.21.5-7.oe2203sp4.noarch.rpm
nginx-mod-http-image-filter-1.21.5-7.oe2203sp4.x86_64.rpm
nginx-mod-http-perl-1.21.5-7.oe2203sp4.x86_64.rpm
nginx-mod-http-xslt-filter-1.21.5-7.oe2203sp4.x86_64.rpm
nginx-mod-mail-1.21.5-7.oe2203sp4.x86_64.rpm
nginx-mod-stream-1.21.5-7.oe2203sp4.x86_64.rpm
repodata
```

图 7-36　索引后的文件

步骤 4：创建相应的仓库配置文件，关闭光盘仓库和网络仓库，如图 7-37 和图 7-38 所示。

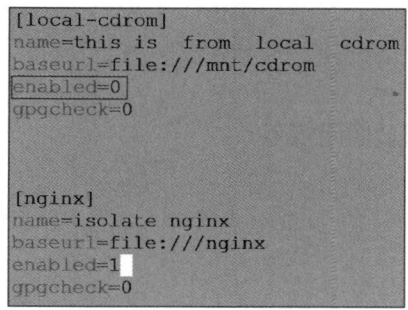

图 7-37　创建仓库配置文件

```
[root@openEuler01 yum.repos.d]# dnf repolist
repo id                                    repo name
nginx                                      isolate nginx
```

图 7-38　检查仓库

步骤 5：用 yum 或 dnf 命令实现 Nginx 的安装，如图 7-39 所示。

```
[root@openEuler01 yum.repos.d]# dnf install nginx
isolate nginx                                        1.1 MB/s | 3.9 kB     00:00
Dependencies resolved.
================================================================================
 Package                    Arch      Version                Repository   Size
================================================================================
Installing:
 nginx                      x86_64    1:1.21.5-7.oe2203sp4   nginx       494 k
Installing dependencies:
 gperftools-libs            x86_64    2.10-3.oe2203sp4       nginx       290 k
 nginx-all-modules          noarch    1:1.21.5-7.oe2203sp4   nginx       3.1 k
 nginx-filesystem           noarch    1:1.21.5-7.oe2203sp4   nginx       4.2 k
 nginx-mod-http-image-filter x86_64   1:1.21.5-7.oe2203sp4   nginx        13 k
 nginx-mod-http-perl        x86_64    1:1.21.5-7.oe2203sp4   nginx        22 k
 nginx-mod-http-xslt-filter x86_64    1:1.21.5-7.oe2203sp4   nginx        12 k
 nginx-mod-mail             x86_64    1:1.21.5-7.oe2203sp4   nginx        45 k
 nginx-mod-stream           x86_64    1:1.21.5-7.oe2203sp4   nginx        67 k

Transaction Summary
```

图 7-39　用自建仓库安装软件包

【IT 工程师素养小课堂】从 gpgcheck 属性到跨平台软件安全实践

本项目中在设置软件仓库配置文件时，有一个 gpgcheck 属性，因为篇幅的限制和使用的是本地仓库源，因此没有做过多阐述，都将其设置为 0。但注意如果是网络环境，一定要设置为 1，以保证软件的安全性。

1. GPG 验证机制对软件安全的启示

Linux 通过 gpgcheck=1 强制验证软件包的数字签名，确保软件未被篡改且来源可信。

其核心原理为非对称加密：开发者用私钥签名，用户端用公钥验证。

普通用户下载软件时，可通过校验哈希值（如 SHA256）或检查数字签名（如 Windows 的 exe 文件签名）验证文件完整性，以防御中间人攻击，因为 gpgcheck 可拦截传输中被篡改的软件包，避免恶意代码注入。

2. **跨平台软件安全下载及使用规范**

（1）来源可信性原则

● Linux：仅启用官方仓库（如 Ubuntu 的 main 仓库），避免非受信第三方源（如未经验证的 PPA）。

● 手机应用：优先通过官方应用商店（如 App Store、华为应用市场）下载，警惕短信/社交媒体推送的第三方链接。

（2）强制验证与权限控制

● 系统级验证：Linux 通过 apt-key 命令管理公钥，定期更新密钥链以维护信任关系；手机用户需要检查应用权限，拒绝与功能无关的请求（如导航软件要求读取通讯录）。

● 手动验证工具：Linux 使用 gpg --verify 命令验证签名；普通用户可通过工具校验文件哈希值（如 CertUtil -hashfile 命令）。

（3）更新与漏洞管理

● 及时更新系统和软件：Linux 通过 dnf upgrade 命令修复漏洞；手机用户需要开启自动更新功能，避免使用已停更的旧版本应用。

3. **手机软件安全的特殊挑战与对策**

（1）恶意软件与隐私泄露防护

● 识别风险：异常耗电、频繁弹窗或未知后台进程可能是恶意软件迹象，需要立即卸载并全盘扫描。

● 数据保护：敏感操作（如支付）使用独立安全环境（如手机厂商的"隐私空间"），避免在非官方页面输入密码。

（2）高危操作规避

● 避免 Root/越狱：此类操作会破坏系统完整性防护，增加恶意软件感染风险。

● 谨慎处理破解版软件：非官方渠道的"破解版"应用可能植入后门或吸费代码。

4. **用户习惯与全链条防护**

● 最小化安装原则：仅安装必需的软件（如 Linux 关闭非必要服务、手机卸载闲置应用），减少攻击面。

● 备份与加密：重要数据定期备份至加密存储（如 Linux 的 LUKS 加密盘、手机的云端加密备份）。

7.4 项目小结

本项目主要介绍了在 openEuler 环境下如何管理软件包，包括软件包的类型、格式、依赖关系以及具体的管理命令和工具。通过基本任务和拓展任务的操作，如 rpm、dnf 命令的应用，以及源代码包的编译安装，学习者可以提高软件包的管理技能，并培养耐心、细致的工作品质，为后续的系统运维工作打下坚实的基础。

7.5 思考与练习

文本：参考答案

一、简答题

1. 在 openEuler 系统中有哪些软件安装方法？
2. 查找并了解其他发行版 Linux 中软件的安装方法，进行简单介绍。
3. 从网上下载 httpd 的源代码包并安装。

二、HCIA 相关考题

1.【判断题】在 openEuler 系统中，使用 rpm 命令管理软件包时，可以解决由于依赖关系而无法安装或卸载软件的问题。（　　）

2.【多选题】下列命令中，可以从当前系统软件源中搜索指定软件包的是（　　）。
　　A．rpm search　　B．yum search　　C．rpm -aq　　D．dnf search

3.【单选题】下列命令中，可以列出 RPM 包的文件清单的是（　　）。
　　A．rpm -ql　　B．rpm -qlp　　C．rpm -aq　　D．rpm -qi

4.【单选题】下列命令中，不能确定 httpd 软件包是否已经安装的是（　　）。
　　A．rpm -q　httpd　　　　　　B．yum list installed　httpd
　　C．dnf list installed　httpd　　D．rpm -a httpd

5.【单选题】本地软件仓库配置文件中 baseurl 的正确书写格式为（　　）。
　　A．baseurl=file://media/cdrom　　B．baseurl=file:///media/cdrom
　　C．baseurl=/media/cdrom　　　　D．baseurl=//media/cdrom

6.【单选题】下列命令中，可以查看已安装的 vsftpd 软件包所安装的相关文件的是（　　）。
　　A．rpm -qlp vsftpd　　　　B．rpm -qa vsftpd
　　C．rpm -qi vsftpd　　　　　D．rpm -ql　vsftpd

7.【单选题】下列命令中，无法完成安装本地已下载好的 xxx.rpm 包的是（　　）。
　　A．yum install xxx.rpm　　　B．make install xxx.rpm
　　C．rpm -ivh xxx.rpm　　　　D．yum localinstall xxx.rpm

8.【单选题】下列命令中，可以查看文件/etc/passwd 来自于哪个软件包的是（　　）。
　　A．rpm -qi /etc/passwd　　　B．rpm -qa /etc/passwd
　　C．rpm -ql /etc/passwd　　　D．rpm -qf　/etc/passwd

9.【多选题】在 openEuler 系统中，若要添加一个软件源仓库，可以使用的方法是（　　）。
　　A．在/etc/dnf/dnf.conf 文件中添加 repository 部分，并配置相应参数信息
　　B．在/etc/yum.repos.d/目录下添加".repo"文件，并配置相应参数信息

C．在/etc/yum.repos.d/目录下添加"repo."文件，并配置相应参数信息

D．dnf config-manager –add-repo repository_url

10.【填空题】在 openEuler 系统中，已安装名为 httpd-2.4.46-3.oe1.x86_64.rpm 的软件包，其中该软件包所适用平台处理器架构是_____。

11.【填空题】请补全开启当前系统中 repoid 是 exam.openeuler.com 的软件仓库的命令：dnf config-manager_____exam.openeuler.com。

项目 8 任务与进程管理

【学习目标】

知识目标：
- 理解任务与进程的基本概念及其在操作系统中的作用。
- 掌握守护进程的特点、类型及其在 Linux 系统中的重要性。
- 了解 systemd 初始化系统的特性及其在系统管理和服务管理中的应用。

技能目标：
- 能够识别和管理 Linux 系统中的任务与进程，包括启动、停止、监控等操作。
- 能够配置和管理守护进程，包括启用、禁用、启动、停止等，确保系统服务的正常运行。
- 能够使用 systemd 及其 systemctl 命令进行系统管理和服务管理，包括查看服务状态、启动/停止服务、设置服务开机自启等。

素养目标：
- 培养严谨的工作态度，确保系统稳定性和安全性，提升安全生产意识。
- 通过进程管理的学习，理解策略优化的重要性，提升工作效率。

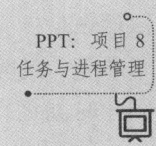

PPT：项目 8 任务与进程管理

文本：单元设计

8.1 知识储备

8.1.1 进程与程序

进程是用于描述一个正在运行的程序的实例，它是一个独立的执行单元，是操作系统进行资源分配和调度的基本单位，具有自己的内存空间、代码和数据。进程允许多个任务同时运行，以提高计算机系统的效率和多任务处理能力。

程序是静态的，由指令和数据组成，而进程是程序的一次执行过程，是动态的。进程从创建到销毁，经历了一个完整的生命周期。

进程在运行过程中会处于不同的状态，包括新建态、就绪态、运行态、阻塞态、终止态等。这些状态反映了进程在操作系统中的执行情况和资源占用情况，如图 8-1 所示。

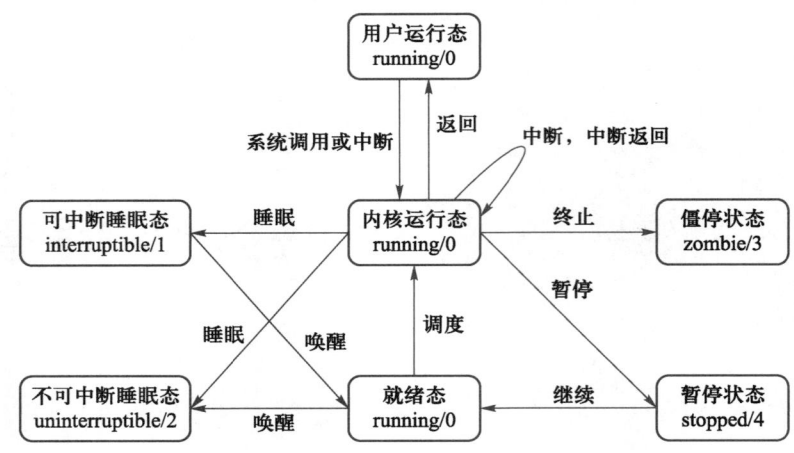

图 8-1 进程的 5 种状态

具体来说，进程具有以下几个特点。

1）独立性：每个进程都有自己独立的内存空间和系统资源，互不干扰。

2）动态性：进程是程序的一次执行过程，包含了程序的创建、运行和终止等状态变化。

3）并发性：多个进程可以在同一时间内并发执行，共享系统的处理器资源。

4）交互性：进程之间可以通过进程间通信（Inter-Process Communication，IPC）机制进行信息交换和协作。

8.1.2 线程

线程是操作系统能够进行运算调度的最小单位，被包含在进程之中，是进程中的实际运作单位。它是进程内的一个可执行单元，具有比进程更小的粒度，是 CPU 进行调度的基本单元。在现代计算机编程中，线程是并发编程的核心概念之一，它允许程序的不同部分在同一时间运行，从而提高了程序的执行效率和响应速度。

线程本身不占有资源，在运行过程中只需要很小的一部分系统开销。然而，一个进程内的多个线程可以共享该进程的所有资源，包括内存空间、打开的文件等。这使得线程间的通信和数据共享变得简单高效，但也带来了同步和数据一致性的问题。因此，开发者需要谨慎地处理线程间的同步和互斥，以避免出现数据竞争和死锁等问题。

线程与进程的关系解析如下。

1）包含关系：线程是进程的一部分，一个线程只能属于一个进程，而一个进程可以有多个线程，但至少要有一个线程。这个线程通常被称为主线程或 UI 线程，它负责执行进程的主要任务。

2）资源共享：进程是拥有资源的基本单位，不同进程之间不可以共享资源。线程不占有资源，但一个进程内的所有线程可以共享该进程的资源，这使得线程间的协作变得更加高效。

3）调度单位：从调度的角度来看，线程是 CPU 进行调度的最小单元，这意味着 CPU 在分配时间片时，是以线程为单位进行的。而进程作为资源分配的基本单位，并不直接参与 CPU 的调度。

4）并发性：进程之间可以并发执行，以提高系统的吞吐量和响应速度。同样地，一个进程内的多个线程也可以并发执行，以实现更细粒度的并行处理。然而，需要注意的是，由于线程共享进程的资源，因此线程间的同步和互斥问题比进程间的同步和通信问题更加复杂。

5）系统开销：创建和销毁进程的时候，系统需要分配和回收资源，因此进程的系统开销相对较大。而线程本身不占有资源，在运行过程中只需要很小的一部分系统开销，这使得线程在需要频繁创建和销毁的场景下比进程更加高效。

8.1.3 任务

任务是由软件或系统所完成的一个具体活动或工作单元，它承载着完成某项工作或活动的责任与义务，并具有明确的目标、规定的时间和完成标准。任务可以由单个进程或线程来实现，也可以由多个进程或线程协同完成。在操作系统中，任务通常与作业（Job）等概念相关，用于描述用户提交给系统的一系列操作或计算需求。任务管理通常涉及任务的调度、分配和监控等方面，以确保任务能够按时、按量地完成。

8.1.4 前台任务与后台任务

前台任务是指那些直接与终端交互的进程。当在终端中输入命令并按下 Enter 键时，这个命令通常会作为一个前台任务启动。前台任务在执行过程中会占据整个终端窗口，其输出会直接显示在终端上，而任何需要用户输入的操作也会直接在终端上提示。前台任务会阻塞终端，这意味着当前台任务正在运行时，用户不能在同一终端窗口中启动其他任务。

后台任务是在后台运行的进程，不与终端直接交互。后台任务会释放终端的控制权，使用户可以在同一终端窗口中启动其他任务。后台任务的输出通常不会直接显示在终端上，而是可能被重定向到文件或其他地方。

8.1.5 守护进程

1. 守护进程的概念与特点

守护进程（Daemon）是 Linux 操作系统中一种特殊类型的后台进程，不受任何终端控制，通常用于执行系统服务、管理任务或处理请求。

守护进程有以下几个特点。

1）后台运行：守护进程在后台运行，不占用终端，也不与用户直接交互。

2）独立性：守护进程不依赖于任何用户会话，它们通常在系统启动时启动，并持续运行直到系统关闭。

3）长期运行：守护进程的生命周期通常与系统的运行时间一致，除非被强行终止。

4）无交互性：守护进程不需要用户输入，也不提供用户界面。

5）稳定性与可靠性：守护进程在后台稳定运行，不受用户登录状态的影响，能够持续监控关键任务。

2. 常见守护进程及其功能

1）系统守护进程：如 systemd、init、upstart 等，它们负责系统的启动、管理和停止各种服务。

2）网络守护进程：如 sshd（OpenSSH 守护进程），用于提供安全的远程登录和文件传输服务；Web 服务器（如 Apache httpd 或 Nginx）用于提供 Web 服务。

3）日志守护进程：如 rsyslogd 或 syslogd，用于收集和存储系统和应用程序的日志信息。

4）定时任务守护进程：如 cron，用于定期执行计划任务。

5）文件和目录监控守护进程：如 inotify 和 watchdog，用于监视文件系统的变化并执行相应的操作。

3. 管理与监控

在当前的 Linux 发行版中，systemd 是默认的服务管理器，它提供了一种简单的方式来管理守护进程。管理员可以通过创建 service 文件来定义守护进程的配置，并使用 systemctl 命令来启用、启动、停止和重启守护进程。此外，还可以使用 supervisord 等进程管理器来监控和管理守护进程，提供更多的灵活性和控制。

8.2 项目实施

微课 8-1
一次性任务
计划管理
（at）

任务 1：一次性任务计划管理（at）

任务描述：一次性任务计划通常用于执行那些只需要执行一次的任务，这些任务可能是临时的、非重复性的，或者与特定事件或时间节点相关。一次性任务计划通常与自动化工具（如脚本、命令行工具等）结合使用，以实现任务的自动化执行，这不仅可以减少人为干预和错误，还可以提高任务执行的效率和准确性。通过设置一次性任务计划，可以确保任务在预定的时间和条件下执行，这有助于提高任务执行的可预测性，使得管理员可以更好地规划和管理系统资源。

【命令格式】at [选项] [时间]

常用选项如下。

- -f：指定包含具体指令的任务文件。
- -q：指定新任务的队列名称。
- -l：显示待执行任务的列表。
- -d：删除指定的待执行任务。
- -m：任务执行完成后向用户发送E-mail。

常见的时间表达方式或示例如下。

- now：立即执行。
- 11:20：11 点 20 开始执行。
- now+5minutes：5 分钟后执行。
- 3:00am tomorrow：明天早上 3 点执行。
- 5:00pm+2days：两天后下午 5 点执行。

步骤 1：新建一个任务计划，两天后的下午 5 点，将/var/log/messages 中的最后 10 行转存到/root/logs.txt 文件中，如图 8-2 所示。

```
[root@openEuler01 ~]# date
Sun Jan 26 10:19:17 PM +11 2025
[root@openEuler01 ~]# at 5:00pm+2days
warning: commands will be executed using /bin/sh
at Tue Jan 28 17:00:00 2025
at> tail -n 10 /var/log/messages >>/root/logs.txt
at> <EOT>
job 4 at Tue Jan 28 17:00:00 2025
```

图 8-2　新建一次性任务计划

步骤 2：列表任务计划，如图 8-3 所示，也可用命令 at -l。

```
[root@openEuler01 ~]# atq
3       Tue Jan 28 17:00:00 2025 a root
4       Tue Jan 28 17:00:00 2025 a root
```

图 8-3　列表任务计划

步骤 3：删除一个任务计划，如图 8-4 所示，也可用命令 at -d 实现。

```
[root@openEuler01 ~]# at -l
3       Tue Jan 28 17:00:00 2025 a root
4       Tue Jan 28 17:00:00 2025 a root
[root@openEuler01 ~]# atrm 3
[root@openEuler01 ~]# at -l
4       Tue Jan 28 17:00:00 2025 a root
```

图 8-4　删除一个任务计划

步骤 4：验证任务计划的执行，如图 8-5 所示，新建一个立即执行的任务计划，然后查看结果。

```
[root@openEuler01 ~]# at now
warning: commands will be executed using /bin/sh
at Sun Jan 26 22:40:00 2025
at> tail -n 5 /var/log/messages >>/root/logs.txt
at> <EOT>
job 6 at Sun Jan 26 22:40:00 2025
[root@openEuler01 ~]# cat logs.txt
Jan 26 21:45:37 openEuler01 dnf[5615]: created by dnf config-manager from file:/
//nginx 2.9 MB/s | 3.0 kB    00:00
Jan 26 21:45:37 openEuler01 dnf[5615]: Metadata cache created.
Jan 26 21:45:37 openEuler01 systemd[1]: dnf-makecache.service: Deactivated succe
ssfully.
Jan 26 21:45:37 openEuler01 systemd[1]: Finished dnf makecache
Jan 26 22:14:32 openEuler01 NetworkManager[2409]: <info>  [1737890072.4856] poli
cy: set 'enp0s3' (enp0s3) as default for IPv6 routing and DNS
```

图 8-5　验证任务计划的执行

　　任务计划可以交互式输入命令，用 Ctrl+d 组合键结束命令输入，也可以通过-f 选项来指定一个包含命令的文件。

任务 2：周期性任务计划管理（crontab）

　　任务描述：在进行操作系统运维时，有些运维操作需要在某些时间点反复进行，此时就要用到周期性任务计划。利用周期性任务计划，用户可以灵活地安排任务的执行时间，极大提升系统管理的自动化程度。

【命令格式】crontab [选项]
　　常用选项含义如下。

微课 8-2
周期性任务
计划管理
（crontab）

- -u user：编辑指定用户的 crontab 文件。如果省略，则默认编辑当前用户的 crontab 文件。
- -e：编辑当前用户的 crontab 文件。
- -l：列出当前用户的 crontab 文件内容。
- -r：删除当前用户的 crontab 文件。
- -i：在删除 crontab 文件之前提示用户确认。

crontab 文件中的每一行代表一个定时任务，格式如下：

```
* * * * *    command_to_be_executed
| | | | |
| | | | +---- 星期几（0~7，其中星期天为 0 或 7）
| | | +------ 月份（1~12）
| | +-------- 一个月中的第几天（1~31）
| +---------- 小时（0~23）
+------------ 分钟（0~59）
```

表达时间的一些特殊符号如下。
- *：表示任何值。例如，在分钟字段中使用"*"表示"每分钟"。
- ,：表示分隔多个值。例如，"1,15"在小时字段中表示"凌晨 1 点和 15 点"。
- -：表示范围。例如，"1-5"在小时字段中表示"凌晨 1 点到 5 点之间的每一小时"。
- /：表示步长。例如，"*/5"在分钟字段中表示"每 5 分钟"。

步骤 1：新建一个周期性任务计划。

```
[root@openEuler01 ~]# crontab -e
*/5  1-2  *  *  1-5    date>>/mnt/test.txt       #周一到周五的晚上 1 点到 2 点，每隔 5 分钟执行
                                                 #往/mnt/test.txt 里面记录一下当前系统时间
0    4    1,15 * *     /path/to/script-1.sh      #每月的 1 号和 15 号，早上 4 点执行脚本
0,30 9-17 *  *  1-5    /path/to/script-2.sh      #周一到周五的 9 点到 17 点，每 30 分钟执行一次
                                                 #脚本
```

步骤 2：列表当前用户的任务计划，如图 8-6 所示。

```
[root@openEuler01 ~]# crontab -l
*/5 * * * *      date>>/mnt/test.txt
0 4 1,15 * *     /path/to/script.sh
0,30 9-17 * * 1-5   /path/to/script.sh
```

图 8-6　当前用户的任务计划

步骤 3：验证任务计划的执行，如图 8-7 所示。

```
[root@openEuler01 ~]# cat /mnt/test.txt
Mon Jan 27 01:55:01 AM +11 2025
Mon Jan 27 02:00:01 AM +11 2025
Mon Jan 27 02:05:01 AM +11 2025
Mon Jan 27 02:10:01 AM +11 2025
Mon Jan 27 02:15:01 AM +11 2025
Mon Jan 27 02:20:01 AM +11 2025
Mon Jan 27 02:25:01 AM +11 2025
Mon Jan 27 02:30:01 AM +11 2025
Mon Jan 27 02:35:01 AM +11 2025
```

图 8-7　验证任务计划的执行

步骤 4：删除用户任务计划，如图 8-8 所示。

```
[root@openEuler01 ~]# crontab -r
[root@openEuler01 ~]# crontab -l
no crontab for root
```

图 8-8　删除用户任务计划

微课 8-3
进程管理

任务 3：进程管理

任务描述：进程是操作系统中正在运行的程序，占用着系统中的各种资源。进程管理主要负责控制和协调计算机系统中各个进程的执行和资源分配，包括进程的创建、调度、同步、互斥、通信和终止、查看等，这些操作对于确保系统资源的有效利用和进程的有序执行至关重要。

步骤 1：列表系统进程树命令 pstree 的使用。该命令用于以树状结构显示 Linux 系统中进程关系，它可以帮助用户直观地理解哪些进程是父进程，哪些进程是由这些父进程派生的子进程。这对于系统调试、性能分析以及理解进程间的依赖关系非常有用，如图 8-9 所示。

```
[root@openEuler01 ~]# pstree  -Apu
systemd(1)-+-NetworkManager(2409)-+-{NetworkManager}(2412)
           |                      `-{NetworkManager}(2414)
           |-atd(880)
           |-auditd(770)-+-sedispatch(772)
           |             |-{auditd}(771)
           |             `-{auditd}(773)
           |-crond(882)
           |-dbus-daemon(791,dbus)
           |-firewalld(824)-+-{firewalld}(1067)
           |                |-{firewalld}(4611)
           |                `-{firewalld}(4613)
           |-login(3093)---bash(3108)
```

图 8-9　系统进程树（部分）

【命令格式】pstree [选项] [pid | user]

各参数含义如下。

- pid：显示特定进程及其子进程的树状结构。
- user：显示特定用户的所有进程及其子进程的树状结构。

常用选项如下。

- -a：显示进程的完整命令行。
- -p：显示进程的 PID（Process ID）。
- -u：显示进程的 UID（User ID）。
- -n：按 PID 排序显示进程，而不是按父子关系排序。
- -t：显示进程的启动时间。
- -A：显示所有进程（包括那些没有控制终端的进程）。
- -l：使用长格式（显示完整的命令行，如果太长则换行显示）。
- -h：以层次结构高度（深度）来限制显示的进程数。
- -g：按进程组显示。

- -G：显示特定进程组的进程树。
- -s：显示进程的会话 ID（SID）。
- -S：显示特定会话的进程树。

systemd 是系统的根进程（PID 1），它是所有用户进程的祖先，由它派生出 NetworkManager、atd、auditd 等子进程，而 auditd 进程又派生出 sedispatch、auditd(771)和 auditd(773)等子进程。

微课 8-4
进程状态
识读

步骤 2：显示进程详细信息命令 ps 的使用。该命令用于显示当前系统中的进程状态，可以查看进程的 PID、CPU 利用率、内存使用情况等信息，如图 8-10 所示。

```
[root@openEuler01 ~]# ps -aux
USER         PID %CPU %MEM    VSZ   RSS TTY      STAT START   TIME COMMAND
root           1  0.0  1.2 121164 18636 ?        Rs   Jan24   0:01 /usr/lib/syst
root           2  0.0  0.0      0     0 ?        S    Jan24   0:00 [kthreadd]
root           3  0.0  0.0      0     0 ?        I<   Jan24   0:00 [rcu_gp]
root           4  0.0  0.0      0     0 ?        I<   Jan24   0:00 [rcu_par_gp]
root           6  0.0  0.0      0     0 ?        I<   Jan24   0:00 [kworker/0:0H
root           8  0.0  0.0      0     0 ?        I<   Jan24   0:00 [mm_percpu_wq
root           9  0.0  0.0      0     0 ?        S    Jan24   0:00 [rcu_tasks_ru
root          10  0.0  0.0      0     0 ?        S    Jan24   0:00 [rcu_tasks_tr
```

图 8-10　进程详细信息

【命令格式】ps [选项]

常用选项如下。

- -A 或-e：显示系统中所有的进程信息。
- -f：以全格式显示进程信息，包括进程的 PID（进程 ID）、PPID（父进程 ID）、CPU 使用率、内存使用情况等。
- -H：以树状结构显示进程信息。
- -l：以长格式显示进程信息，包括进程的 PID、状态、占用的虚拟内存、实际内存和共享内存等。
- -o：允许用户自定义输出字段，如 "-o pid, cmd, %mem, %cpu" 可以显示进程 ID、命令、内存使用百分比以及 CPU 使用率。
- -u <user>：按用户名过滤进程，只显示指定用户的进程。
- -p <pid>：按进程 ID 过滤进程，只显示指定进程 ID 对应的进程。
- -t：按终端过滤进程，只显示指定终端关联的进程。
- -C <command>：按命令名过滤进程，只显示指定命令名对应的进程。
- -T：显示线程信息。
- -N：反向选择，显示不符合指定条件的进程。
- -x：包括没有控制终端的进程。

输出字段解析如下。

- USER：进程所属的用户。
- PID：进程的 ID 号。
- %CPU：进程占用的 CPU 使用率。
- %MEM：进程占用的内存使用率。
- VSZ：进程占用的虚拟内存大小。
- RSS：进程占用的实际内存大小。

- TTY：进程所在的终端设备。
- STAT：进程的状态，如 R（运行中）、S（睡眠等待）、Z（僵尸进程）、I（空闲进程）等。
- START：进程启动的时间。
- TIME：进程运行的累计 CPU 时间。
- COMMAND：进程对应的命令行。

1) ps 命令显示的信息是静态的，即它只反映命令执行时刻的信息。

2) 不同的 Linux 发行版可能对 ps 命令的支持有所不同，某些选项可能不被支持或行为略有不同。因此，在使用时需要注意兼容性问题。

步骤 3：实时进程显示命令 top 的使用。该命令提供了一个动态、实时的视图，展示了系统的整体状态，包括 CPU 使用情况、内存使用情况、交换空间使用情况以及正在运行的进程的详细信息。如图 8-11 所示，屏幕被分隔成几个部分，包括系统状态摘要和进程信息。

```
top - 10:38:07 up 2 days, 12:54,  2 users,  load average: 0.00, 0.00, 0.00
Threads: 109 total,   2 running, 107 sleeping,   0 stopped,   0 zombie
%Cpu(s):  0.0 us,  0.0 sy,  0.0 ni,100.0 id,  0.0 wa,  0.0 hi,  0.0 si,  0.0 st
MiB Mem :   1461.2 total,    951.4 free,    320.3 used,    356.1 buff/cache
MiB Swap:   2104.0 total,   2104.0 free,      0.0 used.   1140.9 avail Mem

    PID USER      PR  NI    VIRT    RES    SHR S  %CPU  %MEM     TIME+ COMMAND
    878 root      20   0  203404  13656   7744 R   0.7   0.9   4:22.13 oeaware
      1 root      20   0  121164  18636  10136 S   0.0   1.2   0:33.34 systemd
      2 root      20   0       0      0      0 S   0.0   0.0   0:00.03 kthreadd
      3 root       0 -20       0      0      0 I   0.0   0.0   0:00.00 rcu_gp
      4 root       0 -20       0      0      0 I   0.0   0.0   0:00.00 rcu_par_gp
      6 root       0 -20       0      0      0 I   0.0   0.0   0:00.00 kworker/0:0H+
      8 root       0 -20       0      0      0 I   0.0   0.0   0:00.00 mm_percpu_wq
      9 root      20   0       0      0      0 S   0.0   0.0   0:00.00 rcu_tasks_ru+
     10 root      20   0       0      0      0 S   0.0   0.0   0:00.00 rcu_tasks_tr+
```

图 8-11 动态显示进程

top 命令的常用选项如下。
- -d <秒数>：指定 top 命令的刷新时间间隔，单位为秒，默认为 3。
- -n <次数>：指定 top 命令运行的次数后自动退出。
- -p <进程 ID>：仅显示指定进程 ID 的信息。
- -u <用户名>：仅显示指定用户名的进程信息。
- -H：在进程信息中显示线程详细信息。
- -i：不显示闲置（Idle）或无用的进程。
- -b：以批处理（Batch）模式运行，直接将结果输出到文件。
- -c：显示完整的命令行而不截断。
- -S：累计显示进程的 CPU 使用时间。

系统状态摘要说明如下。
- 当前时间：显示系统时间以及自上次启动以来的时间长度。
- 总进程数：显示所有进程的数量，并区分出运行中、休眠、停止和僵尸进程的数量。
- CPU 使用率：包括用户空间内核执行的 CPU 时间百分比（%us）、内核空间内核执行的 CPU 时间百分比（%sy）、已经被调整过优先级的进程所使用的 CPU 时间百分比（%ni）、空闲 CPU 百分比（%id）、等待 I/O 操作完成的时间百分比（%wa）、处理硬件中断的时间百分比（%hi）、处理软件中断的时间百分比（%si）以及由于虚拟机管理程序偷取的时间（%st，仅适用于虚拟化环境）。
- 内存使用情况：包括总物理内存、已用内存、空闲内存、缓存和缓冲区使用的内存。
- 交换空间使用情况：包括总交换空间、已用交换空间、空闲交换空间、缓存使用的交换空间。

进程信息说明如下。
- PID：进程 ID。
- USER：进程所有者用户名。
- PR：进程优先级。
- NI：nice 值，负值表示更高优先级，正值表示更低优先级。
- VIRT：进程使用的虚拟内存总量。
- RES：进程使用的实际物理内存（常驻集大小）。
- SHR：共享内存大小。
- S：进程状态（D=不可中断，R=运行，S=休眠，T=跟踪/停止，Z=僵尸）。
- %CPU：最近一次更新周期内，该进程占用的 CPU 百分比。
- %MEM：进程占用的物理内存百分比。
- TIME+：进程累计使用的 CPU 时间，精确到百秒。
- COMMAND：启动该进程的命令名称或命令行。

在 top 命令运行时，可以使用以下一些按键进行交互操作。
- h：显示帮助屏幕。
- k：杀死某进程。需要输入进程 ID。
- r：按 PID 修改进程的 nice 优先级。需要输入进程 ID 和新的 nice 值。
- q：退出 top。
- P：按 CPU 使用率排序。
- M：按内存使用量排序。
- T：按运行时间排序。
- f：进入字段管理器，允许选择显示哪些列。
- o：设置当前排序规则。
- d 或 s：更改刷新间隔时间。
- [Space]：立即刷新显示。
- n：改变要显示的进程数量。
- u：按用户名过滤进程。
- 1：监控每个逻辑 CPU 的状况。
- c：切换显示命令名称和完整命令行。
- b：打开/关闭加亮效果（高亮显示当前运行进程）。

步骤 4：进程终止命令 kill、killall 和 pkill 的使用。

（1）kill 命令

该命令用于向进程发送各种信号的一个非常重要且常用的命令，通常用于终止进程。

【命令格式】kill [选项] [信号] <PID>
- 选项：可选参数，用于控制发送信号的行为。

- 信号：信号名称或编号。
- PID：要发送信号的进程 ID 或进程 ID 列表。

常用选项如下。
- -l 或--list：列出所有可用的信号名称和对应的数字。
- -s 或--signal：后面跟信号名称或数字，指定要发送的信号。
- -<信号>：与-s 选项类似，直接通过信号编号来指定要发送的信号。例如，-9 表示发送 SIGKILL 信号。

常用信号如下。
- SIGTERM（信号 15）：正常结束进程，可以被捕获或忽略。这是 kill 命令的默认信号。
- SIGKILL（信号 9）：立即结束进程，不能被捕获或忽略。这是强制终止进程的最后手段。
- SIGSTOP（信号 19）：暂停进程，不能被捕获、忽略或结束。
- SIGCONT（信号 18）：继续执行被暂停的进程。
- SIGINT（信号 2）：通常是按 Ctrl+C 组合键产生的信号，可以被进程捕获或忽略。

微课 8-5
进程信号及
应用

▲ kill 命令只能依据进程 ID 来控制进程。

（2）killall 和 pkill 命令

使用 killall 和 pkill 命令可以根据进程名而不是进程 ID 来终止进程，因此在某些情况下可能更为方便。

【命令格式】killall [选项] [信号] <进程名>
- 选项：可选参数，用来调整 killall 的行为。
- 信号：指定要发送给进程的信号类型，与 kill 命令中类似。如果没有指定，默认发送 SIGTERM(15)，这是终止进程的标准信号。
- 进程名：目标进程的名称。

常用选项如下。
- -i 或--interactive：在终止进程前要求确认。
- -v 或--verbose：显示详细信息，表明每个步骤的状态。
- -w 或--wait：等待所有被终止的进程确认已经结束后才返回。
- -q 或--quiet 或--silent：静默模式，不输出任何信息。
- -s 或--signal <信号>：指定要发送的信号，默认为 SIGTERM(15)。
- -u 或--user <用户名>：仅终止属于特定用户的进程。
- -Z 或--context <安全上下文>:仅终止具有指定安全标签的进程(适用于 SELinux 系统)。
- -g 或--process-group：向整个进程组发送信号，而不是单个进程。
- -r 或--regexp <正则表达式>：使用正则表达式匹配进程名。
- -e 或--exact：精准匹配。由于命令名长于 15 个字符时，会终止匹配前 15 个字符的所有进程，此时需要使用-e 选项进行精准匹配。
- -I 或--ignore-case：进程名匹配不区分大小写。
- -o 或--older-than：仅匹配指定时间之前（在指定时间之前开始）的进程，单位为 s、m、h、d、w（周）、M、y。

- -y 或 --younger-than：仅匹配指定时间之后的进程，与-o 选项相反。

👑 pkill 命令的用法与 killall 命令类似，此处不再赘述，有兴趣的读者可以查看相关资料。

示例：列表当前系统进程，如图 8-12 所示，其中包含以 cjl 账号的身份后台运行了两个 vim 进程。

```
root          1  0.0  1.2 121164 18636 ?        Ss   Jan24   0:01 /usr/lib/syst
root          2  0.0  0.0      0     0 ?        S    Jan24   0:00 [kthreadd]
root          3  0.0  0.0      0     0 ?        I<   Jan24   0:00 [rcu_gp]
root          4  0.0  0.0      0     0 ?        I<   Jan24   0:00 [rcu_par_gp]
root          6  0.0  0.0      0     0 ?        I<   Jan24   0:00 [kworker/0:0H
root          8  0.0  0.0      0     0 ?        I<   Jan24   0:00 [mm_percpu_wq
root          9  0.0  0.0      0     0 ?        S    Jan24   0:00 [rcu_tasks_ru
root         10  0.0  0.0      0     0 ?        S    Jan24   0:00 [rcu_tasks_tr
root         11  0.0  0.0      0     0 ?        S    Jan24   0:00 [ksoftirqd/0]
root         12  0.0  0.0      0     0 ?        R    Jan24   0:00 [rcu_sched]
root         13  0.0  0.0      0     0 ?        S    Jan24   0:00 [migration/0]
root       7212  0.0  0.3  28580  5776 pts/0    S    19:48   0:00 su cjl
cjl        7213  0.0  0.3  24288  5468 pts/0    S    19:48   0:00 bash
cjl        7274  0.0  0.6  29904  9096 pts/0    T    19:48   0:00 vim
cjl        7275  0.0  0.6  29904  9156 pts/0    T    19:48   0:00 vim
root       7277  0.1  0.3  28572  5720 pts/0    S    19:48   0:00 su root
root       7278  0.0  0.3  24416  5524 pts/0    S    19:48   0:00 bash
root       7337  0.0  0.3  26112  4836 pts/0    R+   19:48   0:00 ps aux
```

图 8-12 当前进程列表

首先使用"优雅"方式终止进程，如图 8-13 所示，3 条命令都未能成功终止。

```
[root@openEuler01 ~]# kill 7274
[root@openEuler01 ~]# pkill vim
[root@openEuler01 ~]# killall vim
[root@openEuler01 ~]# ps aux
USER        PID %CPU %MEM    VSZ   RSS TTY      STAT START   TIME COMMAND
root          1  0.0  1.2 121164 18636 ?        Ss   Jan24   0:01 /usr/lib/syst
root          2  0.0  0.0      0     0 ?        S    Jan24   0:00 [kthreadd]
root          3  0.0  0.0      0     0 ?        I<   Jan24   0:00 [rcu_gp]
root          4  0.0  0.0      0     0 ?        I<   Jan24   0:00 [rcu_par_gp]
root          6  0.0  0.0      0     0 ?        I<   Jan24   0:00 [kworker/0:0H
root          8  0.0  0.0      0     0 ?        I<   Jan24   0:00 [mm_percpu_wq
root          9  0.0  0.0      0     0 ?        S    Jan24   0:00 [rcu_tasks_ru
root         10  0.0  0.0      0     0 ?        S    Jan24   0:00 [rcu_tasks_tr
root         11  0.0  0.0      0     0 ?        S    Jan24   0:00 [ksoftirqd/0]
root         12  0.0  0.0      0     0 ?        R    Jan24   0:00 [rcu_sched]
root         13  0.0  0.0      0     0 ?        S    Jan24   0:00 [migration/0]
root         14  0.0  0.0      0     0 ?        S    Jan24   0:00 [cpuhp/0]
root       7212  0.0  0.3  28580  5776 pts/0    S    19:48   0:00 su cjl
cjl        7213  0.0  0.3  24288  5468 pts/0    S    19:48   0:00 bash
cjl        7274  0.0  0.6  29904  9096 pts/0    T    19:48   0:00 vim
cjl        7275  0.0  0.6  29904  9156 pts/0    T    19:48   0:00 vim
root       7277  0.0  0.3  28572  5720 pts/0    S    19:48   0:00 su root
root       7278  0.0  0.3  24416  5580 pts/0    S    19:48   0:00 bash
root       7340  0.0  0.0      0     0 ?        I    20:03   0:00 [kworker/0:1-
root       7341  0.0  0.0      0     0 ?        I    20:08   0:00 [kworker/0:2-
```

图 8-13 使用"优雅"方式终止进程后的列表

再使用强制方式终止进程，如图 8-14 所示，相关进程成功终止了。

```
[root@openEuler01 ~]# kill -9 7415
[root@openEuler01 ~]# killall -9 vim
```

图 8-14 强制终止进程

任务 4：作业管理

任务描述：作业是指用户在一次计算过程或一次事务处理过程中，要求计算机系统所做工作的集合。一个作业可以包含一个或多个进程，作业管理则是指对用户在计算机系统上提交的作业进行组织、调度和控制。

步骤 1：创建两个后台运行的作业。如图 8-15 所示，"&"符号将作业置于后台运行。

```
[root@openEuler01 ~]# ./a.sh &
[1] 7629
[root@openEuler01 ~]# vim &
[2] 7631
```

图 8-15　创建两个后台运行的作业

微课 8-6
作业管理

📌 a.sh 是一个不断执行 sleep 10s 命令的永真循环脚本。

步骤 2：查看后台作业。如图 8-16 所示，jobs 命令用于列出当前 shell 会话中所有已停止（Suspended）或后台运行（Background）的作业。其中，脚本处于 Running 状态，即运行态，而 vim 处于 Stopped 状态，即停止状态。

```
[root@openEuler01 ~]# jobs
[1]-  Running                 ./a.sh &
[2]+  Stopped                 vim
```

图 8-16　后台作业列表

步骤 3：将后台作业调度到前台。如图 8-17 所示，用"fg 作业编号"命令将后台作业调度到前台运行。

```
[root@openEuler01 ~]# fg 1
./a.sh
```

图 8-17　将后台作业调度到前台

步骤 4：将前台作业暂停。如图 8-18 所示，按 Ctrl+Z 组合键将作业暂停。

```
[root@openEuler01 ~]# fg 1
./a.sh

^Z
[1]+  Stopped                 ./a.sh
```

图 8-18　暂停作业

步骤 5：将暂停的作业放到后台继续运行。如图 8-19 所示，用"bg 作业编号"命令将暂停的 a.sh 脚本放于后台运行。

```
[root@openEuler01 ~]# jobs
[2]+  Stopped                 vim
[3]-  Stopped                 ./a.sh
[root@openEuler01 ~]# bg 3
[3]-  ./a.sh &
[root@openEuler01 ~]# jobs
[2]+  Stopped                 vim
[3]-  Running                 ./a.sh &
```

图 8-19　后台运行暂停作业

步骤 6：终止前台作业。如图 8-20 所示，按 Ctrl+C 组合键终止前台运行的作业。

```
[root@openEuler01 ~]# fg 1
./a.sh
^C
[root@openEuler01 ~]# jobs
[2]+  Stopped                    vim
```

图 8-20　终止前台运行的作业

8.3　能力拓展

微课 8-7
管理守护
进程

拓展任务 1：管理守护进程

systemd 是 Linux 系统中的一种现代初始化系统，旨在提高服务的启动速度和效率，并提供更强大的服务和进程管理功能，其具有以下几个特点。

1）并行启动：systemd 通过并行启动多个服务来显著减少系统启动时间。它智能地管理服务之间的依赖关系，确保服务以正确的顺序启动，同时尽可能并行化启动过程。

2）按需加载：systemd 支持按需启动服务，即只在需要时启动服务，而不是在启动时全部加载，这有助于减少不必要的资源占用和启动时间。

3）单元概念：systemd 使用"单元"（Unit）来表示系统中的各种资源和服务。单元可以是服务、挂载点、套接字等，它们通过配置文件进行定义和管理。

4）日志管理：systemd 集成了 journalctl 工具，用于集中管理和查看系统日志，这使得日志管理更加一致和高效。

5）cgroups 支持：systemd 提供对控制组的更好支持，用于管理和隔离进程。

6）兼容性：systemd 与 SysVinit 和 LSB init scripts 兼容，使得系统中已经存在的服务和进程无需修改即可继续使用。

systemctl 是 Linux 系统中用于管理 systemd 系统和服务管理器的命令行工具。

【命令格式】systemctl [选项] <子命令> [服务名称]

常用选项如下。
- -t 或--type=TYPE：列表指定类型的服务，如 service、socket、device 等。
- -H 或--host=[USER@]HOST：操作远程主机。
- --now enable/disable：启用/禁用服务开机自动启动后，立该启动或关闭服务。

常用子命令如下。
- status：查看服务状态。
- start：启动服务。
- restart：重新启动服务。
- stop：停止服务。
- enable：启用服务开机自动启动。

- disable：禁用服务开机自动启动。

步骤 1：查看 firewalld 服务的状态。如图 8-21 所示，inactive（dead）表示服务处于不活动状态。

```
[root@openEuler01 ~]# systemctl stop firewalld
[root@openEuler01 ~]# systemctl status firewalld
o firewalld.service - firewalld - dynamic firewall daemon
   Loaded: loaded (/usr/lib/systemd/system/firewalld.service; enabled; vendor preset: enabled)
   Active: inactive (dead) since Tue 2025-01-28 20:39:56 +11; 6s ago
     Docs: man:firewalld(1)
  Process: 824 ExecStart=/usr/sbin/firewalld --nofork --nopid $FIREWALLD_ARGS (code=exited, stat
 Main PID: 824 (code=exited, status=0/SUCCESS)

Jan 24 21:43:50 openEuler01 systemd[1]: Started firewalld - dynamic firewall daemon.
Jan 26 01:08:11 openEuler01 firewalld[824]:
Jan 26 01:08:49 openEuler01 firewalld[824]: ERROR: PANIC MODE
Jan 26 01:08:49 openEuler01 firewalld[824]: ERROR: PANIC MODE
```

图 8-21　服务处于不活动状态

步骤 2：启动服务。如图 8-22 所示，active（running）表示服务处于活动状态。

```
[root@openEuler01 ~]# systemctl start firewalld
[root@openEuler01 ~]# systemctl status firewalld
• firewalld.service - firewalld - dynamic firewall daemon
   Loaded: loaded (/usr/lib/systemd/system/firewalld.service; enabled; vendor preset: enabled)
   Active:           since Tue 2025-01-28 20:42:01 +11; 3s ago
     Docs: man:firewalld(1)
 Main PID: 12682 (firewalld)
    Tasks: 2 (limit: 9144)
   Memory: 21.6M
   CGroup: /system.slice/firewalld.service
           └─12682 /usr/bin/python3 -s /usr/sbin/firewalld --nofork --nopid

Jan 28 20:42:01 openEuler01 systemd[1]: Starting firewalld - dynamic firewall daemon...
Jan 28 20:42:01 openEuler01 systemd[1]: Started firewalld - dynamic firewall daemon.
```

图 8-22　服务处于活动状态

步骤 3：将服务设置为开机自启，如图 8-23 所示。

```
[root@openEuler01 ~]# systemctl enable firewalld
Created symlink /etc/systemd/system/dbus-org.fedoraproject.FirewallD1.service → /usr/lib/systemd/sy
stem/firewalld.service.
Created symlink /etc/systemd/system/multi-user.target.wants/firewalld.service → /usr/lib/systemd/sy
stem/firewalld.service.
```

图 8-23　设置服务为开机自启

步骤 4：列出系统中所有运行状态的服务。如图 8-24 所示，使用 systemctl list-units --type=service 命令列出当前系统中所有运行状态的服务。

```
[root@openEuler01 ~]# systemctl list-units --type=service
UNIT                                LOAD
atd.service                         loaded
auditd.service                      loaded
dbus.service                        loaded
dracut-shutdown.service             loaded
firewalld.service                   loaded
getty@tty1.service                  loaded
hwclock-save.service                loaded
kdump.service                       loaded
kmod-static-nodes.service           loaded
libstoragemgmt.service              loaded
```

图 8-24　列出所有运行状态的服务

步骤 5：列出所有服务的开机自动启动状态。如图 8-25 所示，使用 systemctl list-unit-files --type=service 命令展示服务的开机自动启动状态。

```
[root@openEuler01 ~]# systemctl list-unit-files --type=service
UNIT FILE                      STATE        VENDOR PRESET
arp-ethers.service             disabled     disabled
atd.service                    enabled      enabled
auditd.service                 enabled      enabled
autovt@.service                alias        -
blk-availability.service       disabled     disabled
bolt.service                   static       -
chrony-wait.service            disabled     disabled
chronyd.service                disabled     enabled
cni-dhcp.service               disabled     disabled
cockpit-motd.service           static       -
e2scrub_fail@.service          static       -
e2scrub_reap.service           disabled     disabled
emergency.service              static       -
firewalld.service              enabled      enabled
fstrim.service                 static       -
getty@.service                 enabled      enabled
```

图 8-25　展示服务的开机自动启动状态

步骤 6：终止服务，如图 8-26 所示。

```
[root@openEuler01 ~]# systemctl stop firewalld
[root@openEuler01 ~]# systemctl is-active firewalld
inactive
```

图 8-26　终止并查看服务状态

步骤 7：禁用防火墙，如图 8-27 所示。

```
[root@openEuler01 ~]# systemctl disable firewalld
Removed /etc/systemd/system/multi-user.target.wants/firewalld.service.
Removed /etc/systemd/system/dbus-org.fedoraproject.FirewallD1.service.
[root@openEuler01 ~]# systemctl is-enabled firewalld
disabled
```

图 8-27　禁用并查看防火墙

当对服务的配置文件进行修改后，可用 restart 命令重新启动服务。该命令是先停止服务进程，再启动服务进程；或者使用 reload 命令在不停止服务的情况下，重载服务配置文件。

1）VENDOR PRESET 字段的值表示该服务被供应商（如 Linux 发行版的维护者）是否预设为启用状态。

2）STATE 字段的值为 static 的服务单元文件通常不包含 install 部分，这意味着它们没有指定在系统启动时是否应该自动启动。这些服务可能仍然可以被其他服务所依赖或手动启动，但它们不会自动随系统启动。

拓展任务 2：调整进程优先级

进程优先级（Primary）是进程的一个属性，决定着操作系统给进程分配 CPU 资源的多少。优先级高的进程会获得更多的 CPU 执行时间，而优先级低的进程则可能需要等待更长的时间。这种操作利于更好地管理进程，确保关键任务能够优先完成。在多任务的操作系统中，通过修改进程优先级可以改善系统性能。

（1）primary 与 nice

如图 8-28 所示，PRI 即优先级，表示程序被 CPU 执行的先后顺序，其值越小则优先级越高。实时进程的优先级范围为 0~99，非实时进程的优先级范围为 100~139。NI 即 nice，表示进程可被执行的优先级的修正数值，可以理解为谦让度，一般是通过调整该值来修正进程的优先级。

```
[root@openEuler01 ~]# ps -l
F S   UID    PID   PPID  C PRI  NI ADDR SZ WCHAN  TTY        TIME CMD
0 S     0  11576  11575  0  80   0 -  6102 do_wai pts/2  00:00:00 bash
0 T     0  14033  11576  0  80   0 -  7480 do_sig pts/2  00:00:00 vim
4 R     0  14034  11576  0  80   0 -  6515 -      pts/2  00:00:00 ps

[1]+ Stopped                   vim
```

图 8-28　进程优先级

微课 8-8
调整进程
优先级

（2）用 nice 命令修改 NI 值

【命令格式】nice [-n 优先级] [进程名]

其中，优先级的范围为-19~20。

示例：将 vim 的优先级设置为-18，如图 8-29 所示。

```
[root@openEuler01 ~]# nice -n -18 vim &
[2] 14088
[root@openEuler01 ~]# ps -l
F S   UID    PID   PPID  C PRI  NI ADDR SZ WCHAN  TTY        TIME CMD
0 S     0  11576  11575  0  80   0 -  6102 do_wai pts/2  00:00:00 bash
0 T     0  14033  11576  0  80   0 -  7480 do_sig pts/2  00:00:00 vim
4 T     0  14088  11576  0  62 -18 -  7480 do_sig pts/2  00:00:00 vim
4 R     0  14091  11576  0  80   0 -  6515 -      pts/2  00:00:00 ps

[2]+ Stopped                   nice -n -18 vim
```

图 8-29　修改优先级后的进程

（3）用 renice 修正 NI 值

【命令格式】renice [-n 优先级] [选项] <作用对象>

常用选项如下。

- -g：群组。
- -p：进程 id。
- -u：用户。

示例：将进程 14088 的优先级值增加 10，如图 8-30 所示。

```
[root@openEuler01 ~]# renice -n 10 -p 14088
14088 (process ID) old priority -18, new priority 10
[root@openEuler01 ~]# ps -l
F S   UID    PID   PPID  C PRI  NI ADDR SZ WCHAN  TTY        TIME CMD
0 S     0  11576  11575  0  80   0 -  6135 do_wai pts/2  00:00:00 bash
4 T     0  14088  11576  0  90  10 -  7480 do_sig pts/2  00:00:00 vim
4 R     0  14317  11576  0  80   0 -  6515 -      pts/2  00:00:00 ps
```

图 8-30　降低进程优先级

【IT 工程师素养小课堂】芯片生产流程介绍

芯片生产是一个高度复杂的系统工程，涵盖设计、制造、封装与测试三大核心环节，涉及多学科交叉技术与精密设备协同作业。

1. 芯片设计

1）需求定义与架构设计：根据应用场景（如逻辑芯片、存储芯片）明确功能目标，通过硬件描述语言（Hardware Discription Language，HDL）形成电路逻辑设计，并借助 EDA 工具完成物理版图（GDS II 格式）的生成。前端设计聚焦电路功能验证，后端设计优化物理布局，确保性能与功耗的平衡。

2）验证与光掩模制作：通过仿真测试验证设计的正确性，最终将物理版图转化为光掩模，作为后续光刻工艺的模板。

2. 芯片制造

1）晶圆制备：从二氧化硅提纯至电子级硅，通过直拉法生成单晶硅锭，再通过切割、抛光形成高平整度晶圆。

2）光刻与刻蚀：在晶圆表面涂覆光刻胶，利用光刻机将光掩模图案投影至晶圆，通过显影和刻蚀（干法/湿法）形成纳米级电路结构。循环进行沉积、光刻、刻蚀等步骤，完成数十层电路堆叠。

3）掺杂与薄膜沉积：通过离子注入改变硅的电学特性（如形成 PN 结），结合化学气相沉积（Chemical Vapor Deposition，CVD）形成金属导线及绝缘层。

3. 芯片的封装与测试

1）晶圆切割与封装：将晶圆切割为独立芯片，通过引线键合或倒装焊技术连接至封装基板，采用塑封/金属封装提供机械保护与散热支持。

2）功能与可靠性测试：对封装后芯片进行电性能测试（如速度、功耗）和环境应力测试（如高温、震动），筛选合格产品。

4. 芯片的核心特征与挑战

1）技术密集性：依赖光刻机、离子注入机等高端设备，7 nm 以下工艺需要超 80 层光掩模堆叠，工艺复杂度极高。

2）产业链协同：设计（如 EDA 工具）、制造（如晶圆厂）、封装（如先进封装技术）需紧密协作，形成完整生态。

3）国产化突破：国内正加速攻克光刻机、高纯度硅材料等环节，推动自主可控供应链建设。

一块芯片从设计到量产可能要耗时数月甚至数年，同时需要大量的设备、材料与资金投入，是科技产业的核心竞争力体现。要实现芯片完全自主，就需要青年一代学子们继承无数科研前辈"干惊天动地事，做隐姓埋名人"的精神品质，脚踏实地、努力前行。

8.4 项目小结

本项目主要介绍了任务与进程的基本概念，守护进程的特点及其重要性，进程和作业的查看方法及其他管理操作，并深入探讨了 systemd 初始化系统的特性与优势，使学习者能够熟练掌握 systemctl 命令的应用。

8.5 思考与练习

文本：参考答案

一、简答题
1. 简述进程与程序、线程之间的各种关系。
2. 简述什么是守护进程，及其在系统中的作用。
3. 简述进程生命周期中的各种状态。
4. 简述前台进程与后台进程中的不同。
5. 简述进程属性中的 PID、PPID、%CPU、%MEM 的含义。
6. 简述调整进程优先级的意义。
7. 简述 systemd 与 sysVinit 的不同。

二、HCIA 相关考题
1.【判断题】在 Linux 系统中，处于 zombie 状态的进程无法恢复到 running 状态。（　　）
2.【多选题】在 Linux 系统中，下列操作中可以将任务放到后台执行的是（　　）。
   A. 使用 bg 命令将后台任务唤醒，并让其在后台执行
   B. 使用 Ctrl+Z 组合键将当前正在执行的一个前台任务放到后台并执行
   C. 在执行的命令后面加 "&"，使对应的任务放到后台执行
   D. 使用 Ctrl+C 组合键将当前正在执行的一个前台任务放到后台并执行
3.【填空题】若要查看当前系统中 firewalld 服务是否在运行，请补全下面的查看命令：
Systemctl_____firewalld.service
4.【单选题】下列命令中，可以查看 vsftpd 服务是否开机自动启动的是（　　）。
   A. systemctl list-units --type=service
   B. systemctl list-unit-files |grep vsftpd
   C. systemctl listunits --type service --all
   D. systemctl -s-active vsftpd
5.【单选题】管理员制定了一个计划任务，具体如下：20 3 * * 1-6　tar　-cf/home/user1/log.tar /var/log/messages，该任务会在（　　）执行。
   A. 每周的周一和周六的 3 点 20 分
   B. 每月的 1 号到 6 号的 3 点 20 分

C. 每周的周一到周六的 3 点 20 分
D. 每月的 1 号和 6 号的 3 点 20 分

6.【单选题】管理员需要在 openEuler 系统中使用 crontab 命令制定一个定期任务，并要求该任务每 5 个小时执行一次，cron 文件中小时字段的值的定义方式为（　　）。
   A．/5　　　　B．*5　　　　C．5　　　　D．*/5

7.【多选题】下列关于 systemd 特性的描述中，正确的是（　　）。
   A. 采用 cgroup 特性跟踪和管理进程的生命周期
   B. systemd 使用 socket 和 D-Bus 来开启服务，提供基于守护进程的按需启动策略，支持快照和系统状态恢复
   C. systemd 提供 systemctl 命令来运行、关闭、重启、显示、启用/禁用系统服务
   D. systemd 内建了自动挂载服务，无须另外安装 autofs 服务，可以直接使用 systemd 提供的自动挂载管理能力来实现 autofs 的功能

8.【多选题】下列关于 systemd 的相关特性的描述中，正确的是（　　）。
   A. 提供按需启动能力
   B. 实现事务性依赖关系管理
   C. 更快的启动速度
   D. 采用 cgroup 特性跟踪和管理进程的生命周期

9.【填空题】补充完成下面的命令，使系统在 2025 年 1 月 1 日 18 点能够执行脚本 testsh：at -f test.sh -t_____

10.【单选题】管理员使用以下命令增加一个定时任务：at -f new.sh now+2min，并使用 date 命令查看当前的时间为：Wed 10 Nov 2021　09:14.10AM　CST。该任务的执行时间为（　　）。
   A. 当天上午的 9 点 16 分　　　B. 两天后的 9 点 14 分
   C. 当天上午的 11 点 14 分　　 D. 两天后的 11 点 16 分

11.【单选题】当 sysvinit 系统初始化的时候，它会将所有可能用到的后台服务进程全部启动运行。并且，系统必须等待所有的服务都启动就绪之后，才允许用户登录。这种做法有两个缺点：首先是启动时间过长；其次是系统资源浪费。相比于 sysvinit，systemd 的优点是（　　）。
   A. 更快的启动速度　　　　　B. 提供按需启动能力
   C. 与 SysV 初始化脚本兼容　 D. 启动挂载点和自动挂载的管理

12.【单选题】在 Linux 系统中，可以将某个进程放到后台执行的操作是（　　）。
   A. 在执行进程对应的命令后面加 "&"
   B. 启动该任务后，按 Ctrl+d 组合键
   C. 启动该任务后，按 Ctrl+c 组合键
   D. 启动该任务后，按 Ctrl+z 组合键

13.【多选题】管理员使用 at-命令查看到当前有两个定时任务执行，具体如下，则下列表述正确的是（　　）。

```
Wed   Nov  10   12:08:00 2021 a root
Fri   Nov  12   09:16:00 2021 a root
```

A. 这两个定时任务都是由 root 用户创建的
B. 这两个定时任务都是一次性的
C. 定时任务中的时间均使用 GMT 时间显示
D. 11 月 10 日上午 12 点关机后，在 12 点 8 分的任务仍会按时执行完成

14．【多选题】在使用 cron（crontab）命令来设置周期性被执行的任务时，可以用来表示分钟的值是（　　）。
　　A．0　　　　　B．60　　　　　C．1.5　　　　　D．18

15．【多选题】使用 crontab 命令制订周期性计划任务时，小时的正确表示方式是（　　）。
　　A．0　　　　　B．24　　　　　C．30　　　　　D．20

16．【多选题】管理员在 openEuler 系统中制定了一个定时任务，具体为"*/25　*　1　*　* ls"，则该任务会在每个小时的（　　）分钟时执行。
　　A．0　　　　　B．25　　　　　C．50　　　　　D．75

项目 9 脚本管理

【学习目标】

知识目标：
- 掌握 shell 脚本的基础语法及变量类型与运算。
- 理解控制结构的 3 种控制逻辑。
- 了解环境变量的作用及配置文件的作用。

技能目标：
- 能编写 3 种结构的脚本程序。
- 能用命令或配置文件方法修改环境变量。

素养目标：
- 通过 shell 脚本编写，培养规范编码的职业习惯。
- 探索更多实用脚本命令，提升自主学习能力。

PPT：项目 9 脚本管理

文本：单元设计

9.1 知识储备

9.1.1 shell 脚本概述

在管理操作系统时，在命令行输入一条命令只能做一件事。当要解决复杂的问题，或者某个操作要反复执行时，命令行方式就难以解决了，此时就需要用到 shell 脚本。

shell 脚本是指利用 shell 语言来编写的程序，包含多个系统管理命令。这些命令按照特定的顺序自动执行，以实现自动化控制和管理操作系统的任务，从而提高工作效率。

shell 脚本可以在命令行中直接执行，也可以作为计划任务定期执行。

shell 脚本中包含变量、命令、控制语句等元素，其中的命令即在命令行下可以运行的系统管理命令，在前面的项目中都已经学过。下面将专门介绍变量和语句。

9.1.2 脚本中的变量

1. 变量的概念

变量是脚本在内存中开辟出来的一块存储空间，用于存储数据值，并在脚本执行过程中进行引用和操作。变量由变量名和变量值组成，变量名即对这块空间引用的符合名称，而值就是具体存储于其中的内容。打个比方：你家的地址就是变量名，而你的家人和财产就是变量值。

变量名可以由字母、数字与下画线构成，不能由数字开头，不能用 shell 中的关键字，且有大小写之分。

2. 变量的类型

（1）用户变量（普通变量/局部变量）

定义：用户变量是开发者在编写 shell 脚本时创建的变量。

作用范围：主要用于在脚本或函数中存储临时数据，只能在创建它们的 shell 函数或 shell 脚本中使用。

定义语法：变量名=变量值（注意等号两侧不能有空格）。

引用：使用"$变量名"或"${变量名}"来引用变量的值。

修改和删除：可以使用"变量名=新值"来修改变量的值，使用"unset 变量名"来删除变量。

（2）环境变量（全局变量）

定义：环境变量是操作系统在运行过程中记录的一些和系统相关的变量，用于辅助程序或 shell 脚本的运行。

作用范围：可以在创建它们的 shell 及其派生出来的任意子进程 shell 中使用。

定义语法：export 变量名=变量值（将 shell 变量输出为环境变量）。

引用：同样使用"$变量名"或"${变量名}"来引用。

（3）特殊变量

定义：特殊变量是在执行 shell 脚本时，用于获取脚本参数、命令返回值或进程信息的变量。常见的特殊变量有以下几个。

- $0：脚本名称。
- $1，$2，…，$n：传递给脚本的参数，$1 是第 1 个参数，$2 是第 2 个参数，依此类推。
- $#：传递给脚本的参数个数。
- $*和$@：代表所有传递给脚本的参数，但"$*"将所有参数视为一个整体，而"$@"将每个参数视为独立的个体。
- $$：当前 shell 进程的进程号（PID）。
- $!：后台运行的最后一个进程的进程号（PID）。
- $?：最后一次执行的命令的返回状态，0 表示成功，非 0 表示失败。

9.1.3 运算符

1. 算术运算

shell 中的算术运算符见表 9-1。

微课 9-1
shell 中的
算术运算

表 9-1 算术运算符

类　　别	运算符	作　　用
常规运算符	+	加
	-	减
	*	乘
	/	除
	%	取余
复合运行符	**	乘方
	\<VARIABLE\>++	变量前置自加
	\<VARIABLE\>--	变量前置自减
	++\< VARIABLE \>	变量后置自加
	--\< VARIABLE \>	变量后置自减
位运算符	<<	按位左移
	>>	按位右移
	&	按位与
	|	按位或
	~	按位非
	^	按位异或
比较运算符	-lt	小于
	-gt	大于
	-le	小于或等于
	-ge	大于或等于
	-eq	等于
	-ne	不等于

由于 shell 将所有的数据都识别为字符类型，所以如果要进行算术运算，就需要进行以下一些处理。

- $(())：如 result=$((3+5))，这是最常用的一种形式。
- Expr：如 result=$(expr 3 + 5)，注意运算符与数据之间要有空格。
- Let：如 let "result=3+5"，要用双引号括起来。

⚠ shell 只支持整数运算，不支持小数运算。如果要进行小数运算，则需要借助 bc 或其他的编程语言。

2. 字符串运算

常用的字符串运算符见表 9-2。

表 9-2 字符串运算符

类别	运算符	作用
比较	=	判断字符串是否相等
	!=	判断字符串是否不相等
	-z	判断字符串长度是否为 0
字符串截取	${string:start:length}	从字符串 string 的左侧开始,从第 start 个字符向右截取 length 个字符
	${string:start}	从字符串 string 的左侧开始,从第 start 个字符向右截取到字符串末尾
	${string#*char}	从字符串 string 中第一次出现字符 char 的位置开始,向右截取*char 右边的所有字符(不包含 char 本身)
	${string%char*}	从字符串 string 中第一次出现字符 char 的位置开始,向左截取*char 左边的所有字符

字符串比较通常使用 test 命令或方括号"[ ]"测试表达式的真假,方括号是 test 命令的简写形式。在使用方括号时,条件表达式必须被空格包围,并且"["的右侧和"]"的左侧都必须有空格。

👑 如果变量值中包含空格,需要使用单引号或双引号将值括起来。在双引号中,变量会被解析并替换为其对应的值,而单引号中的内容则会被原样输出。

3. **逻辑运算**

逻辑运算符用于连接多个比较运算表达式,用于表达更复杂一些的条件,逻辑运算符见表 9-3。

表 9-3 逻辑运算符

运算符	作用
&&或-a	逻辑与
‖或-o	逻辑或
!	逻辑非

👑 在方括号中通常使用 && 和 ‖ 代替 -a 和 -o

9.1.4 脚本的执行逻辑

脚本的执行逻辑有顺序、选择(分支)和循环 3 种。所谓顺序,即按照脚本中命令的先后顺序依次执行,是脚本执行的默认形式,不需要特别控制;而选择和循环则要改变脚本的默认执行逻辑,需要通过专门的控制语句来实现。

1. **选择(分支)逻辑**

功能:先判断条件 p,如果满足,执行代码块 A,否则执行代码块 B。

语句:if 或 case。

逻辑图:如图 9-1 所示。

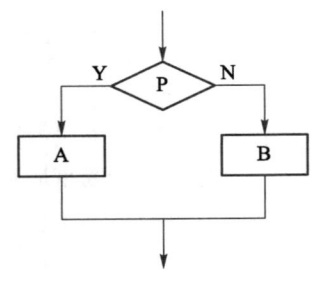

图 9-1　选择逻辑

2. 循环结构

功能：先判断条件 p，如果满足，执行代码块 A，然后继续进行条件 p 的判断，如果满足，继续执行 A，直到条件 p 不满足为止。

语句：for、while 或 until。

逻辑图：如图 9-2 所示。

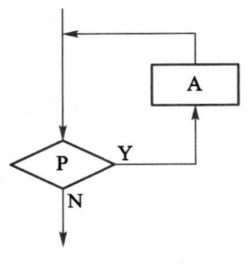

图 9-2　循环逻辑

9.2　项目实施

微课 9-2
顺序结构
脚本的应用

任务 1：顺序结构脚本的应用

任务描述：本任务通过一个简单的顺序结构脚本，理解脚本的开发环境、编写时的注意事项以及如何执行脚本。

步骤 1：选择脚本开发环境。脚本是一个纯字符类型的文本文件，任何的文本编辑器都可以作为脚本开发工具，如 vim 和 Emacs，本书中选择 vim 编辑器。

步骤 2：编写一个脚本。文件的扩展名最好为 sh，这样 vim 编辑器可以提供语法高亮、检查、补全、自动缩进等功能，从而可提高脚本编写效率，如图 9-3 所示。

```
[root@openEuler01 ~]# vim first.sh
```

脚本内容说明如下。

第 1 行：指定脚本解释器，一般放在首行。如果不指定，脚本也能在默认的解释器中正常运行，但出于规范和安全的考虑，建议按环境指定。

```bash
1  #!/bin/bash
2  # 定义变量
3  a=5
4  b=3
5  # 算术运算
6  sum=$((a + b))
7  diff=$((a - b))
8  prod=$((a * b))
9  quot=$((a / b))
10
11 # 输出结果
12 echo "Sum: $sum"
13 echo "Difference: $diff"
14 echo "Product: $prod"
15 echo "Quotient: $quot"
16
17 # 字符串运算
18 str1="Hello"
19 str2="World"
20 concat="$str1 $str2"
21 extract=${concat:6:5}
22
23 # 输出结果
24 echo "Concatenated String: $concat"
25 echo "extracted  string: $extract"
```

源代码：first.sh

图 9-3　顺序逻辑的脚本

第 2 行：注释语句，用"#"引导，用于提高脚本的可读性。

第 3～4 行：给变量 a 和 b 赋值。

第 6～9 行：实现整数的加减乘除。

第 12～15 行：输出计算结果，注意双引号中的变量是取值输出，此时不能用单引号。

第 18～19 行：给变量 str1 和 str2 赋值。

第 20 行：实现字符串的连接运算。

第 21 行：实现字符串的截取运算。

步骤 3：运行脚本。

（1）直接用 sh 命令执行脚本

直接用 sh 命令执行脚本，如图 9-4 所示。

```
[root@openEuler01 ~]# sh first.sh
Sum: 8
Difference: 2
Product: 15
Quotient: 1
Concatenated String: Hello World
extracted  string: World
```

图 9-4　顺序逻辑脚本执行结果

该方式明确指定了使用 sh（Bourne shell 或其兼容版本，如 Bash）作为脚本的解释器。无论脚本文件的第 1 行（shebang 行）是什么，sh 命令都会用指定的 shell 来解释和执行脚本。

使用 sh first.sh 命令时，脚本文件 first.sh 不需要具有可执行权限，这是因为通过 sh 直接调用解释器来执行脚本内容的。在这种方式下，脚本将在调用它的 shell 的子 shell 中运行，这意味着脚本内的任何环境变量更改都不会影响到调用它的 shell 环境（除非使用了 export 命令或类似机制）。

（2）使用 ./first.sh 方式执行脚本

使用该方式执行脚本必须注意以下几点：

1）用命令 chmod +x first.sh 为脚本增加执行权限。

2）脚本的执行依赖于其第 1 行（shebang 行）。该行指定了用于解释和执行脚本的 shell。例如，如果 shebang 行是 #!/bin/bash，则脚本将使用 Bash 来执行。如果 shebang 行是 #!/usr/bin/env sh，则它将使用环境变量 PATH 中找到的第 1 个 sh 兼容解释器来执行。

3）"./" 表示当前目录，因此 ./first.sh 是在当前目录下查找并执行名为 first.sh 的文件。如果当前目录不在用户的 PATH 环境变量中，需要使用相对路径（如 "./"）或绝对路径来指定脚本的位置。

4）与 sh first.sh 类似，脚本将在调用它的 shell 的子 shell 中运行，环境变量的更改通常不会影响到父 shell。

任务 2：分支结构脚本的应用

任务描述：顺序结构的脚本只能解决一些简单的问题，对于某些需要根据不同情况执行不同操作的需求则无能为力，此时就要用到分支结构了。分支结构有简单的两分支，也有三分支、四分支甚至更复杂的分支情况。简单分支用 if 语句实现，多分支可以用 if 语句的嵌套实现，但分支过多时嵌套逻辑会过于复杂，此时最好用 case 语句来实现。

下面介绍两种常见的分支结构。

微课 9-3
分支结构
脚本的应用

（1）if 语句

【命令格式】if [condition] ; then…else…fi

其中，condition 为一个条件表达式，结果有真或假两种情况：
- 如果为真，则执行 then 后面用 "…" 表示的命令块。
- 如果为假，则执行 else 后面用 "…" 表示的命令块。

fi 为整个控制结构的结束标志。

（2）case 语句

【命令格式】case variable in

```
    pattern1 | pattern2) commands1;;
    pattern3) commands2;;
    ...
    *) default commands;;
esac
```

根据变量 variable 的多种不同取值情况，执行下面不同的 commands 块。
- 如果 variable 与 pattern1 或者 pattern2 匹配，则执行 commands1 块。
- 如果 variable 与 pattern3 匹配，则执行 commands2 块。
- 依此类推，如果 variable 没有与任何 pattern 匹配，则执行 default commands 块。

⚠ 注意 pattern 后面的 ")" 以及每行末尾的 ";;" 是作为语法要件。

步骤 1：用 if 语句编写一个脚本。如图 9-5 所示，每一行的作用在脚本注释中已进行了比较清晰地描述。

```bash
#!/bin/bash
# 定义内存使用阈值（百分比）
THRESHOLD=80

# 获取内存总量和已使用量（单位：KB）
total_memory=$(free | grep Mem | awk '{print $2}')
used_memory=$(free | grep Mem | awk '{print $3}')

# 计算内存使用率（百分比）
# 注意：这里我们直接进行整数除法，可能会导致一些精度损失
memory_usage=$((100 * used_memory / total_memory))

# 检查内存使用情况
if [ "$memory_usage" -ge "$THRESHOLD" ]; then
    echo "警告！系统的内存使用已达到 $memory_usage%，可能会影响系统性能。"
else
    echo "系统的内存使用情况正常。"
fi
```

源代码：if-test.sh

图 9-5　选择逻辑脚本

🔔 if 行中用 "[]" 表示条件测试，注意与表达式之间的空格。运算符 -ge 与变量之间也应该有空格，条件测试后面的 ";" 作为语法要件。

步骤 2：执行以上脚本，结果如图 9-6 所示。

```
[root@openEuler01 ~]# sh memory-warn.sh
系统的内存使用情况正常。
```

图 9-6　分支结构脚本执行结果

步骤 3：编写一个 case 语句的脚本。如图 9-7 所示，其中 read 命令是脚本中用于等待用户从键盘输入数据的一种交互式命令，脚本会根据用户输入数据的不同（1、2、3 或其他非法数据）执行 4 种不同的操作。

```bash
#!/bin/bash
# 显示菜单
echo "系统管理工具菜单:"
echo "1. 查看内存使用情况"
echo "2. 查看磁盘使用情况"
echo "3. 退出"
read -p "请选择操作(1/2/3)： " choice    # 读取用户输入
case "$choice" in
    1)
        echo "显示内存使用情况:"        # 查看内存使用情况
        free -h
        ;;
    2)
        echo "显示磁盘使用情况:"        # 查看磁盘使用情况
        df -h
        ;;
    3)
        echo "退出系统管理工具。"       # 退出脚本
        exit 0
        ;;
    *)
        echo "无效的选择，请重新运行脚本并选择有效的选项。"   # 无效选择
        exit 1
        ;;
esac
```

源代码：case-test.sh

图 9-7　多分支脚本

步骤 4：执行以上脚本。如图 9-8 所示，本次执行输入的是数值 1，所以反馈的是内存使用情况。

```
[root@openEuler01 ~]# sh sys-manager.sh
系统管理工具菜单：
1. 查看内存使用情况
2. 查看磁盘使用情况
3. 退出
请选择操作(1/2/3): 1
显示内存使用情况：
               total        used        free      shared  buff/cache   available
Mem:           1.4Gi       295Mi       820Mi       7.9Mi       499Mi       1.1Gi
Swap:          2.1Gi          0B       2.1Gi
```

图 9-8　多分支结构脚本执行结果

任务 3：循环结构脚本的应用

微课 9-4
循环结构
脚本的应用

任务描述：分支结构的脚本每次运行只能一次性执行某个分支代码块，当需要将某个操作反复多次执行时分支控制就无法实现，此时就要用到循环结构。循环结构的特点是当某个条件满足时，将代码块反复执行。

下面介绍 3 种循环语句。

（1）for 循环

for 循环的常用命令格式有以下两种：

- 语法 1（shell 风格）

```
for var in list
do
     commands
done
```

- 语法 2（C 语言风格）

```
for ((exp1;exp2;exp3))
do
     commands
done
```

1）shell 风格。
- var：用户定义的循环变量。
- list：元素列表，这些元素可以是数字、字符串或任何需要遍历的值。
- commands：在每次循环中需要执行的命令或操作。

2）C 语言风格。
- exp1：循环变量的初始化表达式。
- exp2：循环条件，如果为真则继续循环。
- exp3：循环变量的更新表达式。

（2）while 循环

while 循环的命令格式如下：

```
while [ condition ]
do
     commands
done
```

- condition 是条件测试部分，也可用 test 命令，条件可以是文件测试、字符串比较、数值比较等。
- do 关键字表示循环体的开始，done 关键字表示循环体的结束。
- 在 do 和 done 之间的部分是循环体，可以包含任意数量的 shell 命令。

（3）until 循环

until 循环的命令格式如下：

```
until [ condition ]
do
    commands
done
```

其中各部分含义与 while 循环相同，不再赘述。

	while 是当条件满足时执行循环体，而 until 是当条件满足时退出循环体。

步骤 1：使用 for 语句编写脚本。如图 9-9 所示，脚本的功能是遍历 /root 目录下的所有文件，并输出文件名。

```
#!/bin/bash

for file in /root/*
do
    if [ -f "$file" ]; then
        echo "File: $file"
    fi
done
```

源代码：for-test.sh

图 9-9　for 循环逻辑脚本

	[-f "$file"] 用于测试文件是否存在并且是一个普通文件（而不是目录、符号链接等）。

步骤 2：运行脚本，结果如图 9-10 所示，输出 /root 目录下所有的普通文件。

```
[root@openEuler01 ~]# ls
anaconda-ks.cfg   first.sh        memory-warn.sh   sys-manager.sh
cdrom             for-test.sh     nginx-1.16.1
[root@openEuler01 ~]# sh for-test.sh
File: /root/anaconda-ks.cfg
File: /root/first.sh
File: /root/for-test.sh
File: /root/memory-warn.sh
File: /root/sys-manager.sh
```

图 9-10　for 循环结构脚本的执行结果

步骤 3：使用 while 语句编写脚本。如图 9-11 所示，while 后是 true 逻辑真常量，这是一个永真循环，每隔 60 秒完成一次磁盘空间利用比率的检查。

```
#!/bin/bash
# 设置磁盘空间阈值（单位为百分比）
DISK_SPACE_THRESHOLD=20

# 无限循环，每隔一段时间检查一次磁盘空间
while true; do
    # 获取根文件系统的可用空间百分比
    DISK_SPACE=$(df / | awk 'NR==2 {print $5}' | sed 's/%//g')

    # 检查可用空间是否低于阈值
    if (( DISK_SPACE < DISK_SPACE_THRESHOLD )); then
        # 发送警告（这里简单地使用echo模拟发送警告，实际环境中可以替换为邮件发送、日志记录等）
        echo "Warning: Disk space on / is below the threshold of $DISK_SPACE_THRESHOLD%! Free space percentage: $DISK_SPACE%"
    fi

    # 休眠一段时间（比如60秒），然后再次检查
    sleep 60
done
```

源代码：
while-test.sh

图 9-11　while 循环逻辑脚本

步骤 4：运行脚本，结果如图 9-12 所示。循环执行多次，通过按 Ctrl+c 组合键终止脚本的运行。

```
[root@openEuler01 ~]# sh while-test.sh
Warning: Disk space on / is below the threshold of 20%! Free space percentage: 9%
Warning: Disk space on / is below the threshold of 20%! Free space percentage: 9%
Warning: Disk space on / is below the threshold of 20%! Free space percentage: 9%
Warning: Disk space on / is below the threshold of 20%! Free space percentage: 9%
```

图 9-12　while 循环结构脚本执行结果

步骤 5：使用 until 循环改写以上脚本，如图 9-13 所示。

```
#!/bin/bash
#设置磁盘空间阈值（单位为百分比）
DISK_SPACE_THRESHOLD=6
#计算根文件系统可用空间百分比
disk_space=$(df / | awk 'NR==2 {print $5}' | sed 's/%//g')
#使用until循环，直到磁盘空间恢复到阈值以上
until [ $disk_space -ge $DISK_SPACE_THRESHOLD ]; do
    #检查磁盘空间，如果低于阈值则输出警告
    echo "Warning: Disk space on /is below the threshold of $DISK_SPACE_THRESHOLD%! Free space percentage:$disk_space%"
    #休眠一段时间（比如6秒），然后再次检查
    sleep 6
    disk_space=$(df / | awk 'NR==2 {print $5}' | sed 's/%//g')
done
#如果退出循环，表示磁盘空间已经恢复到阈值以上
echo "Warning: Disk space on / has recovered above the threshold of $DISK_SPACE_THRESHOLD%."
```

源代码：
until-test.sh

图 9-13　until 循环逻辑脚本

步骤 6：运行脚本。如图 9-14 所示，当前磁盘空间已利用了 9%，没有大于 20%，所以一直处于检测状态，循环一直进行，直到按 Ctrl+c 组合键结束执行。

```
[root@openEuler01 ~]# sh until-test.sh
Warning: Disk space on / is below the threshold of 20%!
Warning: Disk space on / is below the threshold of 20%!
```

图 9-14　满足条件执行结果

步骤 7：修改参数，再次运行脚本。如图 9-15 所示，如果将阈值设置为 6，使 until 中

的条件不满足，则直接退出循环。

```
[root@openEuler01 ~]# sh until-test.sh
Disk space on / has recovered above the threshold of 6%.
[root@openEuler01 ~]#
```

图 9-15　不满足条件执行结果

9.3　能力拓展

微课 9-5
查看与修改
环境变量

拓展任务 1：查看与修改环境变量

用户登录进入系统时，系统会根据一些脚本和配置文件生成用户的环境变量，这些环境变量设定了用户的运行环境。有时，用户需要查看到这些变量或者对变量进行修改，以重新设置新的运行环境。

步骤 1：用 printenv 或 env 命令查看用户环境变量。如图 9-16 所示，注意这里只展示了部分数据。

```
[root@openEuler01 ~]# printenv
SHELL=/bin/bash
HISTCONTROL=ignoredups
HISTSIZE=1000
HOSTNAME=openEuler01
PWD=/root
LOGNAME=root
MOTD_SHOWN=pam
HOME=/root
LANG=en_US.UTF-8
```

图 9-16　查看环境变量

步骤 2：查看某个环境变量的值，如图 9-17 所示，显示登录客户端的地址及端口号。

```
[root@openEuler01 ~]# echo  $SSH_CLIENT
192.168.10.3 60110 22
```

图 9-17　输出环境变量值

步骤 3：设置环境变量。可以用 export 命令修改某个环境变量的值，如图 9-18 所示，将环境变量 HISTSIZE 的值由原来的 1000 改为 1200。

```
[root@openEuler01 ~]# export HISTSIZE=1200
[root@openEuler01 ~]# echo  $HISTSIZE
1200
[root@openEuler01 ~]# env
SHELL=/bin/bash
HISTCONTROL=ignoredups
HISTSIZE=1200
HOSTNAME=openEuler01
PWD=/root
```

图 9-18　修改环境变量值

步骤 4：删除变量。用 unset 命令删除环境，将 HISTSIZE 变量删除，如图 9-19 所示。

```
[root@openEuler01 ~]# unset HISTSIZE
[root@openEuler01 ~]# echo $HISTSIZE
```

图 9-19　删除环境变量值

拓展任务 2：PATH 环境变量的应用

微课 9-6
PATH 环境变量的应用

PATH 环境变量定义了系统用于查找可执行文件的目录列表。当在终端中输入一个命令时，系统会按照 PATH 变量中定义的目录顺序去查找该命令对应的可执行文件。如果找到了，就执行该文件；如果找不到，系统会返回一个错误，如 "command not found"。前面在执行自编脚本程序时，用的是 "./first.sh" 的形式，表示执行当前目录下的脚本，如果想在任何位置将脚本作为一个命令执行，则需要修改环境变量 PATH。

步骤 1：查看 PATH 环境变量的值，如图 9-20 所示，这些路径都是系统命令的存放路径。

```
[root@openEuler01 ~]# echo $PATH
/usr/local/sbin:/usr/local/bin:/usr/sbin:/usr/bin:/root/bin
```

图 9-20　PATH 环境变量值

步骤 2：用正常方式执行脚本，如图 9-21 所示。

```
[root@openEuler01 ~]# ./first.sh
Sum: 8
Difference: 2
Product: 15
Quotient: 1
Concatenated String: Hello World
extracted  string: World
```

图 9-21　指定路径执行脚本

步骤 3：像执行命令一样执行脚本，如图 9-22 所示，出现错误提示信息。

```
[root@openEuler01 ~]# first.sh
-bash: first.sh: command not found
```

图 9-22　不带路径执行的错误提示信息

步骤 4：修改环境变量 PATH 的值。如图 9-23 所示，将 first.sh 脚本的存放路径添加到 PATH 变量的后面。

```
[root@openEuler01 ~]# echo $PATH
/usr/local/sbin:/usr/local/bin:/usr/sbin:/usr/bin:/root/bin
[root@openEuler01 ~]# export PATH=$PATH:/root
[root@openEuler01 ~]# echo $PATH
/usr/local/sbin:/usr/local/bin:/usr/sbin:/usr/bin:/root/bin:/root
```

图 9-23　修改 PATH 变量值

步骤 5：再次执行脚本，如图 9-24 所示。

```
[root@openEuler01 ~]# first.sh
Sum: 8
Difference: 2
Product: 15
Quotient: 1
Concatenated String: Hello World
extracted   string: World
```

图 9-24　不带路径执行的正确结果

微课 9-7
用配置文件
修改环境
变量

拓展任务 3：用配置文件修改环境变量

前面用 export 方法设置或修改的环境变量，只在当前登录 shell 会话中起作用，如果用户重新打开新的 shell 或者重新登录，则这些环境变量的值不会保存。如果希望永久保存环境变量，可以在用户家目录下的.bash_profile 或.bashrc 文件中，或者在全局配置文件/etc/bashrc、/etc/profile 或/etc/profile.d 中定义，并使用 source 命令或重新连接会话来使设置生效。

步骤 1：局部环境变量的设置。局部环境变量的设置是利用用户家目录下的环境变量配置文件，如.bash_profile 或.bashrc 来实现的，这些环境变量只在当前登录用户的会话中有效，如图 9-25 和图 9-26 所示。

```
# .bash_profile

# Get the aliases and functions
if [ -f ~/.bashrc ]; then
        . ~/.bashrc
fi

# User specific environment and startup programs

PATH=$PATH:$HOME/bin

export PATH
export   my country="China"
```

图 9-25　在.bash_profile 文件中定义变量

```
# .bashrc

# User specific aliases and functions

alias rm='rm -i'
alias cp='cp -i'
alias mv='mv -i'
export your country="American"
 #Source global definitions
if [ -f /etc/bashrc ]; then
        . /etc/bashrc
fi
```

图 9-26　在.bashrc 文件中定义环境变量

步骤 2：使用 source 命令执行环境变量配置文件或重新登录，检查变量值，如图 9-27 所示。

```
[root@openEuler01 ~]# source .bashrc
[root@openEuler01 ~]# source .bash_profile
[root@openEuler01 ~]# echo $my_country
China
[root@openEuler01 ~]# echo $your_country
American
```

图 9-27 检查局部环境变量

步骤 3：以其他账号登录检查变量值，可以看到变量值为空，如图 9-28 所示。

```
[cjl@openEuler01 ~]$ echo $my_country

[cjl@openEuler01 ~]$ echo $your_country
```

图 9-28 切换账号后检查环境变量

步骤 4：全局环境变量的设置。全局环境变量的设置是利用/etc/bashrc、/etc/profile 或/etc/profile.d 这些配置文件来实现的，这些环境变量在所有登录用户的会话中都有效。例如，选择/etc/bashrc 文件测试，如图 9-29 所示。

```
. /etc/bashrc
fi
export his_country="Japan"
```

图 9-29 全局环境变量的设置

步骤 5：以 root 账号测试环境变量值，如图 9-30 所示。

```
[root@openEuler01 ~]# echo $his_country
Japan
```

图 9-30 root 账号测试变量值

步骤 6：以普通账号测试环境变量值，如图 9-31 所示。

```
[cjl@openEuler01 ~]$ echo $his_country
Japan
```

图 9-31 普通账号测试变量值

修改全局环境变量需要有 root 账号的权限。

【IT 工程师素养小课堂】塑芯——国产芯片介绍

1. 产业现状与市场表现

（1）市场规模与国产化替代

2024 年我国芯片设计行业销售规模突破 6500 亿元，同比增长超 10%，预计 2025 年自给率将提升至 50%，中低端芯片可实现规模化替代。智能手机、汽车电子系统等领域国产 CIS

（图像传感器）需求激增，相关制造厂商 2024 年营收增速明显，且高端产品占比显著提升。

（2）主要设计品牌

1）华为海思：主导 5G SOC 芯片（麒麟系列）与 AI 计算芯片研发，2024 年 AI 芯片出货量同比增长 217%，其 EDA 工具集成 AI 算法显著缩短设计周期。

2）龙芯中科：基于自主指令集的 3A6000 处理器性能已接近国际主流水平，突破 RISC-V 架构在物联网领域的规模化应用。

3）格科微：单芯片集成技术实现 0.7 μm 5000 万像素 CIS 量产，手机/车载传感器市占率提升至全球前列。

4）韦尔股份：汽车 CIS 全球份额达 43%，位居首位，2024 年营收增速超 20%。

（3）制造与封测代表

1）中芯国际：28 nm/14 nm 工艺稳定量产，承接安防/工业芯片订单，2024 年晶圆代工产值名列前茅。

2）华虹集团：聚焦特色工艺（如嵌入式存储），车规级 MCU 良率突破 95%，获新能源车企批量采购。

3）长江存储/长鑫存储：192 层 3D NAND 闪存与 LPDDR5 内存实现国产替代，存储芯片自给率提升至 34%。

2. 产业链协同与生态建设

1）全链条覆盖：设计企业超 2000 家，制造/封测环节形成华虹、中芯国际等头部企业，国产化设备/材料（如光刻胶、封装基板）配套逐步完善。

2）创新模式：老牌企业（如集创北方）与新兴势力（如摩尔线程）并行发展，华为海思、昆仑芯等依托大厂孵化，形成多元竞争格局。

3. 挑战与未来方向

1）核心瓶颈：7 nm 及以下先进制程仍主要依赖进口，EDA 工具/IP 核等底层技术相对薄弱。

2）高端人才缺口显著，2025 年芯片设计领域人才需求缺口预计达 75 万人。

3）产业链协同效率待提升。

未来我国芯片产业发展方向如下。

- 短期聚焦：扩大中低端芯片成本优势，深耕汽车电子（CIS、MCU）、物联网（RISC-V）等增量市场。

- 长期布局：加速 AI 芯片（如摩尔线程 GPU）、HBM 存储芯片研发，探索量子计算（本源量子）与类脑芯片等前沿领域。

- 生态协同：依托华为昇腾、百度昆仑芯等平台推动"AI+芯片"融合，构建开放技术生态。

9.4 项目小结

本项目主要介绍了 shell 脚本的基础语法、变量类型与运算，以及顺序、选择和循环 3

种控制逻辑。通过本项目的任务实践，学习者应当能够熟练编写和执行 shell 脚本、修改环境变量。此外，本项目重在培养学习者的规范编码习惯，并提高自动化管理和控制操作系统的能力。

9.5 思考与练习

文本：参考答案

一、简答题
1. 简述什么是 shell 脚本。
2. 简述如何编写 shell 脚本。
3. 简述执行 shell 脚本的方式。
4. 简述什么是变量及其类型。
5. 简述变量有哪些类型的运算。
6. 简述程序控制逻辑的种类及内容。

二、HCIA 相关考题

1.【判断题】下面的 shell 脚本可以用来检测 22 号端口是否被监听。（   ）

```
netstat -tulnp | grep -w tcp | grep :22 &>/dev/null
if [ $? = 0 ]; then
    echo "port 22 is listening"
else
    echo "port 22 is not listening"
fi
```

2.【判断题】为了保证 shell 脚本能够顺利运行，且不被正常或者错误的输出打断，管理员一般会将输出结果重定向到文件中，然后使用"echo $?"来判断某个指令是否成功执行。（   ）

3.【多选题】以下脚本代码中的判断语句包括（   ）。

```
#! /bin/bash
a=`expr $RANDOM%100`
while true
do
    read -p "请输入 1-100 的整数" num
    if [ $num -eq $a ]
    then
        echo "恭喜你，猜对了！"
        exit 0
    elif [ $num -gt $a ]
    then
        echo "数字大了"
    else
        echo "数字小了"
```

```
        fi
done
```

    A．$num -eq $a   B．$num -gt $a

    C．echo "恭喜你，猜对了!"   D．echo "数字大了"

4．【多选题】下列 shell 脚本语句的计算结果为 3 的是（　　）。

    A．A=8 B=5 C=A%B echo $C

    B．A=8 B=5 C=$((A-B)) echo $C

    C．A=8 B=5 C=$((A%B)) echo $C

    D．A=8 B=5 C=$((A/B)) echo $C

5．【单选题】下列 shell 脚本中，$1 的值为（　　）时，执行该脚本后，系统会返回 "Is Number."。

```
#!/bin/bash
if [[ $1 =~ ^[0-9]+$ ]]; then
    echo "Is Number."
else
    echo "No Number."
fi
```

    A．1.1   B．1   C．1.0   D．1.~

> "=~" 被用作正则表达式匹配运算符。它用于判断一个字符串是否符合某个正则表达式的模式。如果匹配成功，通常返回一个布尔值（如 true 或 0，表示成功匹配；false 或非 0 值，表示匹配失败）

6．【多选题】在 openEuler 系统中定义一个变量 NUM，并对其赋值为 150，下列命令能看到该变量值的是（　　）。

    A．echo $NUM   B．echo"$NUM"

    C．echo '$NUM'   D．echo \$NUM

7．【多选题】下列算术运算表达式的书写格式正确的是（　　）。

    A．A=$(5－3)   B．A=$((5-3))

    C．A=$[5－3]   D．A=$[[5-3]]

8．【单选题】下列是 openEuler 中正确的变量命名方式的是（　　）。

    A．368=555   B．vim=Job

    C．Url="openEuler.com"   D．Best Way=auto

9．【单选题】下面代码运行完成后，a 的值是（　　）。

```
#!/bin/bash
a=1
while [ $a -lt 5 ]
do
    a=$[$a+1]
    echo "a 的值为$a"
done
```

A. 1　　　　　B. 3　　　　　C. 5　　　　　D. 7

10.【单选题】管理员在 openEuler 系统中开发了脚本 check.sh，用于定时检查磁盘空间，以下是该脚本的一部分代码，可知该任务每天执行（　　）次。

```
for ((i=1; i<=24; i++)); do
    sleep 3600
done
```

A. 10　　　　B. 12　　　　C. 20　　　　D. 24

11.【单选题】以下为脚本 test.sh 的内容，执行该脚本后的输出是（　　）。

```
#!/bin/bash
SLOGAN="work hard"
echo   $SLOGAN
```

A. work hard
B. "work hard"
C. $LOGAN
D. SLOGAN="work hard"

12.【填空题】以下 shell 脚本的运行结果为_____。

```
#!/bin/bash
for i in $(echo "4 5 6"); do
    echo $i
done
echo $i
```

13.【单选题】在 Linux 的算术运算表达式中，符号"*"表示的含义是（　　）。

A. 求和　　　B. 求积　　　C. 求差　　　D. 求商

14.【单选题】在 Linux 系统中，管理员进行了一个计算时间的测试，创建了 3 个变量 MIN、SEC 和 HR，具体赋值如为 MIN=60、SEC=60、HR=24。如果要计算一整天有多少秒，下列公式正确的是（　　）。

A. TOTAL=MIN*SEC*HR
B. TOTAL=$[$MIN*$SEC*$HR]
C. TOTAL=$MIN*$SEC*$HR
D. TOTAL=$(MIN*SEC*HR)

15.【单选题】在 Linux 系统中，命令 date 可查看当前时间。为了方便在 shell 脚本中调用时间，需要将该命令定义成变量 TIME。下列定义方式正确的是（　　）。

A. TIME=date
B. TIME=$date
C. TIME=$(date)
D. TIME=${date}

16.【多选题】下列关于 shell 的描述中，正确的是（　　）。

A. shell 本身是一个用 C 语言编写的程序
B. shell 是用户使用 Linux 操作系统的一个桥梁，负责命令的解析
C. 当用户登录 Linux 操作系统并打开终端后，会打开默认的 shell 程序
D. openEuler 操作系统用户的默认登录 shell 是 bash

17.【填空题】补充完整脚本代码，使其能够顺利完成运行。

```
#!/bin/bash
NET=192.168.37
for HOST in {2..254};
```

```
do
{
    if ping -c1 -w1 &>/dev/null;then
        echo $NET.$HOST is up | tee -a run.txt
    fi
}&
_____
```

18.【判断题】在 shell 脚本中,如果同时含有乘和加的算术运算的表达式,乘会优先被计算。(   )

19.【填空题】补齐以下脚本,使其在运行时,可以计算任意输入的两个数值之和。

```
#！/bin/bash
read -p "input a number:" NUM1
read -p "input another number:" NUM2
NUM=$[NUM1+NUM2]
echo "_____"
```

模块 3　常用服务配置与应用

项目 10　NFS 服务配置与应用
项目 11　DNS 服务配置与应用
项目 12　Web 服务配置与应用

导学提示：如果说 Linux 的世界如浩瀚星河，则 NFS、DNS、Web 服务皆为运行其上的星辰。掌握服务部署的通用法则——安装软件、编辑配置、启动服务、验证测试，便能触类旁通。《论语·述而》中说："举一隅不以三隅反，则不复也"，从 NFS 共享到 DNS 解析，再到 Web 托管，流程内核一致，唯参数与场景不同。学习者可以以本模块为一隅，自主探索新服务（如 FTP、消息队列等），以旧知解新题，方显创新之力。

项目 10
NFS 服务配置与应用

【学习目标】

知识目标:
- 理解 NFS 的核心概念。
- 掌握 NFS 的工作机制。
- 了解网络存储技术。

技能目标:
- 能够独立完成 NFS 服务的安装、基本配置以及客户端的挂载操作。
- 能够运用所学知识进行故障排查与解决。
- 能够根据实际需求,合理设置 NFS 服务的权限参数,确保数据安全与访问控制。

素养目标:
- 增强系统管理与系统安全维护意识。
- 通过分析实际问题,培养系统管理水平与创新能力。

PPT:项目 10 NFS 服务配置与应用

文本:单元设计

10.1 知识储备

10.1.1 NFS 概述

网络文件系统(Network File System,NFS)是由 Sun 公司开发的分布式文件系统协议,是一种通用的通过网络共享文件系统的解决方案,其主要功能是实现主机系统之间通过网络来共享文件或目录。

NFS 服务采用客户机/服务器(Client/Server,C/S)工作模型。NFS 服务器提供共享目录,并设置允许哪些客户端以什么样的权限来访问这些共享目录;客户则将服务器提供的共享目录挂载到本地的文件系统中。从 NFS 客户端的角度来看,使用服务器的共享目录就像使用自己的本地目录一样,而实际上数据在远端的 NFS 服务器上。

目前 NFS 协议有 3 个版本，分别为 NFSv2、NFSv3 和 NFSv4。NFSv2 是一个古老的版本，但其兼容性强；NFSv3 支持 TCP，且速度快，拥有更大的单个文件大小，便于排错；NFSv4 提供了有状态的连接，更容易追踪连接状态，增强了安全特性。openEuler 操作系统 22.03 版本默认使用 NFSv4 提供网络文件系统服务。

10.1.2 RPC

远程过程调用（Remote Procedure Call，RPC）是一种计算机通信协议，最初由 Sun 公司提出，它允许一个程序在不同的计算机上执行过程或服务。RPC 使得开发者能够像调用本地函数一样调用远程服务，从而简化了网络编程的复杂性，这使得分布式计算应用更加方便和高效。

1. RPC 的技术特点

1）透明性：开发者可以像调用本地函数一样调用远程服务，简化了分布式系统的开发。

2）语言无关性：RPC 可以在不同的编程语言之间进行通信，只要双方遵循相同的协议。

3）高效性：通过使用序列化和网络传输，RPC 可以高效地进行远程调用。然而，由于涉及网络通信，RPC 调用的延迟通常高于本地调用。

4）灵活性：RPC 支持多种传输协议和序列化机制，可以根据实际需求选择合适的组合。

5）可靠性：RPC 提供了可靠的通信机制，包括超时处理、重试机制和错误处理等，确保调用的可靠性。

2. RPC 的优缺点

（1）RPC 的主要优点

1）效率高。相比于传统的 HTTP 请求，RPC 使用自定义格式的二进制方式进行通信，具有更高的通信效率。

2）简化开发。RPC 屏蔽了底层的通信细节，使得远程调用看起来像是本地调用，对开发者透明，从而简化了分布式系统的开发。

（2）RPC 的主要缺点

1）通用性不如 HTTP。由于传输的数据不是 HTTP 格式，所以调用双方需要专门实现的通信库。因此对于不同的编程开发语言，都需要有相关实现。而 HTTP 作为一个标准协议，大部分的语言都已有相关的实现，通用性更好。

2）调试复杂。因为涉及网络和远程服务器，RPC 的调试和错误排查比本地调用复杂。

RPC 首先要开启一个 rpcbind 服务，负责为其他基于 RPC 的服务注册端口，即将 RPC 程序编号转换为互联网上使用的通用地址。

基于 RPC 的服务程序有很多，典型的是 NFS。用户可以在/etc/rpc 文件中看到这些基于 RPC 的服务程序，如图 10-1 所示。

```
portmapper       100000   portmap sunrpc rpcbind
rstatd           100001   rstat rup perfmeter rstat_svc
rusersd          100002   rusers
nfs              100003   nfsprog
ypserv           100004   ypprog
mountd           100005   mount showmount
ypbind           100007
walld            100008   rwall shutdown
yppasswdd        100009   yppasswd
etherstatd       100010   etherstat
rquotad          100011   rquotaprog quota rquota
sprayd           100012   spray
3270_mapper      100013
rje_mapper       100014
selection_svc    100015   selnsvc
database_svc     100016
rexd             100017   rex
```

图 10-1 基于 RPC 的服务程序（部分）

10.1.3 NFS 服务的工作流程

在 Linux 操作系统中配置完成并开启 NFS 服务之后，NFS 服务器就一直处于等待状态，由 NFS 客户端建立过程调用请求，将调用参数发送到远程 NFS 服务器，并等待响应。当请求到达远程 NFS 服务器后，服务器处理客户端的请求，调用指定的程序，并将结果返回 NFS 客户端。

NFS 的详细工作流程如下：

1）首先服务器启动 RPC 服务，并开启 111 号端口。
2）服务器启动 NFS 服务，并向 RPC 注册端口信息。
3）客户端启动 RPC（portmap 或 rpcbind 服务），向服务器的 RPC(portmap 或 rpcbind 服务)请求 NFS 端口。
4）服务器的 RPC（portmap）服务反馈 NFS 端口信息给客户端。
5）客户端通过获取的 NFS 端口来建立和服务器的 NFS 连接并进行数据的传输。

微课 10-1
NFS 与 RPC

10.2 项目实施

微课 10-2
NFS 服务
基本应用

任务 1：NFS 服务基本应用

任务描述：实现 NFS 共享，需要启动 NFS 和 rpcbind 服务，所需软件包括 nfs-utils 和 rpcbind。准备两台安装了 openEuler 的计算机，其中一台 openEuler01 配置成 NFS 服务器，IP 地址为 192.168.10.20，通过 NFS 分享某个目录；另外一台 openEuler02 充当客户端，IP 地址为 192.168.10.9，通过服务器分享的目录实现资源共享。

步骤 1：检查相关包的安装状态。如图 10-2 所示，rpcbind 包已经安装，而 nfs-utils 包未安装。

```
[root@openEuler01 local]# dnf list |grep nfs-utils
nfs-utils.x86_64                    2:2.5.4-15.oe2203sp4              local-cdrom
nfs-utils-help.x86_64               2:2.5.4-15.oe2203sp4              local-cdrom
[root@openEuler01 local]# dnf list |grep rpcbind
rpcbind.x86_64                      1.2.6-7.oe2203sp4                 @anaconda
rpcbind-help.noarch                 1.2.6-7.oe2203sp4                 local-cdrom
```

图 10-2 软件包的安装状态

步骤 2：安装 nfs-utils 软件包，如图 10-3 所示。

```
[root@openEuler01 local]# dnf install nfs-utils -y
Last metadata expiration check: 0:57:41 ago on Sat 11 Oct 2025 10:29:08 PM +11.
Dependencies resolved.
================================================================================
 Package              Architecture    Version                Repository    Size
================================================================================
Installing:
 nfs-utils            x86_64          2:2.5.4-15.oe2203sp4   local-cdrom  290 k
Installing dependencies:
 gssproxy             x86_64          0.9.1-3.oe2203sp4      local-cdrom   92 k
 keyutils             x86_64          1.6.3-4.oe2203sp4      local-cdrom   51 k
 krb5                 x86_64          1.19.2-16.oe2203sp4    local-cdrom   77 k
Installing weak dependencies:
 nfs-utils-help       x86_64          2:2.5.4-15.oe2203sp4   local-cdrom   95 k

Transaction Summary
================================================================================
Install  5 Packages
```

图 10-3 安装 nfs-utils 软件包

> 如果 rpcbind 包未安装，则用同样的方法进行安装。

步骤 3：启动服务并查询 NFS 服务及 rpcbind 的运行状态，如图 10-4 和图 10-5 所示。

```
[root@openEuler01 local]# systemctl start nfs
[root@openEuler01 local]# systemctl status nfs
 nfs-server.service - NFS server and services
     Loaded: loaded (/usr/lib/systemd/system/nfs-server.service; disabled; vendor preset: disabl
     Active: active (exited) since Sat 2025-10-11 23:30:11 +11; 8s ago
    Process: 26161 ExecStartPre=/usr/sbin/exportfs -r (code=exited, status=0/SUCCESS)
    Process: 26162 ExecStart=/usr/sbin/rpc.nfsd (code=exited, status=0/SUCCESS)
   Main PID: 26162 (code=exited, status=0/SUCCESS)

Oct 11 23:30:11 openEuler01.hgpu.edu.cn systemd[1]: Starting NFS server and services...
Oct 11 23:30:11 openEuler01.hgpu.edu.cn systemd[1]: Finished NFS server and services.
```

图 10-4 启动并检查 NFS 服务运行状态

```
[root@openEuler01 local]# systemctl status rpcbind
 rpcbind.service - RPC Bind
     Loaded: loaded (/usr/lib/systemd/system/rpcbind.service; enabled; vendor preset: enabled)
     Active: active (running) since Fri 2025-01-24 21:43:49 +11; 8 months 16 days ago
TriggeredBy: ● rpcbind.socket
       Docs: man:rpcbind(8)
   Main PID: 763 (rpcbind)
      Tasks: 1 (limit: 9144)
     Memory: 2.5M
     CGroup: /system.slice/rpcbind.service
             └─763 /usr/bin/rpcbind -r -w -f

Jan 24 21:43:49 openEuler01 systemd[1]: Starting RPC Bind...
Jan 24 21:43:49 openEuler01 systemd[1]: Started RPC Bind.
```

图 10-5 检查 rpcbind 的服务运行状态

> 1）以上操作都在服务器端完成。
> 2）由于服务间的依赖关系，启动 NFS 服务时一定要先启动 rpcbind 服务。

步骤 4：在客户端安装 nfs-utils 和 rpcbind 包。
步骤 5：在客户端启动 rpcbind 服务，如图 10-6 所示。

```
[root@openEuler02 ~]# systemctl is-active  nfs
inactive
[root@openEuler02 ~]# systemctl is-active  rpcbind
active
```

图 10-6　检查并启动服务

👉 客户端的 nfs-utils 必须安装，需要它提供一些应用命令，但服务可以不启动。

步骤 6：在服务器端准备共享资源，如图 10-7 所示。

```
[root@openEuler01 nfs-test]# pwd
/home/nfs-test
[root@openEuler01 nfs-test]# cat nfs.txt
hello ,world
I want to test nfs-share
```

图 10-7　准备共享资源

步骤 7：在服务器端编辑 NFS 配置文件/etc/exports。如图 10-8 所示，每一行定义一个共享目录。

```
/home/nfs-test    192.168.10.0/24(ro,sync,all_squash)
/var/nfs-test     192.168.10.0/24(ro,sync,all_squash)
```

图 10-8　共享目录的配置

👉 配置文件中数据的具体含义在下一个任务中详细介绍。

步骤 8：在服务器端导出共享目录。

【命令格式】exportfs [选项] [操作] [共享目录]

常用选项如下。

- -a：全部挂载或全部卸载。
- -r：重新导出指定目录或所有已定义的共享目录。
- -u：取消导出指定目录或所有已导出的目录。
- -v：显示详细信息。当查看已导出的共享目录时，此选项会显示每个共享目录的详细信息，包括目录路径、导出选项和客户端访问权限。

如图 10-9 所示，exportfs 命令在不重启服务的情况下，导出最新的配置信息。

```
[root@openEuler01 ~]# exportfs -arv
exportfs: /etc/exports [1]: Neither 'subtree_check' or 'no_subtree_check' specified for export "1
92.168.10.0/24:/home/nfs-test".
  Assuming default behaviour ('no_subtree_check').
  NOTE: this default has changed since nfs-utils version 1.0.x

exportfs: /etc/exports [2]: Neither 'subtree_check' or 'no_subtree_check' specified for export "1
92.168.10.0/24:/var/nfs-test".
  Assuming default behaviour ('no_subtree_check').
  NOTE: this default has changed since nfs-utils version 1.0.x

exporting 192.168.10.0/24:/var/nfs-test
exporting 192.168.10.0/24:/home/nfs-test
```

图 10-9　导出共享目录

步骤 9：在客户端查看服务器的共享目录。

【命令格式】showmount [选项] [主机名]

常用选项如下。

- -a 或--all：显示所有远程挂载的文件系统，格式为"主机名:目录"。
- -d 或--directory [目录]：仅列出已被客户端远程挂载的指定目录。
- -e 或--exports 或 --exportlist：显示所有导出的共享目录及其相关信息。

如图 10-10 所示，用 showmount 命令查看指定服务器的共享目录，为下一步的挂载提供基础。

```
[root@openEuler02 ~]# showmount -e 192.168.10.20
Export list for 192.168.10.20:
/var/nfs-test  192.168.10.0/24
/home/nfs-test 192.168.10.0/24
```

图 10-10　显示可挂载目录

步骤 10：在客户端挂载共享目录。如图 10-11 所示，用 mount 命令将服务器的共享目录挂载到本地，使得访问服务器资源就像访问本地数据一样。

```
[root@openEuler02 ~]# ls /mnt/nfs
[root@openEuler02 ~]# mount -t nfs 192.168.10.20:/home/nfs-test /mnt/nfs
[root@openEuler02 ~]# ls /mnt/nfs
nfs.txt
[root@openEuler02 ~]# cat /mnt/nfs/nfs.txt
hello ,world
I want to test nfs-share
```

图 10-11　NFS 共享验证

本任务没有过多追求细节，而是以一个比较完整的过程体现了 NFS 服务的应用。

任务 2：NFS 配置文件分析

任务描述：任务 1 只是实现了一个简单的 NFS 应用过程，对共享数据没有作精细化的控制。本任务通过详细分析配置文件的选项，来建立更加安全可靠的 NFS 应用共享。

步骤 1：配置文件条目分析。一条完整的共享条目命令格式如下：

【命令格式】共享路径　客户端主机（选项）

或者，也可以为多个客户端主机设置不同的访问选项，命令格式如下：

【命令格式】共享路径　客户端主机 1（选项）客户端主机 2（选项）…

如图 10-12 所示，是任务 1 中一个配置文件。

微课 10-3
NFS 配置
文件分析

```
/home/nfs-test    192.168.10.0/24(ro,sync,all_squash)
/var/nfs-test     192.168.10.0/24(ro,sync,all_squash)
```

图 10-12　NFS 的配置文件内容

- /home/nfs-test：共享路径，要导出的目录层次结构的绝对路径，该目录必须存在。
- 192.168.10.0/24：客户端，允许访问该导出点的客户端名称或 IP 地址，可以是一个或多个，之间用空格分隔，有以下一些表达形式。

192.168.10.0/24：代表一个子网。

*.example.com：代表域内的所有主机。

*：代表任何主机。

192.168.10.9：代表一台具体的主机。

- ro 等：选项，描述了指定在选项之前的客户端的挂载规则，包括访问权限、用户映射等，详细的选项及说明见表 10-1。

表 10-1　NFS 配置文件选项及其功能描述

NFS 选项	功能描述	NFS 选项	功能描述
ro	只读	rw	读写
sync	将数据同步写入内存缓冲区与磁盘中	async	将数据先保存在内存缓冲区中，必要时再写入
wdelay	检查是否有相关写操作，如果有则将这些写操作一起执行	root_squash	将 root 用户及其所属用户组都映射为匿名用户或用户组
no_root_squash	不将 root 用户及其所属用户组都映射为匿名用户或用户组	all_squash	将远程访问的所有用户组都映射为匿名用户组账户
anonuid=xxx	将远程访问的所有用户都映射为指定的本地用户（UID=xxx）	anongid=xxx	将远程访问的所有用户组都映射为指定的本地用户组（GID=xxx）
subtree_check	客户端都只能访问其原本挂载的目录及其下的子目录，如果改变，则检查并阻止，安全但影响性能	no_subtree_check	不会检查客户端访问的目录是否在其原本挂载的树内，不安全但减轻服务器负载

最简单的 NFS 配置可以仅给定一个共享路径与一个客户端主机，而不指定选项，这样 NFS 将使用默认选项，默认属性为 ro、sync、wdelay、no_root_squash、no_subtree_check。

步骤 2：按要求配置 NFS 应用。

要求：让所有客户端可以读取并修改共享目录/home/nfs-test，所有用户映射成服务器中的 cjl 账号的权限。为了提高性能，采用异步写入方式，检查客户端访问目录，其他参数默认。

1）查询 cjl 账号的 ID，如图 10-13 所示。

```
[root@openEuler01 ~]# id cjl
uid=1000(cjl) gid=1000(cjl) groups=1000(cjl),10(wheel)
```

图 10-13　获取 cjl 账号的 ID

2）按要求在/etc/exports 文件中编写共享条目。

/home/nfs-test *(rw,async,anonuid=1000,no_subtree_check)

3）重新导出共享目录。

exportfs -ar

4）在客户端重新挂载共享目录。

mount –t nfs –o remount 192.168.10.20:/home/nfs-test /mnt/nfs

5）验证。
- 进入挂载点并读取数据，如图 10-14 所示，操作成功。

```
[root@openEuler02 nfs]# cat nfs.txt
hello ,world
I want to test nfs-share
```

图 10-14　读取验证

- 在目录中新建文件，如图 10-15 所示，遭到拒绝。

```
[root@openEuler02 mnt]# cd nfs
[root@openEuler02 nfs]# ls
nfs.txt
[root@openEuler02 nfs]# touch  test.txt
touch: cannot touch 'test.txt': Permission denied
```

图 10-15　写权限验证

步骤 3：原因分析。配置文件中已经给了 rw 权限，为什么仍然无法写共享目录？其实，对共享目录的访问权限由两种权限叠加而成，一是配置文件中定义的权限，称为网络权限；另一个是 NFS 服务器共享目录的本地权限，取两者中的最严格权限。

配置文件中将所有远程访问用户都映射到 cjl 账号上，查看该账号对共享目录的访问权限，如图 10-16 所示。

```
[root@openEuler01 ~]# ll -d /home/nfs-test/
drwxr-xr-x. 2 root root 4096 Oct 12 00:06 /home/nfs-test/
```

图 10-16　查看本地权限

可以看到，对于 cjl 账号而言，对该目录的本地访问权限是 rx。

步骤 4：解决问题。给共享目录对其他用户增加写权限，如图 10-17 所示。

```
[root@openEuler01 ~]# chmod o+w  /home/nfs-test/
[root@openEuler01 ~]# ll -d /home/nfs-test/
drwxr-xrwx. 2 root root 4096 Oct 12 00:06 /home/nfs-test/
```

图 10-17　增加本地写权限

步骤 5：再次在客户端上验证。如图 10-18 所示，成功实现对共享目录的写操作。

```
[root@openEuler02 nfs]# ls
nfs.txt
[root@openEuler02 nfs]# touch   test.txt
[root@openEuler02 nfs]# ls
nfs.txt  test.txt
```

图 10-18　客户端再次验证写权限

步骤 6：卸载共享目录。对共享目录操作完成后，应该适时卸载，以免造成数据安全隐患，如图 10-19 所示。

```
[root@openEuler02 mnt]# umount nfs
[root@openEuler02 mnt]# ls nfs
[root@openEuler02 mnt]#
```

图 10-19　卸载共享目录

进行共享目录卸载时，需要在挂载目录外进行卸载，否则卸载不成功。

步骤 7：共享目录自动挂载。在某些情况下可能希望客户端一开机就能访问到共享目录，而不是每次都手动挂载，因此需要在/etc/fstab 文件中增加以下内容：

192.168.10.20:/home/nfs-test /mnt/nfs nfs defaults 0 0

则重启系统之后，共享目录就直接可以访问了。

10.3　能力拓展

微课 10-4
客户端无法
挂载共享目
录原因分析

拓展任务 1：客户端无法挂载共享目录原因分析

在应用 NFS 服务时，经常会碰到各种原因导致客户端无法挂载服务器共享的目录。学习者应该要能根据错误状态判断原因，并进行故障排除。

1）提示 "No route to host"，如图 10-20 所示。

```
[root@openEuler02 mnt]# mount -t nfs  192.168.10.20:/home/nfs-test  /mnt/nfs
mount.nfs: No route to host
```

图 10-20　错误提示 1

原因分析：提示没有到主机的路由，可能是网络逻辑链路不通或者防火墙拦截了相应的服务。

解决问题：首先用 ping 命令检查网络的逻辑链路，再检查防火墙状态。如果防火墙是 "active" 状态，则查看防火墙是否放行 NFS 服务，如果没有则用命令放行 NFS 服务，如图 10-21 所示。

```
[root@openEuler01 ~]# systemctl is-active firewalld
active
[root@openEuler01 ~]# firewall-cmd --list-service
dhcpv6-client mdns ssh
[root@openEuler01 ~]# firewall-cmd --add-service=nfs
success
```

图 10-21　解决故障

再次验证客户端挂载，如图 10-22 所示，能成功挂载并查看共享目录中的内容。

```
[root@openEuler02 mnt]# mount -t nfs 192.168.10.20:/home/nfs-test /mnt/nfs
[root@openEuler02 mnt]# ls nfs
nfs.txt    test.txt
```

图 10-22　验证故障排除

> 更为简单、直接的处理方法就是直接关掉防火墙。

2）提示"access denied by server while mounting 192.168.10.20:/home/nfs-test",如图 10-23 所示。

```
[root@openEuler02 mnt]# mount -t nfs 192.168.10.20:/home/nfs-test /mnt/nfs
mount.nfs: access denied by server while mounting 192.168.10.20:/home/nfs-test
```

图 10-23　错误提示 2

原因分析：如图 10-24 所示，提示信息为"当挂载 192.168.10.20：/home/nfs-test 共享目录时被服务器拒绝访问"，也就是客户端不在服务器设置可以访问的范围之内。通过检查配置文件发现，可访问的客户端 IP 地址设置为 192.168.10.2，其为单一主机，而当前客户端的地址为 192.168.10.9。

```
/home/nfs-test    192.168.10.2(rw,async,anonuid=1000,subtree_check)
```

图 10-24　故障原因

故障解决：修改配置文件中的客户端 IP 地址为 192.168.10.9 或者设置为 192.168.10.0/24 的子网。之后再次验证，能正确挂载。

拓展任务 2：NFS 服务的性能优化

微课 10-5
NFS 服务的
性能优化

当一个 NFS 服务器需要共享数据给多个客户端，或者客户端从服务器读取的数据量较大时，性能优化就显得尤为重要。性能优化可以从服务器端考虑，也可以从客户端入手。以下是几种性能优化方法。

（1）服务器端的解决方案

1）调整 /etc/exports 配置文件中的选项，使用 async 异步方式，可以提高写入性能，但需要注意数据丢失的风险。

2）增加 NFS 守护进程的线程数据，提高并发处理能力，方法如下：

vim /etc/nfs.conf
[nfsd]
threads=16

修改完成后，重启服务并用命令 cat /proc/fs/nfsd/threads 验证线程数是否为 16。

（2）客户端的解决方案

客户端主要是通过挂载选项来改善性能，主要有以下几个对性能有影响的选项。

● rsize/wsize：读写缓冲区，使用尽可能大的读写缓冲区可以提高读写性能。
● vers：NFS 的版本，可以是 v1\v2\v3\v4，v4 版提供粒度更细的权限控制。
● timeo：超时时间，设置合适的挂载超时时间。

示例：

mount -t nfs -o rsize=32768, wsize=32768, vers=4, timeo=16

192.168.10.20:/home/nfs-test /mnt/nfs

拓展任务 3：认识网络存储

网络存储是相对于本地存储而言的。本地存储是指将数据存储在本地计算机或设备的物理介质上，如硬盘、固态硬盘（SSD）、闪存等，以便快速、直接地访问和处理。这种存储方式存在容量有限、扩展性差、数据管理困难、难以保持数据的一致性等问题，已经不适合当前云计算时代的需要。

所谓网络存储，简而言之，就是一种将存储设备通过网络连接，使得数据能够在网络上被多个用户或设备访问和管理的技术。它打破了传统本地存储的局限性，用户无须直接连接存储设备，只要处于网络覆盖范围内，就能随时随地访问和存储数据。如图 10-25 所示，是一张网络存储的层次结构图，使用数据的系统与存储数据的系统是通过网络连接起来的。

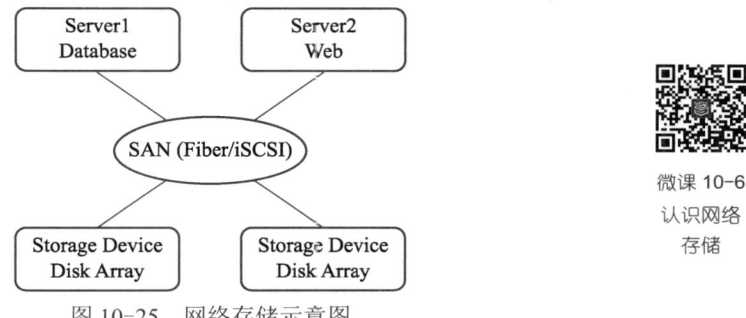

图 10-25　网络存储示意图

网络存储的类型及相关协议如下。

1）网络附加存储（NAS）：这是一种专门的文件存储服务器，通过网络接口连接到网络，为用户提供文件级的数据访问服务。NAS 设备通常运行专门的操作系统，用户可以像访问本地硬盘一样访问 NAS 上的文件，适合家庭、小型企业进行文件共享和备份。NAS 使用的协议主要有 NFS（Linux）和 SMB/CIFS（Windows）。

2）存储区域网络（SAN）：SAN 是一种高速的专用网络，用于连接服务器和存储设备。它提供块级的数据存储，主要应用于大型企业数据中心，能够满足对存储性能和数据可用性要求极高的业务系统，如数据库应用。SAN 使用的协议有 FC（光纤通道）和 iSCSI（基于 IP）。

3）云存储：云存储是基于云计算技术的存储服务，用户通过互联网将数据存储在云服务提供商的数据中心。用户无须自行购买和维护存储设备，只要按需租用云存储空间即可，具有成本低、可扩展性强等特点，被广泛应用于个人数据存储、企业数据备份和容灾等领域。

4）分布式存储：数据分布在多个节点，具有高容错性和扩展性，代表产品有 Ceph、HadoopHDFS 和 GlusterFS 等，适用于大数据分析和云计算底层存储场景。

【IT 工程师素养小课堂】今天，你 AI 了吗？

1. 当前人工智能的主要应用

人工智能（AI）通过自动化、智能化技术优化生产流程，如制造业中的智能机器人、物流行业的无人配送系统等，其显著降低了人力成本并提高了效率。

人工智能可以驱动传统行业向数字化、智能化转型，如金融领域的智能风控、医疗领域的辅助诊断等，也可以催生新业态（如自动驾驶等）。

- 医疗健康：人工智能辅助疾病筛查（如肺癌影像识别）、药物研发（AlphaFold 预测蛋白质结构），加速精准医疗发展。
- 环境保护：人工智能模型用于气候预测、碳排放优化，助力实现"双碳"目标。
- 城市治理：智慧交通系统（如杭州的"城市大脑"项目）缓解拥堵，智慧安防提升公共安全。
- 教育普惠：人工智能助理各类教育平台实现个性化教学，缩小各地教育资源差距，助力教育均衡化发展。

2. 国内主要人工智能大模型的发展

2023 年《生成式人工智能服务管理暂行办法》发布，明确鼓励我国人工智能的创新与规范发展。全国一体化算力网络（东数西算）的加速建设，进一步支撑了大模型训练需求。在这些政策的支持下，国内的大模型飞速发展，目前比较有代表性的大模型平台及其特点见表 10-2。

表 10-2　国内代表性 AI 大模型

模型名称	研发机构	核心特点
文心一言	百度	多模态交互（文本、图像、视频），深耕垂直行业（如法律、医疗）
盘古大模型	华为	聚焦科学计算（气象预测精度提升 20%）、工业场景（矿山安全监测）
通义千问	阿里巴巴	超大规模参数（10 万亿级），支持多语言、多任务泛化能力
DeepSeek 系列	深度求索	独创 MLA 架构，突破算力限制(R1 模型训练成本降低 70%)，开源推动技术普惠
智谱清言	清华大学	融合知识图谱与强化学习，中文理解能力领先（如古文生成、逻辑推理）

3. 人工智能未来发展方向

1）垂直深化：通用大模型向行业专用模型演进（如教育、农业等领域）。
2）多模态融合：文本、图像、语音跨模态交互，推动具身智能发展。
3）人机协作：人工智能作为"副驾驶"辅助进行决策，增强创造力。

10.4　项目小结

本项目重点介绍了 NFS 的概念、工作机制和基本应用，对配置文件进行了详细描述，同时分析了在 NFS 配置过程中的一些常见错误，并引申出网络存储的概念及特点。通过本项目中各任务的实践，学习者应当熟练掌握 NFS 服务配置的相关操作，并能对 NFS 的应用进行更深一步的探索。

10.5 思考与练习

文本：参考答案

一、简答题

1. 简述 NFS 的基本概念及其在网络存储中的作用。
2. NFS 服务安装启动完成后，在服务器端会打开哪些工作端口，分别对应着什么服务？
3. 请解释 NFS 服务配置文件/etc/exports 中的条目"/home/nfs-test 192.168.10.0/24(rw,async,insecure,anonid=1000)"的意义。

二、HCIA 相关考题

1.【单选题】下列不是 NFS 服务的主要优点的是（　　）。
  A．实现文件跨平台共享　　　　　　B．提高数据访问速度
  C．替代所有本地存储　　　　　　　D．降低数据管理成本

2.【单选题】在配置 NFS 服务器时，（　　）文件用于定义导出目录及其访问权限。
  A．/etc/fstab　　B．/etc/exports　　C．/etc/nfs.conf　　D．/etc/passwd

3.【单选题】NFS 客户端挂载共享目录的命令是（　　）。
  A．nfs-mount　　B．mount -t nfs　　C．nfs-share　　D．share -t nfs

4.【单选题】下列命令中，用于在 NFS 服务器上查看当前导出的目录列表的是（　　）。
  A．showmount -a　　　　　　　　B．exportfs -v
  C．nfsstat -s　　　　　　　　　　D．mount | grep nfs

5.【单选题】NFS 协议的全称是（　　）。
  A．Network File Share　　　　　　B．Network File System
  C．Network File Storage　　　　　D．Network File Server

6.【操作题】请按照以下步骤配置一个简单的 NFS 服务器：

1）安装 NFS 服务软件包。

2）配置一个导出目录，允许特定客户端（如 192.168.1.100）具有读写权限。

3）启动 NFS 服务并设置开机自启。

4）使用 exportfs 命令检查导出列表，确保配置正确。

5）在 NFS 客户端上挂载服务器（如 192.168.1.50）上的共享目录/shared 到本地目录/mnt/nfs，并验证挂载是否成功。

项目 11
DNS 服务配置与应用

【学习目标】

知识目标：
- 理解 DNS 的基本概念、逻辑结构以及顶级域名的相关知识。
- 掌握 DNS 的查询方式，包括递归查询和迭代查询。

技能目标：
- 能够独立安装并配置 DNS 服务，实现正向解析及反向解析功能。
- 能够理解并运用 DNS 的负载均衡原理，通过修改区域记录文件实现负载均衡。
- 能够配置辅助 DNS 服务器，实现从主 DNS 服务器同步数据，提高域名解析的可靠性和效率。

素养目标：
- 通过 DNS 服务配置，增强动手实践能力。
- 团队讨论解决复杂系统问题，培养良好的协作沟通能力。

PPT：项目 11 DNS 服务配置与应用

文本：单元设计

11.1 知识储备

11.1.1 DNS 概述

域名系统（Domain Name System，DNS）是一种用于在计算机网络中将易于记忆的域名映射到难记的 IP 地址上的一种系统服务。该服务也采用客户机/服务器模式，DNS 客户端发出查询请求，DNS 服务器响应请求。客户端通过查询服务器获得主机的 IP 地址，进而完成后续的 TCP/IP 通信过程。

如图 11-1 所示为 DNS 客户端的网络参数，当其要用域名的方式，如 www.baidu.com 访问网络中的服务器时，就会找到 223.5.5.5 的 DNS 服务器，请求将域名转成百度服务器的 IP 地址，如 183.2.172.42，然后再用这个 IP 地址去做进一步的访问请求，其过程如图 11-2 所示。

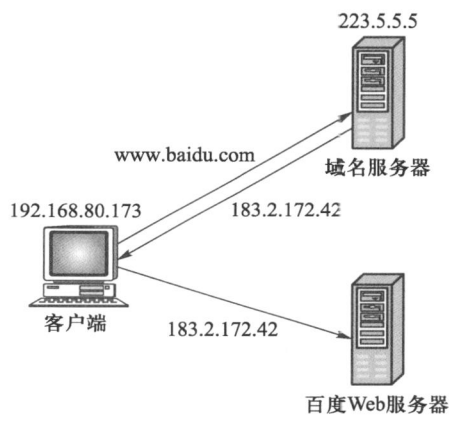

图 11-1　DNS 客户端网络参数

微课 11-1
DNS 客户端
与服务器的
交互过程

图 11-2　客户端与服务器的交互过程

11.1.2　DNS 的逻辑结构

互联网中有大量的服务器需要域名，不可能将所有的域名映射记录都存放在一台服务器中。为了便于管理这个庞大体系，用树形层次结构来组织域名系统。域就是一个范围，其下可能管理着子域服务器或者一台具体的服务器，如图 11-3 所示。从顶级管理者"."开始，其下管理着一级域名服务器，一级域名服务器下管理着二级域名服务器，二级域名服务器下管理三级域名服务器或一台具体的服务器，这个级别按照逆序加上主机名构成一个完整域名，如 webserver1.training.microsoft.com.，也称为 FQDN（Fully Qualified Domain Name，全称域名），这个名称反映了域间的层级关系。

（1）根域名（.）

为了提高 DNS 根域的可靠性，IPv4 的根域服务器有 13 台，分布在北美、欧洲和亚洲地区。IPv6 的根域服务器有 25 台，同样分布在世界各地，其中，在我国有一台 IPv6 主根域服务器和 3 台辅助根域服务器。

（2）顶级域名

由根域直接管理的区域，常见的顶级域名有以下几个。

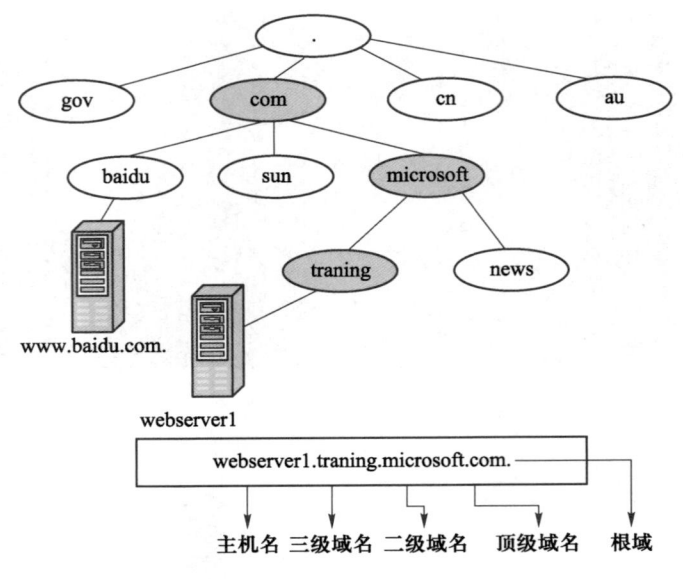

微课 11-2
DNS 服务的管理逻辑及查询方法

图 11-3　互联网的域名空间

1）com：商业组织域名，通常用于商业机构、公司、品牌等的网站，也是互联网上最常见的顶级域名之一，因其涵盖范围广泛，具有很强的通用性。

2）net：网络服务提供商域名，主要用于网络服务提供商、在线组织、互联网技术公司等。

3）org：非营利组织域名，通常用于非营利组织、社区组织、慈善机构、教育机构等的网站。

4）edu：教育机构域名，通常用于学校、教育机构等的网站。

5）gov：政府机构域名，通常用于政府机构、政府部门、政府组织等的网站。

6）cn：中国国家域名，也是全球最大的中文域名。该域名的出现，也标志着我国互联网的崛起。

7）io：近年来被许多创新型企业、初创公司采用的域名。

除了根域之外，各级域名是一个动态发展的状态，根据需要可能会增加新的域名。

11.1.3　DNS 的查询方式

查询方式是指 DNS 客户端向本地 DNS 服务发出查询请求的方式，以及当本地域名服务器中没有相应的映射记录时，本地域名服务器如何向其他域名服务器查询所需结果的方式。常见的查询方式有以下两种。

1）递归查询（Recursive Query）：如果一个域名服务器无法直接回答查询请求，它会代替提出请求的客户端（下级 DNS 服务器）进行进一步的查询，即在域各树中的各分支的上下进行递归查询，直到找到答案或确定无法找到为止。然后，它将返回查询结果给客户端。在查询期间，客户端将完全处于等待状态。

2）迭代查询（Iterative Query）：当一个域名服务器无法直接解析查询请求时，它会返回一个指向另一个能够更接近解析该请求的域名服务器的提示或指针。然后，客户端（或其他域名服务器）会根据这个提示继续查询，直到找到最终的主机地址或确定无法找到为止。迭代查询中的每次指引都会更靠近根服务器（向上），查寻到根域名服务器后，则会再次根据提示向下查找。

在生产环境中，客户端与本地服务器之间是一种递归查询的方式，而本地 DNS 服务器与其他服务器之间则是一种迭代查询方式，如图 11-4 所示。

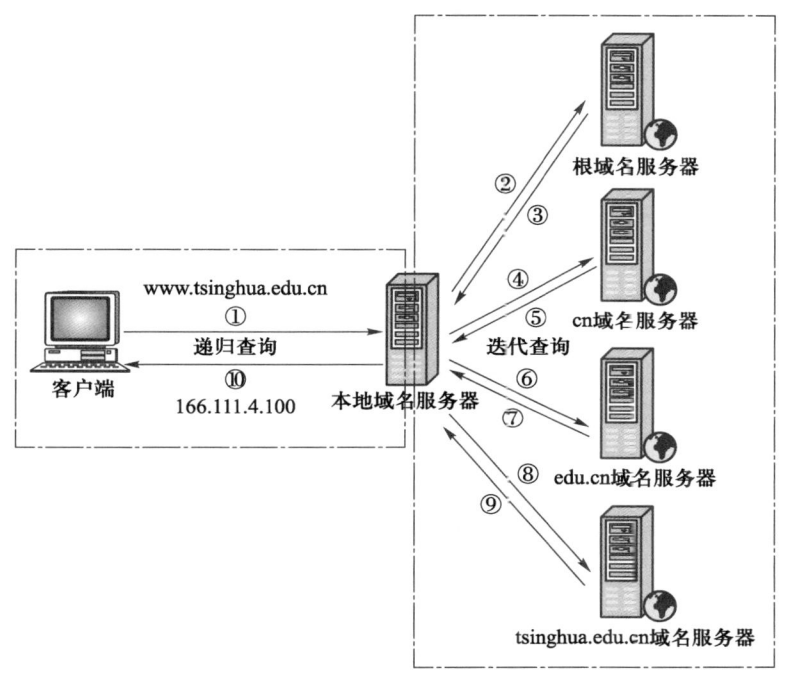

图 11-4　DNS 查询方式

11.1.4　正向解析与反向解析

在 DNS 服务器中记录是域名与 IP 地址的映射关系，这种映射关系可以提供两种解析方式——正向解析与反向解析。

（1）正向解析（Forward Lookup）

正向解析是指通过域名查找相应的 IP 地址。该方式是 DNS 解析中最常见的类型，广泛应用于网站访问、邮件服务器、视频流媒体等场景。例如，用户通过输入域名访问网站时，浏览器会进行 DNS 正向解析以获取网站的 IP 地址。

（2）反向解析（Reverse Lookup）

反向解析是指通过 IP 地址查找对应的域名，主要用于安全审计、网络故障排查和反垃圾邮件等场景。例如，邮件服务器通常会使用反向解析来验证发作方的 IP 地址是否与其声称的域名匹配，以减少垃圾邮件。此外，在网络日志分析中，使用反向解析可以将 IP 地址转换为域名，便于分析和理解流量来源。

11.1.5　DNS 服务器的类型

（1）主 DNS 服务器

主 DNS 服务器（Primary）是创建了区域的 DNS 服务器，这些区域负责存储和管理特定域名的资源记录，如 A 记录（将域名映射到 IP 地址）和 MX 记录（将域名映射到邮件服务器），其区域数据是可读、可修改的，这些区域数据也称为正本区域数据，是 DNS 解析的权威来源。

（2）辅助 DNS 服务器

辅助 DNS 服务器（Secondary）不能创建区域，其区域数据是从主 DNS 服务器复制而来的，为主 DNS 服务器提供备份和冗余的域名解析服务，以确保在主 DNS 服务器出现故障或不可用时，DNS 服务仍能够进行域名解析。这些区域数据只能读不能修改，也称为副本区域数据。

11.1.6　DNS 的记录类型

在 DNS 的数据库中常有以下记录类型。

1）A：主机资源记录，是 DNS 中最常见的记录类型之一，用于将域名映射到具体的 IPv4 地址。例如 www.example.com 的 A 记录是 192.0.2.1，那么任何对 www.example.com 的 DNS 查询都会返回 192.0.2.1 这个 IP 地址。

2）CNAME：别名资源记录，用于创建一个域名的别名。它指向另一个域名（也称为规范名称），而不是直接指向 IP 地址。例如 blog.example.com 的 CNAME 记录是 www.example.net，那么对 blog.example.com 的 DNS 查询会返回 www.example.net 的 IP 地址（通过查询 www.example.net 的 A 记录或其他相关记录）。

3）MX：邮件服务器资源记录，指定了接收该域名电子邮件的邮件服务器。每个 MX 记录都有一个优先级数字，用于在多个邮件服务器之间分配邮件路由。例如 example.com 的 MX 记录指向 mail.example.com 并赋予优先级 10，那么所有发给 example.com 域名的电子邮件都将被发送到 mail.example.com 指定的服务器。

4）NS：域名服务器资源记录，指定了负责解析特定域名的 DNS 服务器。每个域名都必须有 NS 记录，以告知 DNS 系统哪些服务器负责该域名的 DNS 解析。例如 example.com 的 NS 记录是 ns1.domainprovider.com 和 ns2.domainprovider.com，那么所有对 example.com 或其子域的 DNS 查询都将被发送到这两个 DNS 服务器。

5）PTR：指针资源记录，用于将 IP 地址反向映射到域名，通常用于反向 DNS 查找（也称为反向解析）。例如 IP 地址 192.0.2.1 的 PTR 记录是 mail.example.com，那么对 192.0.2.1 的反向 DNS 查询将返回 mail.example.com。

6）AAAA：IPv6 的 A 记录，用于将域名映射到 IPv6 地址。例如 www.example.com 的 AAAA 记录可能指向 2001:0db8:85a3:0000:0000:8a2e:0370:7334，这意味着当用户在支持 IPv6 的网络环境中输入 www.example.com 时，DNS 系统会将其解析为这个 IPv6 地址。

11.2 项目实施

微课 11-3
DNS 服务的
安装及正向
查找区域的
配置

任务 1：DNS 服务的安装及正向查找区域的配置

任务描述：DNS 服务的安装和正向查找区域的配置是 DNS 服务应用的基础，包括软件包的安装、配置文件的编辑、服务状态的管理等内容。正向查找区域是 DNS 服务实现正向解析所需要的配置信息，也是 DNS 服务提供的最重要也是最常用的一种应用。

步骤 1：安装软件包。常用的软件包有如下两个。

- bind.x86_64：bind9 套件中的核心 DNS 服务守护进程，负责监听 DNS 查询并返回相应的响应。
- bind-utils.x86_64：包含了一系列用于 DNS 查询和诊断的工具，如 dig 和 nslookup 等。

安装软件包命令如下：

```
dnf install -y bind bind-utils
```

步骤 2：编辑主配置文件/etc/named.conf。主配置文件也叫全局配置文件，其中定义了 DNS 服务的一些全局工作参数，如提供服务的 IP 地址、端口号等。以下是其一些重要的参数。

- listen-on port 53 { 192.168.10.100; };：设置 DNS 服务器的 IP 地址及监听端口号。
- allow-query { any; };：设置允许哪些 DNS 客户端方问 DNS 服务器，默认为 localhost，即只能本机访问，改为 any 表示任何客户端都可以访问。
- recursion yes：启用递归查询功能。
- Include "/etc/named.rfc1912.zones"：与下一个配置文件建立关联。

下面直接连接有主机的 DNS 服务器一般要启用递归查询功能，该功能使得 DNS 客户端无须处理复杂的查询过程，从而简化了用户的操作。用户只需要向本地 DNS 服务器发送一次查询请求，就可以获得最终的解析结果。

步骤 3：编辑区域配置文件/etc/named.rfc1912.zones。一台服务器下可以管理多个区域，包括正向查找区域和反向查找区域，所有需要被管理到的区域都需要定义在该配置文件中。如图 11-5 所示，定义了一个正向查找区域。

```
zone "hgpu.edu.cn" IN {
        type master;
        file "hgpu.edu.cn.zone";
        allow-update { none; };
};
```

图 11-5 正向查找区域示例

- 第 1 行：zone 是关键字，后面跟着用引号括起来的区域名称，如 hgpu.edu.cn；IN 表示 Internet 类；大括号内则包含该区域的配置选项。

- 第 2 行：表示该区域是一个主区域。在主区域中，DNS 服务器存储了该区域的所有权威数据，并且可以对该数据进行修改，是相对从区域（Slave）而言的。
- 第 3 行：指明该区域记录文件的名称，如 hgpu.edu.cn 区域具体的记录文件为 hgpu.edu.cn.zone。
- 第 4 行：设置该区域是否允许 DNS 客户端自动更新，none 为不允许。从安全的角度讲，一般设置为不允许自动更新。

每一个区域都有相应的记录文件，有多少区域就有多少个记录文件。记录文件放在 /var/named 目录中。

步骤 4：编辑区域记录配置文件/var/named/hgpu.edu.cn.zone。区域记录文件的语法比较复杂，一般从模板文件 named.localhost 复制过来再进行修改，命令如下：

```
cp –p named.localhost hgpu.edu.cn.zone
```

模板配置文件如图 11-6 所示。

```
$TTL 1D
@       IN SOA  @   rname.invalid. (
                                0       ; serial
                                1D      ; refresh
                                1H      ; retry
                                1W      ; expire
                                3H )    ; minimum
        NS      @
        A       127.0.0.1
        AAAA    ::1
```

图 11-6 模板配置文件

修改后的配置文件如图 11-7 所示。

```
$TTL 1D
@       IN SOA  hgpu.edu.cn.    root.invalid. (
                                0       ; serial
                                1D      ; refresh
                                1H      ; retry
                                1W      ; expire
                                3H )    ; minimum
@       NS      dns1.hgpu.edu.cn.
dns1    A       192.168.10.100
        AAAA    ::1
www     A       192.168.10.200
```

图 11-7 相应区域配置文件

- 第 1 行：设置了后续记录中未明确指定 TTL 值的默认生存时间，默认被设置为 1 天（1D）。TTL 决定了 DNS 记录在 DNS 缓存中可以保留多长时间。
- 第 2 行：符号"@"通常用作当前区域的简写。在这个上下文中，它代表区域的根（即区域名称本身，如 hgpu.edu.cn）；IN 表示这是一个 Internet 类的记录；SOA 是起始授权机构（Start of Authority）记录的缩写，模板中的第 2 个符号"@"在 SOA 记录中代表区域名称（即@被替换为区域的实际名称）；rname.invalid. 是区域管理员的电子邮件地址的一部分，但出于安全考虑，通常使用".invalid."顶级域来表示这不是一个真实的电子邮件地址。在实际配置中，应该替换为有效的电子邮件地址，但省略"@"符号后的域名部分（只保留用户名部分，如 root），并在用户名和.invalid.之间加一个点（.）。

- 第 3 行：序列号，即区域文件的版本号，用于在区域数据更新时通知辅助名称服务器。
- 第 4 行：刷新时间，即从属服务器应该检查主服务器是否有新区域数据之前等待的时间。
- 第 5 行：重试时间，即在从属服务器尝试联系主服务器失败后，应该等待多长时间再重试。
- 第 6 行：过期时间，即如果主服务器无法联系到，从属服务器应该继续认为其数据是权威的时间长度。
- 第 7 行：最小 TTL，记录在 DNS 缓存中的存活时间将不会超过 3 小时。这有助于确保 DNS 数据的及时性和准确性，特别是在记录发生更改时。
- 第 8 行：该条记录指定了区域的权威名称服务器。在这里，它使用"@"符号代表区域本身，意味着区域的权威服务器就是该区域名称所指向的服务器，也可以将"@"符号替换为具体的区域名称，如 hgpu.edu.cn。
- 第 9 行：该条 A 记录（域名映射为 IP 地址的记录称为 A 记录）为区域的根（即"@"，代表区域名称）所对应的 IPv4 地址，即运行 DNS 服务的机器地址。
- 第 10 行：区域的根所对应的 IPv6 的地址。
- 第 11 行：一条由 DNS 服务解析的 A 记录，后面可以跟着多条该区域的主机到相应 IP 的映射记录。

从模板进行文件复制时一定要加 -p 选项，将原文档的权属关系复制过来，否则会造成客户端无法访问的情况。

DNS 的配置文件比较复杂，涉及 3 个相关文件，一定要搞清楚这些文件之间的逻辑关联，才能实现正确配置，如图 11-8 所示。

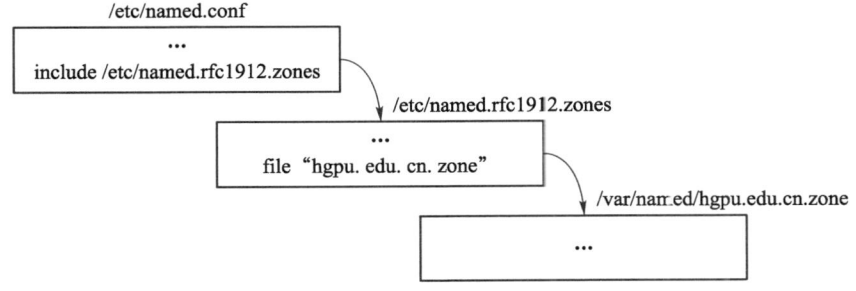

图 11-8 3 个配置文件之间的逻辑关系

步骤 5：启动 DNS 服务。用命令 systemctl start named 启动 DNS 服务，再用命令 systemctl status named 查看服的状态，如图 11-9 所示。

```
[root@openEuler01 etc]# systemctl status named
● named.service - Berkeley Internet Name Domain (DNS)
   Loaded: loaded (/usr/lib/systemd/system/named.service; disabled; vendor pr
   Active: active (running) since Mon 2025-01-06 16:31:11 +11; 1h 19min ago
  Process: 18085 ExecStartPre=/bin/bash -c if [ ! "$DISABLE_ZONE_CHECKING" ==
  Process: 18088 ExecStart=/usr/sbin/named -u named -c ${NAMEDCONF} $OPTIONS
 Main PID: 18091 (named)
    Tasks: 5 (limit: 9144)
   Memory: 14.0M
   CGroup: /system.slice/named.service
           └─18091 /usr/sbin/named -u named -c /etc/named.conf
```

图 11-9 DNS 服务的状态

步骤6：修改客户端 DNS 参数。找到另一台计算机作为客户端，修改配置文件 /etc/resolv.conf 中的 nameserver 属性为 DNS 服务器的 IP 地址，如图 11-10 所示。

```
# Generated by NetworkManager
nameserver 192.168.10.100
```

图 11-10　客户端的 DNS 参数

步骤7：测试。在 DNS 客户端上用 nslookup 命令测试，如图 11-11 所示。

```
[root@openEuler01 named]# nslookup www.hgpu.edu.cn
Server:         192.168.10.100
Address:        192.168.10.100#53

Name:   www.hgpu.edu.cn
Address: 192.168.10.200
```

图 11-11　使用 nslookup 命令测试结果

其中，Server 为 DNS 服务器的域名，没有域名则用 IP 地址；第 1 个 Address 为 DNS 服务器的 IP 地址及端口号。Name 为要解析的域名；第 2 个 Address 为该域名所对应的 IP 地址。

至此，DNS 服务的基本配置及验证完成。

任务 2：反向查找区域的配置

任务描述：反向查找区域是提供反向解析的数据库，即根据 IP 地址查出对应的域名，常用于安全审计、网络故障排查和反垃圾邮件等场景。在反向查找区域记录文件中的记录类型为 PTR（Pointer Record），即指针记录。

步骤1：在区域配置文件 /etc/named.rfc1912.zones 中添加反向查找区域，其格式与正向基本一样，如图 11-12 所示。

```
zone "10.168.192.in-addr.arpa" IN {
        type master;
        file "10.168.192.zone";
        ailow-update { none; };
};
```

微课 11-4
反向查找
区域的配置

图 11-12　反向查找区域示例

反向查找区域的定名规则是用对应网段的 IP 地址逆序来表达，其中的 in-addr.arpa 是固定结构，表示 IPv4 的反向记录；如果是 IPv6，则为 ip6.arpa。其他部分的含义跟正向查找区域一样。

步骤2：在 /var/named/ 下增加区域记录文件 10.168.192.zone。用命令 cp -p 根据模板文件 named.loopback 生成新的区域记录文件 10.168.192.zone，再对其进行修改，如图 11-13 所示。

```
$TTL 1D
@       IN SOA  @ rname.invalid. (
                                0       ; serial
                                1D      ; refresh
                                1H      ; retry
                                1W      ; expire
                                3H )    ; minimum
@       NS      ns1.hgpu.edu.cn.
100     PTR     ns1.hgpu.edu.cn.
        AAAA    ::1
200     PTR     www.hgpu.edu.cn.
```

图 11-13　反向记录文件示例

配置文件的格式及各行的含义与正向查找区域的记录文件基本一样。
- 第 9 行：为 DNS 服务器建立一条 PTR 记录。
- 第 10 行：为该网段中的其他主机建立指针记录，后面的记录依此类推。

步骤 3：在客户端验证反向解析。用 nslookup 命令，根据 IP 地址解析出域名，如图 11-14 所示。

```
[root@openEuler01 named]# nslookup 192.168.10.200
200.10.168.192.in-addr.arpa     name = www.hgpu.edu.cn.
```

图 11-14　反向解析验证

微课 11-5
转发器的
实现

任务 3：转发器的实现

任务描述：当本地 DNS 服务器负载过重或者无法解析时，可以通过转发器将解析请求转发到其上游服务器，以减少本地 DNS 服务器的查询延迟和负载，从而提高整个网络的 DNS 解析性能。当配置多个上游 DNS 服务器时，DNS 转发器可以实现负载均衡，将查询请求分散到不同的服务器上，这有助于避免单点故障，并提高 DNS 服务的可用性。配置 DNS 转发器还可以防止恶意 DNS 查询和 DDoS 攻击等安全风险。

步骤 1：未用转发器时的外网域名查询。未用转发器时，只能进行本地域名的解析，本地没有的域名则无法解析，如图 11-15 所示。

```
[root@openEuler01 etc]# nslookup www.baidu.com
Server:         192.168.10.100
Address:        192.168.10.100#53

** server can't find www.baidu.com: SERVFAIL
```

图 11-15　外网域名无法解析

步骤 2：修改/etc/named.conf 主配置文件。转发器的配置非常简单，只需要在主配置文件的 options（选项）中增加 forwarders 指令即可，如图 11-16 所示。

```
options {
        listen-on port 53 { 192.168.10.100; };
        forwarders {
                8.8.8.8;
                202.103.24.68;
                };
        forward  only ;
        listen-on-v6 port 53 { ::1; };
        directory       "/var/named";
```

图 11-16　转发器的设置

- forwarders：该命令可以设置多个转发器的 DNS 服务器。
- forward only：该命令用于将不能解析的域名转到转发器解析。

步骤 3：再次验证，如图 11-17 所示。

```
[root@openEuler01 etc]# nslookup www.baidu.com
Server:         192.168.10.100
Address:        192.168.10.100#53

Non-authoritative answer:
www.baidu.com   canonical name = www.a.shifen.com.
Name:   www.a.shifen.com
Address: 36.155.132.76
Name:   www.a.shifen.com
Address: 36.155.132.3
Name:   www.a.shifen.com
Address: 2409:8c20:6:1135:0:ff:b027:210c
Name:   www.a.shifen.com
Address: 2409:8c20:6:1d55:0:ff:b09c:7d77
```

图 11-17　成功解析本地 DNS 之外的域名

要应用 DNS 转发器功能，一定要关掉主配置文件中的 dnssec-validation 这一安全选项，默认情况下这一安全选是 yes（开启）状态。

11.3　能力拓展

微课 11-6
利用 DNS 实现负载均衡

拓展任务 1：利用 DNS 实现负载均衡

负载均衡是一种重要的网络技术，用于在保留原有设置的情况下，通过添加新的设备，实现负载的分担。DNS 实现负载均衡技术是一种常用而简单技术，其基本原理是当用户在浏览器中输入一个域名时，DNS 服务器会根据预配置的负载均衡策略（如轮询、权重分配等）将该域名解析为一个或多个 IP 地址。客户端根据这些 IP 地址向相应的服务器发送请求，从而实现流量的分散和资源的优化利用。

步骤 1：修改区域记录文件。通过修改区域记录文件，可以将多个 IP 地址映射到同一个域上。如图 11-18 所示，将 3 台主机的 IP 映射到同一个域名上，当客户端访问这个域名时，DNS 服务器会将请求依次送到不同的主机，从而实现负载均衡。

```
$TTL 1D
@       IN SOA  hgpu.edu.cn.    root.invalid. (
                                0       ; serial
                                1D      ; refresh
                                1H      ; retry
                                1W      ; expire
                                3H )    ; minimum
@       NS      dns1.hgpu.edu.cn.
dns1    A       192.168.10.100
        AAAA    ::1
www     A       192.168.10.200
www     A       192.168.10.201
www     A       192.168.10.202
```

图 11-18　修改区域记录文件

步骤 2：重启服务，在客户端上验证。用命令 ping 域名，系统在第 1 次解析到 192.168.10.200，第 2 次解析到 192.168.10.201，第 3 次解析到 192.168.10.202，如此循环，如图 11-19 所示，从而实现将对同一个域名的访问分配到不同的主机，达到负载均衡的目的。

```
[root@openEuler01 network-scripts]# ping www.hgpu.edu.cn
PING www.hgpu.edu.cn (192.168.10.200) 56(84) bytes of data.
64 bytes from www.hgpu.edu.cn (192.168.10.200): icmp_seq=1 ttl=64 time=0.017 ms

[root@openEuler01 network-scripts]# ping www.hgpu.edu.cn
PING www.hgpu.edu.cn (192.168.10.201) 56(84) bytes of data.
64 bytes from openEuler01 (192.168.10.201): icmp_seq=1 ttl=64 time=0.013 ms
64 bytes from openEuler01 (192.168.10.201): icmp_seq=2 ttl=64 time=0.033 ms

[root@openEuler01 network-scripts]# ping www.hgpu.edu.cn
PING www.hgpu.edu.cn (192.168.10.202) 56(84) bytes of data.
64 bytes from openEuler01 (192.168.10.202): icmp_seq=1 ttl=64 time=0.009 ms
64 bytes from openEuler01 (192.168.10.202): icmp_seq=2 ttl=64 time=0.031 ms
```

图 11-19　ping 域名的解析结果

如果 www.hgpu.edu.cn 是 Web 服务的域名，则通过 DNS 服务的解析将不同用户的访问传送到不同的 Web 服务器，以实现负载均衡。

拓展任务 2：辅助 DNS 的配置

在本项目的任务 1 和任务 2 中所配置的 DNS 称为主 DNS 服务器，在其中直接配置区域及区域记录。相对地，在辅助 DNS（Secondary DNS，也称为从 DNS）服务器上不需要直接配置区域及区域记录，而是从主 DNS 服务器同步相关数据，这样可以提高域名解析的可靠性和效率，如图 11-20 所示。

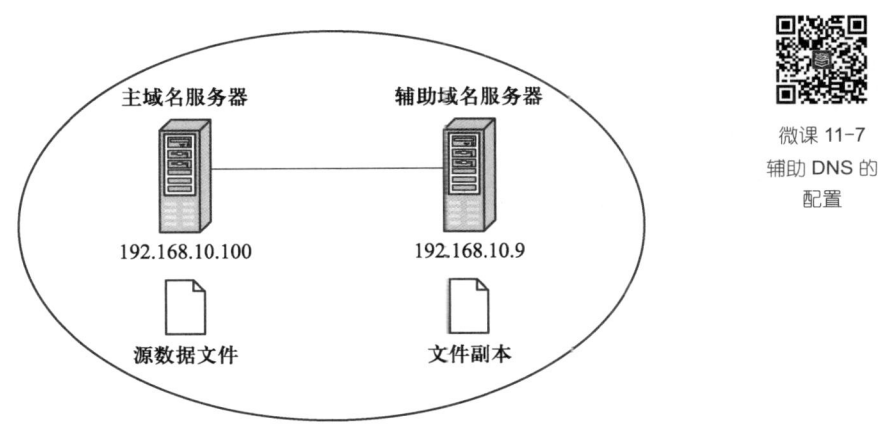

微课 11-7
辅助 DNS 的配置

图 11-20　主从 DNS 服务架构

步骤 1：构建如图 11-20 所示的网络拓扑，选用桥接网卡模式，配置好相关网络参数，保证两台主机之间的连通。

步骤 2：修改主 DNS 服务器的区域配置文件，并重启 named 服务。增加 allow-transfer 指令，指定允许同步区域数据的辅助 DNS 服务器的地址，如图 11-21 所示。

```
zone "hgpu.edu.cn" IN {
        type master;
        allow-transfer {192.168.10.9;};
        file "hgpu.edu.cn.zone";
        allow-update { none; };
};
```

图 11-21　允许辅助 DNS 服务器的同步记录

步骤 3：修改辅助 DNS 的全局配置文件。如图 11-22 所示，与主 DNS 的全局配置文件一样。

```
options {
        listen-on port 53  192.168.10.9; };
        listen-on-v6 port 53 { ::1; };
        directory       "/var/named";
        dump-file       "/var/named/data/cache_dump.db";
        statistics-file "/var/named/data/named_stats.txt";
        memstatistics-file "/var/named/data/named_mem_stats.txt";
        secroots-file   "/var/named/data/named.secroots";
        recursing-file  "/var/named/data/named.recursing";
        allow-query     { any; };
```

图 11-22　修改辅助 DNS 的全局配置文件

步骤 4：修改辅助 DNS 的区域配置文件。在辅助 DNS 服务器的区域配置文件中增加以下内容，如图 11-23 所示。

```
zone "hgpu.edu.cn" IN {
        type slave;
        masters{ 192.168.10.100; };
        file "hgpu.edu.cn.zone";
};
```

图 11-23　修改辅助 DNS 的区域配置文件

- 第 2 行：设置该区域为辅助（从）区域。
- 第 3 行：指定从哪个主区域同步数据。
- 第 4 行：同步的数据放在哪个文件中。

与主 DNS 区域项不同的是，一定要去掉 allow-update 项，即在辅助 DNS 中不能允许自动更新。

步骤 5：启动服务前查看目录内容，可以看到辅助 DNS 的 /var/named 目录没有相应的区域记录文件，如图 11-24 所示。

```
[root@openEuler02 etc]# cd /var/named
[root@openEuler02 named]# ls
data  dynamic  named.ca  named.empty  named.localhost  named.loopback  slaves
```

图 11-24　同步前的目录内容

步骤 6：启动辅助 DNS 服务器上的 named 服务，再查看目录内容。可以看到，/var/named 目录下自动同步过来的一个记录文件，如图 11-25 所示。

```
[root@openEuler02 etc]# cd /var/named
[root@openEuler02 named]# ls
data     hgpu.edu.cn.zone    named.empty        named.loopback
dynamic  named.ca            named.localhost    slaves
```

图 11-25 同步后的目录内容

步骤 7：查看区域记录文件内容。用 vim 编辑器打开文件内容，看到的是加密之后的结果，如图 11-26 所示，说明在辅助 DNS 服务器上是无权修改记录内容的。

```
^@^@^@^B^@^@^@^Ag<8c>ô^N^@^@^@^@^@^@^@^@^@^@^@^@R^@^A^@^F^@^@^@^AQ<80>^@^@^@^A^@^M^Dhgp
u^Cedu^Bcn^@^@/^Dhgpu^Cedu^Bcn^@^Droot^Ginvalid^@^@^@^@^@^AQ<80>^@^@^N^P^@          :<80>^@^@^
0^@^@^@5^@^A^@^B^@^@^@^AQ<80>^@^@^@^A^@^M^Dhgpu^Cedu^Bcn^@^@^R^Ddns1^Dhgpu^Cedu^Bcn^@^@^@^8^
@^A^@^\^@^@^@^AQ<80>^@^@^@^A^@^R^Ddns1^Dhgpu^Cedu^Bcn^@^@^P^@^@^@^6^@^@^@^@^@^@^@^@^A^@
^@^@,^@^A^@^A^@^@^@^AQ<80>^@^@^@^A^@^R^Ddns1^Dhgpu^Cedu^Bcn^@^@^DÀ¨
d^@^@^7^@^A^@^A^@^@^@^AQ<80>^@^@^@^C^@^Q^Cwww^Dhgpu^Cedu^Bcn^@^@^DÀ¨
È^@^DÀ¨
É^@^DÀ¨
Ê
```

图 11-26 辅助 DNS 中的区域记录文件内容

步骤 8：修改客户 nameserver 列表，将辅助 DNS 添加到列表中，如图 11-27 所示。

```
# Generated by NetworkManager
search cmcc.wifi
nameserver 192.168.10.100
nameserver 192.168.10.9
```

图 11-27 主从形式 DNS 列表

步骤 9：关掉主 DNS 服务，验证正向解析。此时可以看到，客户是找到辅助 DNS 来完成域名解析的，如图 11-28 所示。

```
[root@openEuler02 named]# nslookup www.hgpu.edu.cn
Server:         192.168.10.9
Address:        192.168.10.9#53

Name:   www.hgpu.edu.cn
Address: 192.168.10.200
Name:   www.hgpu.edu.cn
Address: 192.168.10.201
Name:   www.hgpu.edu.cn
Address: 192.168.10.202
```

图 11-28 辅助 DNS 完成解析

步骤 10：修改主 DNS 记录并重启服务，如图 11-29 所示。

```
$TTL 1D
@       IN SOA  hgpu.edu.cn.    root.invalid. (
                                0       ; serial
                                1D      ; refresh
                                1H      ; retry
                                1W      ; expire
                                3H )    ; minimum
@       NS      dns1.hgpu.edu.cn.
dns1    A       192.168.10.100
        AAAA    ::1
www     A       192.168.10.200
ftp     A       100.100.100.100
```

图 11-29 修改主 DNS 记录

步骤 11：再次在客户端上验证，可以看到在主 DNS 不关的情况下，记录已经更新了，如图 11-30 所示。

```
[root@openEuler02 etc]# nslookup www.hgpu.edu.cn
Server:          192.168.10.100
Address:         192.168.10.100#53

Name:    www.hgpu.edu.cn
Address: 192.168.10.200

[root@openEuler02 etc]# nslookup ftp.hgpu.edu.cn
Server:          192.168.10.100
Address:         192.168.10.100#53

Name:    ftp.hgpu.edu.cn
Address: 100.100.100.100
```

图 11-30　更新的记录

步骤 12：关掉主 DNS 后验证。此时，从 DNS 上的记录还未成功同步，如图 11-31 所示。

```
[root@openEuler02 etc]# nslookup www.hgpu.edu.cn
Server:          192.168.10.9
Address:         192.168.10.9#53

Name:    www.hgpu.edu.cn
Address: 192.168.10.200
Name:    www.hgpu.edu.cn
Address: 192.168.10.201
Name:    www.hgpu.edu.cn
Address: 192.168.10.202

[root@openEuler02 etc]# nslookup ftp.hgpu.edu.cn
Server:          192.168.10.9
Address:         192.168.10.9#53

** server can't find ftp.hgpu.edu.cn: NXDOMAIN
```

图 11-31　未成功同步

步骤 13：经过从服务器记录的刷新时间，再次验证。此时从服务器已经同步到了新的记录数据，如图 11-32 所示。

```
[root@openEuler02 ~]# nslookup www.hgpu.edu.cn
Server:          192.168.10.9
Address:         192.168.10.9#53

Name:    www.hgpu.edu.cn
Address: 192.168.10.200

[root@openEuler02 ~]# nslookup ftp.hgpu.edu.cn
Server:          192.168.10.9
Address:         192.168.10.9#53

Name:    ftp.hgpu.edu.cn
Address: 100.100.100.100
```

图 11-32　记录数据同步成功

拓展任务 3：本地 DNS 应用

在有些私网环境中，如果要实现用主机名方式访问网络节点，也可以利用 /etc/hosts 文件来记录主机名与 IP 地址的映射。这种方式的优点是实现起来简单，但缺点是需要在每一个节点上的 hosts 文件中保持数据同步。

微课 11-8
本地 DNS
应用

步骤 1：规划两台主机，主机名分别为 openEuler01 和 openEuler02，IP 地址分别为 10.0.0.1 和 10.0.0.2。

步骤 2：在 openEuler01 上按照如下方式编辑/etc/hosts 文件，如图 11-33 所示。

```
127.0.0.1     localhost localhost.localdomain localhost4 localhost4.localdomain4
::1           localhost localhost.localdomain localhost6 localhost6.localdomain6
10.0.0.1      openEuler01
10.0.0.2      openEuler02
```

图 11-33　/etc/hosts 文件的内容

步骤 3：将 openEuler01 上的/etc/hosts 文件复制到 openEuler02 上，如图 11-34 所示。

```
[root@openEuler01 network-scripts]# scp /etc/hosts root@10.0.0.2:/etc/hosts
The authenticity of host '10.0.0.2 (10.0.0.2)' can't be established.
ED25519 key fingerprint is SHA256:eKEKQPFksattnDODqxiQ5BLXIjeY3J0bjjV0jpWuB8.
This key is not known by any other names
Are you sure you want to continue connecting (yes/no/[fingerprint])? yes
Warning: Permanently added '10.0.0.2' (ED25519) to the list of known hosts.

Authorized users only. All activities may be monitored and reported.
root@10.0.0.2's password:
hosts                                            100%  204   451.2KB/s   00:00
```

图 11-34　本地 DNS 文件复制

步骤 4：测试用主机名互访，如图 11-35 所示。

```
[root@openEuler01 network-scripts]# ping -c 4 openEuler02
PING openEuler02 (10.0.0.2) 56(84) bytes of data.
64 bytes from openEuler02 (10.0.0.2): icmp_seq=1 ttl=64 time=0.455 ms
64 bytes from openEuler02 (10.0.0.2): icmp_seq=2 ttl=64 time=0.268 ms
64 bytes from openEuler02 (10.0.0.2): icmp_seq=3 ttl=64 time=0.171 ms
64 bytes from openEuler02 (10.0.0.2): icmp_seq=4 ttl=64 time=0.279 ms

--- openEuler02 ping statistics ---
4 packets transmitted, 4 received, 0% packet loss, time 3102ms
rtt min/avg/max/mdev = 0.171/0.293/0.455/0.102 ms
```

图 11-35　测试用主机名互访

11.4　项目小结

通过本项目的知识学习和任务实践，学习者应当掌握 DNS 服务的核心内容与配置技巧，具备独立部署和优化 DNS 系统的能力，同时形成规范操作习惯和安全意识，为后续网络服务（如 Web、邮件服务器等）的管理奠定基础。

11.5 思考与练习

文本：参考答案

一、简答题

1．简述 DNS 服务在互联网中是如何提供服务的。
2．简述域名系统的组织结构。
3．简述正向解析和反向解析，以及其各自适用的场合。
4．简述如何构建一个主从结构的 DNS 服务系统。
5．简述如何用 DNS 服务实现 Web 服务的负载均衡。

二、HCIA 相关考题

【操作题】准备两台主机 ServerA 和 ServerB，配置 DNS 服务。

1）ServerA 配置为主 DNS 服务。
2）监听当前 ServerA 的所有地址。
3）允许所有主机查询和递归查询。
4）关闭网络掩码排序功能。
5）定义区域 rj.com。
6）当遇到无法解析的域名时，将其请求转发至 204.1.1.1/26 公网域名服务器。
7）rj.com 的区域数据文件名为 rj.com.zone。为 www.rj.com 添加 A 记录解析，解析至 ServerA 的 IP 地址；为 ftp.rj.com 添加 A 记录解析，解析至 ServerB 的 IP 地址。
8）配置反向域数据文件名为 172.16.0.zone。分别为 ServerA、ServerB 的 IP 地址添加 WWW、FTP 的 PTR 解析记录。
9）ServerB 配置为辅助 DNS 服务器，同步 rj.com 区域的所有记录。

项目 12
Web 服务配置与应用

【学习目标】

知识目标：
- 掌握 Web 服务的基本原理和架构，包括 Apache 和 Nginx 的基本概念及特点。
- 理解正向代理与反向代理的概念、原理及应用场景。

技能目标：
- 能够完成 Apache 及 Nginx 的安装与配置。
- 能够配置和管理多站点共享的 Apache 服务。
- 能够搭建 LNMP 架构，并配置相关的数据库和 PHP 环境。

素养目标：
- 培养 Linux 系统中软件安装及使用规范化操作。
- 通过网络查找并学习更多 Web 服务相关知识，提升自主学习能力。

PPT：项目 12 Web 服务配置与应用

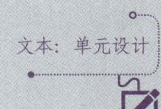

文本：单元设计

12.1 知识储备

12.1.1 Web 概述

Web 中文名为万维网（World Wide Web，WWW），是一个全球性的、基于互联网的超文本信息系统，由网页（Web Pages）、网站（Websites）和超链接（Hyperlinks）组成，允许用户通过浏览器访问和交互各种信息资源。

万维网的三要素如下。

（1）URL

URL（Uniform Resource Locator，统一资源定位符）用于定位资源，提供访问资源的具体地址。一个完整的 URL，如 https://www.example.com:8080/path/to/test.html，其各部分的含义如下。

微课 12-1 URL

1）协议（Protocol）：表示访问资源所使用的协议，常见的有 HTTP、HTTPS、FTP 等。不同的网络服务所用的协议不一样，HTTP 或者 HTTPS 就是 Web 服务的工作协议。

2）域名（Domain）：表示服务器的地址，可以是 IP 地址或域名，如 www.example.com。

3）端口（Port）：表示服务器上用于访问资源的端口号，如果是默认端口则可以省略。不同协议默认的工作端口不一样，如 80 为 HTTP 的默认端口号，443 为 HTTPS 的默认端口号。

4）路径（Path）：表示服务器上资源的具体位置，通常类似于文件路径，如/path/to/。

5）资源名称（Resource）：服务器中具体的文件名，如 test.html。

（2）HTML

HTML（Hypertext Markup Language，超文本标记语言）负责定义网页的结构和内容，它是一种标记语言，使用标签（Tags）来组织文本、图片、超链接、表单等。

（3）HTTP

超文本传输协议（HyperText Transfer Protocol，HTTP）负责浏览器和服务器之间的通信，用于传输网页数据，主要的传输方式是请求—响应模型（客户端请求，服务器响应）。

Web 服务采用浏览器/服务器（Browser/Server，B/S）工作模式：对于前端（客户端），只需要使用一个浏览器（如 Chrome、Firefox、Edge 等）即可访问应用，无须安装额外的软件；需要访问的数据则存放在后端（服务器）。服务器有不同的分工来处理前端用户的各种类型的请求以及存储用户数据：HTTP 服务器用来处理静态网页（如 Apache、Nginx、Caddy 等）；应用服务器（Application Server）用来处理动态网页（如 Tomcat、PHP-FPM 等）；数据库服务器负责存储、管理和检索应用程序所需的数据，其通常与 Web 服务器、应用服务器协同工作，以支持 Web 应用的动态数据交互，如图 12-1 所示。

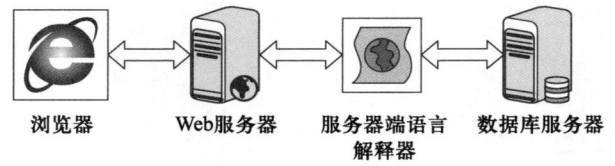

图 12-1　B/S 架构

主流的 Web 服务器软件有 Apache、Nginx 和 IIS 等。

12.1.2　Apache

Apache HTTP Server（简称 Apache）是目前最流行的 Web 服务器软件之一，广泛用于网站和 Web 应用的部署。它是一个开源、高性能、稳定的 HTTP 服务器，由 Apache 软件基金会（Apache Software Foundation，ASF）维护和开发。

1. Apache 的发展历程

1995 年：Apache 1.0 发布，很快成为最流行的 Web 服务器。

1999 年：Apache 软件基金会（ASF）成立，正式接管 Apache 的开发。

2002 年：Apache 2.0 发布，增加了多线程处理（MPM）、IPv6 支持、过滤器机制等。

2012 年：Apache 2.4 发布，优化了性能，引入异步 I/O。

如今：Apache 仍然在持续更新，提供安全补丁和新功能。

2. Apache 的主要特点

1）开源免费：Apache 是开源软件，用户可以免费使用和修改。
2）跨平台：支持多种操作系统，包括 Linux、UNIX、Windows、macOS 等。
3）模块化设计：Apache 的核心功能可以通过模块扩展，用户可以根据需要启用或禁用模块。
4）高性能：支持多线程和多进程模型，能够高效处理大量并发请求。
5）灵活性：支持自定义配置，通过 .htaccess 文件可以实现目录级别的配置。
6）安全性：提供多种安全特性，如 SSL/TLS 支持、访问控制、身份验证等。
7）兼容性：支持多种编程语言和框架（如 PHP、Python、Perl 等），并与其他软件（如 MySQL、Tomcat 等）集成良好。

3. Apache 的应用场景

Apache 能够直接提供 HTML、CSS、JavaScript、图片、视频等静态资源，适用于小型网站或企业官网，如个人博客、静态 HTML 站点、轻量级 Web 应用等。

Apache 与 PHP、MySQL（MariaDB）结合构成 LAMP 经典架构，适用于各种动态网站，如 WordPress、Drupal、Joomla 等 CMS（内容管理系统）。

12.1.3 Nginx

Nginx 是一款高性能的 Web 服务器和反向代理服务器，同时也可用作负载均衡器和 HTTP 缓存。其专门为解决高并发连接问题而设计，现已成为全球最流行的 Web 服务器之一，广泛应用于各种网站、应用程序和企业级解决方案中。

1. Nginx 的起源

2002 年左右，一位在门户网站担任系统管理员的工程师发现传统的 Web 服务器（如 Apache）难以高效处理大量并发连接，尤其是在 C10K 问题（即如何高效处理 10 000 个并发连接）上表现不佳。为了应对这一挑战，他开始开发一款基于事件驱动架构的高效 Web 服务器，并于 2004 年 10 月 4 日发布了 Nginx 的第一个公开版本。

2. Nginx 的发展历程

2004 年：Nginx 首次发布，采用异步、非阻塞的事件驱动模型，在高并发场景下展现出显著优势。

2006 年：Nginx 逐渐流行并被全球更多的网站所采用，尤其是高流量的网站。

2008 年：Nginx 开始支持 FastCGI，使其能够更好地与 PHP、Python、Perl 等后端应用结合使用。

2011 年：Nginx 在全球排名前 1000 的网站中占比迅速增长，逐渐取代 Apache 成为主流选择。发明者创立了 NGINX, Inc.，以提供企业级支持和增强版功能，同时继续维护开源版本。

如今 Nginx 已深入云计算、Kubernetes、微服务架构等领域，继续扩展其应用场景。

3. Nginx 的主要特点

1）高性能：采用事件驱动架构和异步非阻塞模型，能够高效处理大量并发连接。
2）低资源消耗：相比传统服务器（如 Apache），Nginx 占用更少的内存和 CPU 资源。
3）反向代理：支持反向代理和负载均衡，常用于分发请求到后端服务器。
4）静态内容服务：高效提供静态文件（如 HTML、CSS、JavaScript、图片等）。
5）动态内容处理：通过 FastCGI、uWSGI、SCGI 等协议支持动态内容（如 PHP、Python 脚本）。

6）模块化设计：支持通过模块扩展功能，同时保持核心轻量。

7）高可靠性：稳定性强，适合高负载和高可用性场景。

4. Nginx 的应用场景

Nginx 是一个高效的 Web 服务器，可以直接提供 HTML、CSS、JavaScript、图片、视频等静态资源，性能优于 Apache，适用于静态网站、博客、企业官网、CDN 边缘节点（缓存静态资源，提高访问速度）、前端资源服务器（如 Vue、React、Angular 构建的前端应用）等场景。

Nginx 作为反向代理，将用户请求转发给后端应用服务器，如 Tomcat、Django、Node.js、Go、Spring Boot 等统一管理多个后端应用，保护后端服务器，隐藏真实 IP 地址。Nginx 支持 FastCGI 缓存、代理缓存，可减少后端服务器的负载，加速用户访问。

12.1.4 Apache 与 Nginx 对比

Nginx 更适合高并发、静态内容、反向代理和负载均衡场景，性能优越且资源消耗低；而 Apache 更适合复杂动态内容处理和多功能需求场景，灵活性更强但性能稍弱，两者对比见表 12-1。选择 Nginx 还是 Apache 取决于具体需求，而在实际应用中，两者也可以结合使用（如 Nginx 作为反向代理，Apache 处理动态内容），以发挥各自的优势。

表 12-1　Nginx 与 Apache 的对比

对比项	Apache	Nginx
处理方式	进程/线程驱动	事件驱动
并发性能	进程/线程开销大，处理能力有限	优秀，能够高效处理高并发
静态文件性能	较低效	高效
内存占用	多	少
配置难度	较简单	适中
适用场景	传统 Web 服务器	高流量网站、反向代理、负载均衡

12.1.5 正向代理与反向代理

1. 正向代理

正向代理（Forward Proxy）是客户端与目标服务器之间的中介服务器。客户端向代理服务器发送一个请求，并且指定目标服务器，之后代理向目标服务器转发请求，将获得的内容返回给客户端。正向代理的情况下，客户端必须要进行一些特殊的设置才能使用，其工作逻辑如图 12-2 所示。

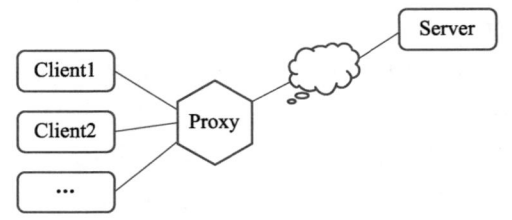

微课 12-2
正向代理与
反向代理

图 12-2　正向代理

（1）正向代理可以实现的功能
1）隐藏客户端身份：目标服务器只能看到代理服务器的 IP 地址，无法直接识别客户端。
2）访问控制：代理服务器可以限制客户端访问特定资源。
3）缓存：代理服务器可以缓存常用资源，减少重复请求，提升访问速度。
4）内容过滤：代理服务器可以过滤不良内容，确保访问安全。
（2）正向代理的主要应用场景
1）企业网络：限制员工访问特定网站。
2）匿名浏览：隐藏用户真实 IP 地址，保护隐私。

2. 反向代理

反向代理（Reverse Proxy）位于服务器端，客户端通过反向代理访问后端服务器。代理服务器接收客户端请求，转发给后端服务器，并将响应返回给客户端，其工作逻辑如图 12-3 所示。

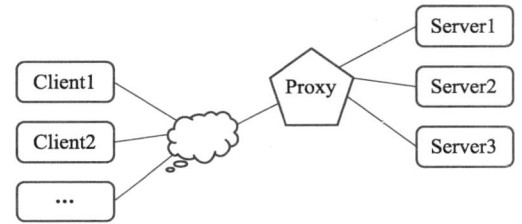

图 12-3　反向代理及负载均衡

（1）反向代理可以实现的功能
1）隐藏服务器身份：客户端只与代理服务器交互，无法直接访问后端服务器。
2）负载均衡：代理服务器将请求分发到多个后端服务器，提升系统性能和可靠性。
3）缓存：代理服务器可以缓存静态内容，减轻后端服务器负担。
4）安全防护：代理服务器可以过滤恶意请求，保护后端服务器。
（2）反向代理的主要应用场景
1）Web 服务器：提升性能和安全性。
2）负载均衡：在高流量网站中分发请求。
3）SSL 终端：处理 SSL/TLS 加密和解密，减轻后端服务器负担。

12.1.6　负载均衡技术

负载均衡（Load Balancing）是一种用于在多个计算资源（如服务器、网络链接、CPU 等）之间分配工作负载的技术，旨在优化资源使用、最大化吞吐量、最小化响应时间，并避免任何单一资源的过载。负载均衡技术广泛应用于网络服务、数据中心、云计算环境等领域，以提高系统的可靠性、可用性和性能。负载均衡的工作逻辑如图 12-3 所示，由 Proxy 将用户请求以一定的规则转发给后端的 Server{1，2，3}。

1. 负载均衡的类型

（1）基于网络的负载均衡
1）DNS 负载均衡：通过 DNS 服务器将域名解析到多个 IP 地址，从而实现负载均衡，客户端请求会被分配到不同的服务器。
2）硬件负载均衡：使用专用的硬件设备（如 F5 BIG-IP）来分配流量，这些设备通常具有高性能和丰富的功能，但成本较高。

3）软件负载均衡：使用软件（如 Nginx、HAProxy）来实现负载均衡，通常更灵活且成本较低，适用于各种规模的应用。

（2）基于应用的负载均衡

1）HTTP 负载均衡：针对 HTTP/HTTPS 流量的负载均衡，通常由 Web 服务器或反向代理服务器（如 Nginx、Apache）实现。

2）TCP/UDP 负载均衡：针对 TCP 或 UDP 流量的负载均衡，通常由专门的负载均衡器（如 HAProxy、AWS Elastic Load Balancer）实现。

2. 负载均衡的算法

1）轮询（Round Robin）：请求按顺序分配到每个服务器，循环往复，适用于服务器性能相近的情况。

2）加权轮询（Weighted Round Robin）：根据服务器的处理能力分配不同的权重，性能强的服务器处理更多的请求。

3）最少连接（Least Connections）：将新请求分配给当前连接数最少的服务器，适用于长连接场景。

4）加权最少连接（Weighted Least Connections）：结合服务器的权重和当前连接数，分配请求。

5）IP 哈希（IP Hash）：根据客户端 IP 地址的哈希值分配请求，确保同一客户端的请求总是分配到同一服务器，适用于需要会话保持的场景；

6）最短响应时间（Least Response Time）：将请求分配给响应时间最短的服务器，适用于对响应速度要求高的场景。

3. 负载均衡的应用场景

1）Web 服务器负载均衡：在高流量的网站中，负载均衡器将用户请求分配到多个 Web 服务器，以提高网站的响应速度和可用性。

2）数据库负载均衡：在数据库集群中，负载均衡器将查询请求分配到多个数据库节点，以提高数据库的读写性能和可靠性。

3）应用服务器负载均衡：在分布式应用系统中，负载均衡器将请求分配到多个应用服务器，以提高系统的处理能力和容错能力。

4）内容分发网络（CDN）：CDN 通过在全球分布的边缘节点上缓存内容，并使用负载均衡技术将用户请求分配到最近的节点，以提高内容的分发速度和用户体验。

12.2 项目实施

微课 12-3
Apache 的
安装及
基本配置

任务 1：Apache 的安装及基本配置

任务描述：Apache 是一种开源 Web 服务软件，因其跨平台、模块化、高性能等特性，成为目前应用最为广泛的 Web 服务器软件之一。要使用 Apache，可以用 rpm 格式包，也可以用源代码包。本任务将实现在 openEuler 22.03 系统上安装 rpm 格式的 Apache，对服务进行一些基本设置，创建网页并验证访问。

步骤 1：软件仓库的准备。如果虚拟机能够接入外网，可以用系统自带的仓库配置文件 openEuler.repo 来实现安装；如果不能，则需要利用光盘镜像文件创建本地仓库，如图 12-4 所示，其中 httpd.x84_64 是 Apache 的主程序包。

```
[root@openEuler01 ~]# dnf list |grep httpd
httpd.x86_64                     2.4.51-21.oe2203sp4        local-cdrom
httpd-filesystem.noarch          2.4.51-21.oe2203sp4        local-cdrom
httpd-help.noarch                2.4.51-21.oe2203sp4        local-cdrom
httpd-tools.x86_64               2.4.51-21.oe2203sp4        local-cdrom
openEuler-logos-httpd.noarch     1.0-9.oe2203sp4            local-cdrom
```

图 12-4　Apache 的主程序包

步骤 2：安装软件包，如图 12-5 所示，DNF 自动完成软件依赖检查及安装。

```
[root@openEuler01 ~]# dnf install -y httpd
Last metadata expiration check: 0:00:13 ago on Sun 16 Feb 2025 12:41:36 AM +11.
Dependencies resolved.
================================================================================
 Package                    Architecture   Version              Repository       Size
================================================================================
Installing:
 httpd                      x86_64         2.4.51-21.oe2203sp4  local-cdrom      1.3 M
Installing dependencies:
 apr                        x86_64         1.7.0-6.oe2203sp4    local-cdrom      106 k
 apr-util                   x86_64         1.6.1-14.oe2203sp4   local-cdrom      105 k
 httpd-filesystem           noarch         2.4.51-21.oe2203sp4  local-cdrom      6.8 k
 httpd-tools                x86_64         2.4.51-21.oe2203sp4  local-cdrom       67 k
 mariadb-connector-c        x86_64         3.1.13-4.oe2203sp4   local-cdrom      174 k
 mod_http2                  x86_64         1.15.25-3.oe2203sp4  local-cdrom      122 k
 openEuler-logos-httpd      noarch         1.0-9.oe2203sp1      local-cdrom      6.6 k
```

图 12-5　软件包的安装

步骤 3：了解安装后生成的文件及目录。rpm 格式的 httpd 软件包安装完成后，生成的主要文件如下。

```
├── /usr/sbin/httpd              #主程序二进制文件
├── /etc/httpd/conf/httpd.conf   #主配置文件
├── /etc/httpd/conf.d/           #附加配置文件目录（模块配置、虚拟主机等）
├── /var/www/html/               #默认网站根目录
├── /usr/lib64/httpd/modules/    #动态模块存储位置
└── /etc/sysconfig/httpd         #服务启动环境变量配置
```

🔸 如果是源代码包的安装方式，则配置文件就在用户预编译时指定的位置或者默认的位置/usr/local/apache/。

步骤 4：编辑主配置文件。主配置文件是/etc/httpd/conf/httpd.conf，对于 Apache 服务的基础应用，涉及其中 3 个配置行。

1) 设置监听地址及监听端口。监听地址和端口号用于服务器对外提供服务，也就是客户端找到服务器中应用程序 httpd 的依据。默认是监听所有地址的 80 号端口，从安全的角度讲，建议改为具体地址的 80 号端口，如图 12-6 和图 12-7 所示。

```
43 #Listen 12.34.56.78:80
44 Listen 80
```
图 12-6　默认配置

```
#Listen 12.34.56.78:80
Listen 192.168.10.20:80
```
图 12-7　建议配置

⚠ 如果改成非默认端口，则客户端在访问服务器时是需要提供端口号的，客户端会感觉到不方便，生产环境不建议修改。

2）设置主目录。主目录即服务器存放对外发布的网页及相关文件的根，所有相关文件放于该目录下才可以被客户端浏览到，如图 12-8 所示为默认的位置。

```
120 #
121 DocumentRoot "/var/www/html"
122
```
图 12-8　主目录默认位置

⚠ 主目录的位置不建议修改，因为修改主目录会涉及 SELinux 权限的修改，否则会导致客户端无法访问。

3）设置默认首页搜索顺序。默认首页用于当客户端在 URL 中未提供访问路径及文件时，服务器自动从根目录中去寻找网页文件的顺序，如图 12-9 所示。

```
165 <IfModule dir_module>
166     DirectoryIndex index.html
```
图 12-9　默认的首页设置

默认首页就是一个网站的主页，文件名约定俗成为 default 或 index，而扩展名则与设计网页的技术有关。如果是静态网页，扩展名为 html 或 htm；如果是用 PHP 语言编写的动态网页，扩展名为 php；如果是用 Java 编写的动态网页，则扩展名为 jsp 等。

修改为如下所示，则服务器就会按照 index.html→index.htm→default.jsp 的顺序到服务器的根目录中去查找对应该的文件。

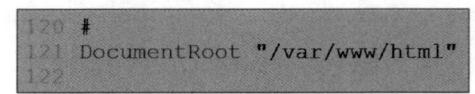

⚠ 1）此处设置文件名与扩展名一定要与主目录中的文件完全一致，一个字母的差别都会导致服务器找不到文件而无法访问。

2）配置文件修改错误将会导致服务无法启动，所以对于初学者而言，建议将主配置文件备份。

步骤 5：启动服务并设置为开机自启，如图 12-10 所示。

```
[root@openEuler01 conf]# systemctl start    httpd
[root@openEuler01 conf]# systemctl enable   httpd
Created symlink /etc/systemd/system/multi-user.target.wants/httpd.service → /usr/lib/systemd/system/httpd.service.
```
图 12-10　启动服务

步骤 6：查看服务的状态，如图 12-11 所示。状态为 active（running）才是正常的；如果配置文件有错，服务就不能到达这个状态。

```
[root@openEuler01 conf]# systemctl status httpd
  httpd.service - The Apache HTTP Server
     Loaded: loaded (/usr/lib/systemd/system/httpd.service; enabled; vendor preset: disabled)
     Active: active (running) since Sun 2025-02-16 01:24:05 +11; 36s ago
       Docs: man:httpd.service(8)
   Main PID: 7115 (httpd)
     Status: "Total requests: 0; Idle/Busy workers 100/0;Requests/sec: 0; Bytes served/sec:   0 B
      Tasks: 177 (limit: 9144)
     Memory: 15.0M
     CGroup: /system.slice/httpd.service
             ├─7115 /usr/sbin/httpd -DFOREGROUND
             ├─7116 /usr/sbin/httpd -DFOREGROUND
             ├─7117 /usr/sbin/httpd -DFOREGROUND
             ├─7118 /usr/sbin/httpd -DFOREGROUND
             └─7119 /usr/sbin/httpd -DFOREGROUND
```

图 12-11 HTTP 服务的状态

步骤 7：编写测试网页，如图 12-12 所示。注意测试页一定要放在/var/www/html 路径之下，文件名也要与前面的搜索顺序一致。

```
[root@openEuler01 conf]# echo "<font size=14 color=red> it s a test page
</font>">/var/www/html/index.html
```

图 12-12 编写测试页

步骤 8：设置防火墙。默认情况下防火墙只放行 DHCP、DNS 和 SSH 服务，其余服务和端口均不放行。为了能够从外部访问服务器的内容，需要对防火墙进行配置，放行 HTTP 服务，如图 12-13 所示。

```
[root@openEuler01 ~]# firewall-cmd --add-service=http --permanent
Success                                    //放行HTTP服务，permanent 表示该规则永久生效
[root@openEuler01 ~]# firewall-cmd --reload     //重新装载防火墙配置文件
Success
```

图 12-13 放行 HTTP 服务

⚠ 或者直接关闭防火墙服务也可以，但从安全的角度讲，不建议直接关闭防火墙。

步骤 9：测试访问，如图 12-14 所示。

图 12-14 访问测试页

任务 2：多站点共享 Apache 服务器的实现

任务描述：在 Apache 中，多站点共享通常指在同一台服务器上同时托管多个网站，每个网站有独立的文档根目录和配置，但它们共享相同的服务器资源。这种方式能够有效利用

资源、简化管理、降低成本并提高灵活性，适用于需要托管多个网站的场景，尤其适合中小型企业和个人开发者。

共享的方法有多种，如基于不同的 IP 地址或域名、基于不同的端口号等。

1. 基于端口方式的实现

基于端口方式即不同的站点在服务器上打开不同的监听端口。

微课 12-4 多站点共享 Web 服务

步骤 1：创建站点目录，准备网页。

```
[root@openEuler01 www]# mkdir -p /var/www/site1
[root@openEuler01 www]# mkdir -p /var/www/site2
[root@openEuler01 www]# echo "Welcome to Site 1" | tee /var/www/site1/index.html
Welcome to Site 1
[root@openEuler01 www]# echo "Welcome to Site 2" | tee /var/www/site2/index.html
Welcome to Site 2
```

步骤 2：打开监听端口。在/etc/httpd/conf/httpd.conf 配置文件打开两个监听端口，分别为 80 号和 8080 号。

```
Listen 80
Listen 8080
```

步骤 3：配置虚拟主机。在/etc/httpd/conf/httpd.conf 配置文件的最后添加以下内容。

```
#站点 1：使用端口号 80
<VirtualHost 192.168.10.20:80>          #站点 1 的 IP 地址及端口号
    DocumentRoot /var/www/site1         #站点 1 的根目录
    <Directory /var/www/site1>          #设置对根目录访问控制
        AllowOverride None
        Require all granted
    </Directory>
</VirtualHost>
#站点 2：使用端口号 8080
<VirtualHost 192.168.10.20:8080>        #站点 2 的 IP 地址及端口号
    DocumentRoot /var/www/site2         #站点 2 的根目录
    <Directory /var/www/site2>          #设置对根目录访问控制
        AllowOverride None              #强制所有配置通过主配置文件集中管理
        Require all granted             #授权允许所有客户端访问当前目录或资源
    </Directory>
</VirtualHost>
```

以上内容也可以放置于/etc/httpd/conf.d/*.conf 文件中，然后通过 "IncludeOptional conf.d/*.conf" 指令去包含相应的文件。

步骤 4：重启服务。

```
[root@openEuler01 conf]# systemctl restart httpd
```

每次对配置文件做修改后都应重启服务或者重载配置文件。

步骤 5：防火墙放行对 80 号和 8080 号端口的访问。

```
[root@openEuler01 conf]# firewall-cmd --permanent --add-port=80/tcp
success
[root@openEuler01 conf]# firewall-cmd --permanent --add-port=8080/tcp
success
```

步骤 6：验证访问。如图 12-15 和图 12-16 所示，对 80 号和 3080 号端口所在站点分别进行访问。

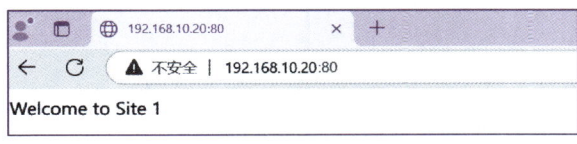

图 12-15　80 号端口所在的站点

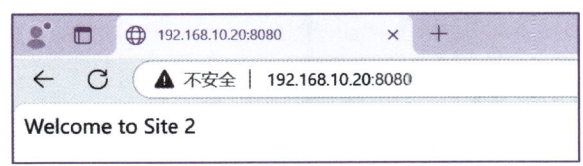

图 12-16　8080 号端口所在的站点

2. 基于 IP 地址或域名方式的实现

基于 IP 地址的实现方法是不同的站点使用不同的 IP 地址，这些地址可以来自一块网卡的多个逻辑地址，也可以是在服务器上安装多块物理网卡分别配置的地址。

基于域名的实现方式，则是多了一层 DNS 的域名解析，可以将不同域名解析到同一个 IP 地址，也可以解析到不同的 IP 地址。

以下选择将不同域名解析到同一个 IP 地址的实现方法。

步骤 1：配置域名解析。通过 DNS 服务器完成以下域名解析（方法在项目 11 中已阐述），也可以简单点，直接在/etc/hosts 文件中完成域名解析，只不过这种解析只能用于本机。

```
192.168.10.20 www.site1.com
192.168.10.20 www.site2.com
```

步骤 2：配置基于域名的虚拟主机。

1）站点 1：使用域名 www.site1.com。

```
<VirtualHost 192.168.10.20:80>
    ServerName www.site1.com              #设置站点 1 的域名
    DocumentRoot /var/www/site1
    <Directory /var/www/site1>
        AllowOverride None
        Require all granted
    </Directory>
</VirtualHost>
```

2）站点 2：使用域名 www.site2.com。

```
<VirtualHost 192.168.10.20:80>
```

```
            ServerName    www.site2.com         #设置站点 2 的域名
            DocumentRoot /var/www/site2
            <Directory /var/www/site2>
                AllowOverride None
                Require all granted
            </Directory>
        </VirtualHost>
```

步骤 3：重启服务。

步骤 4：测试。在命令行下用 curl 命令进行测试访问。

```
[root@openEuler01 conf]# curl www.site1.com
Welcome to Site 1
[root@openEuler01 conf]# curl www.site2.com
Welcome to Site 2
```

任务 3：Nginx 服务的配置

任务描述：Nginx 因其高性能、强稳定性、丰富的功能集、简单的配置和低资源消耗等特点而广受欢迎，特别是其反向代理功能更是解决了大量的网络应用需求。本任务以 Nginx 作为一个 Web 服务软件来实现其基本应用。

微课 12-5
Nginx 作为
Web 服务的
配置与实现

Nginx 的软件包有 src 和 rpm 两种格式，但本地光盘中都没有，需要用到 openEuler 的网络仓库，所以要求虚拟机能访问外网。源代码形式的安装在项目 7 中已经讲过，此处安装 rpm 格式的包。

步骤 1：连通外网，重新构造仓库缓存，如图 12-17 所示。

```
[root@openEuler01 yum.repos.d]# dnf makecache
this is from local cdrom                    3.7 MB/s | 3.8 kB    00:00
OS                                          9.9 kB/s | 2.3 kB    00:00
everything                                  9.2 kB/s | 2.3 kB    00:00
EPOL                                         10 kB/s | 2.3 kB    00:00
source                                      9.8 kB/s | 2.3 kB    00:00
update                                      9.1 kB/s | 2.2 kB    00:00
update-source                                11 kB/s | 2.3 kB    00:00
Metadata cache created.
```

图 12-17　重构元数据

步骤 2：安装 nginx 包。如图 12-18 所示，利用自带的网络仓库安装 nginx 包。

```
[root@openEuler01 yum.repos.d]# dnf install -y nginx
Last metadata expiration check: 0:02:07 ago on Sun 16 Feb 2025 08:49:57 AM +11.
Dependencies resolved.
================================================================================
 Package                 Architecture  Version              Repository     Size
================================================================================
Installing:
 nginx                   x86_64        1:1.21.5-8.oe2203sp4 update         493 k
Installing dependencies:
 gperftools-libs         x86_64        2.10-3.oe2203sp4     local-cdrom    290 k
 nginx-all-modules       noarch        1:1.21.5-8.oe2203sp4 update         3.0 k
 nginx-filesystem        noarch        1:1.21.5-8.oe2203sp4 update         4.0 k
 nginx-mod-http-image-filter x86_64    1:1.21.5-8.oe2203sp4 update          13 k
 nginx-mod-http-perl     x86_64        1:1.21.5-8.oe2203sp4 update          22 k
```

图 12-18　安装 nginx 包

步骤 3：分析 Nginx 文件结构。如果需要查看 Nginx 的 rpm 包包含哪些配置文件，可以使用 rpm -qc nginx 命令。

```
[root@openEuler01 nginx]# rpm -qc nginx
/etc/logrotate.d/nginx
/etc/nginx/fastcgi.conf
/etc/nginx/fastcgi.conf.default
/etc/nginx/fastcgi_params
/etc/nginx/fastcgi_params.default
/etc/nginx/koi-utf
/etc/nginx/koi-win
/etc/nginx/mime.types
/etc/nginx/mime.types.default
/etc/nginx/nginx.conf
/etc/nginx/nginx.conf.default
/etc/nginx/scgi_params
/etc/nginx/scgi_params.default
/etc/nginx/uwsgi_params
/etc/nginx/uwsgi_params.default
/etc/nginx/win-utf
```

下面选择其中的一些重要配置文件进行说明。

● /etc/logrotate.d/nginx：Nginx 的日志轮转配置文件，用于配置日志文件的自动轮转（如按天或按大小切割日志文件），防止日志文件过大。

● /etc/nginx/nginx.conf：Nginx 的主配置文件，定义了全局配置、事件模块、HTTP 模块等核心配置。

● /etc/nginx/conf.d：加载额外的配置文件，conf.d 目录下的配置文件通常用于定义具体的站点或应用程序，在主配置文件 nginx.conf 中由 "include /etc/nginx/conf.d/*.conf" 指令定义。

● /etc/nginx/fastcgi.conf：FastCGI 配置文件，定义了与 FastCGI 服务器通信时的参数，通常用于 PHP-FPM 等场景。

● /usr/share/nginx/html：Nginx 的网站存放目录。在/etc/nginix/nginx.conf 文件中由 "root /usr/share/nginx/html" 指令定义。

步骤 4：编辑主配置文件。将 Nginx 配置成 Web 服务器，需要用到配置文件中的 server 块，每个 server 块对应一个站点，相当于 Apache 中的 VirtualHost。代码如下，属性的功能在代码中注释。

```
server {
        listen     192.168.10.20：80;       #服务器的监听地址及端口号
        listen         [::]:80;              #IPv6 的监听地址及端口号
        server_name    _;                    #指定域名（支持通配符和正则表达式）
        root         /usr/share/nginx/html;  #存放网页的根
            index index.html index.htm;      #指定默认索引文件
        # Load configuration files for the default server block.
        include /etc/nginx/default.d/*.conf;
```

```
                    error_page 404 /404.html;              #自定义 404 错误页面
                        location = /40x.html {
                    }

                    error_page 500 502 503 504 /50x.html;   #自定义 500 502-504 错误页面
                        location = /50x.html {
                    }
                }
```

步骤 5：启动服务。

```
[root@openEuler01 nginx]# systemctl start nginx
[root@openEuler01 nginx]# systemctl enable nginx
Created symlink /etc/systemd/system/multi-user.target.wants/nginx.service → /usr/lib/systemd/system/nginx.service.
```

步骤 6：在主目录中新建测试页。路径/usr/share/nginx/html 为 Nginx 服务默认的主目录位置，其中有一个默认的页面。

步骤 7：修改防火墙配置。

```
[root@openEuler01 nginx]# firewall-cmd --zone=public --permanent --add-service=http
Success
[root@openEuler01 nginx]# firewall-cmd --reload
Success
```

步骤 8：测试。如图 12-19 所示，利用默认的测试页。

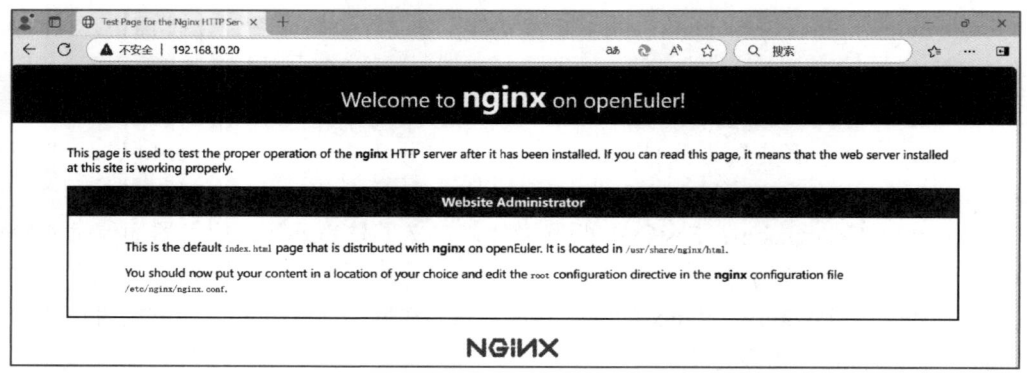

图 12-19 Nginx 的默认测试页

> 如果 Nginx 服务的主目录不在默认位置，改到其他位置，如/var/www/html 下，则需要修改 SELinux 的权限，或者直接禁用 SELinux，否则客户端无法访问。

任务 4：Nginx 反向代理与负载均衡的实现

任务描述：在高流量、高并发的应用场景，如大型门户网站中，因为访问量巨大，单台服务器无法承受高并发请求，导致响应变慢甚至崩溃。通过使用反向代理和负载均衡技术，可以将用户请求分发到多个 Web 服务器上，从而提高系统的处理能力和响应速度。

步骤 1：设计实验构架图。如图 12-20 所示，准备一台主机安装 Nginx 服务充当反向代理服务器,并使用负载均衡技术,将客户端的请求负载均衡分配到后端的 Apache1、Apache2 和 Apache3 这 3 台 Web 服务器上。

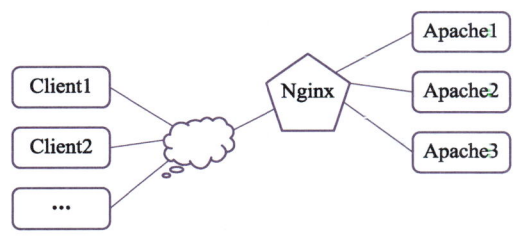

图 12-20 Nginx+Apache 负载均衡的实现

微课 12-6 Nginx 反向代理与负载均衡的实现

步骤 2:配置 3 台 Apache Web 服务器。在 3 台主机上分别安装 Apache 服务,并进行相应配置,监听 8080 号端口,如图 12-21～图 12-23 所示。3 台主机的 IP 地址分别为 192.168.10.8、192.168.10.9 和 192.168.10.10。

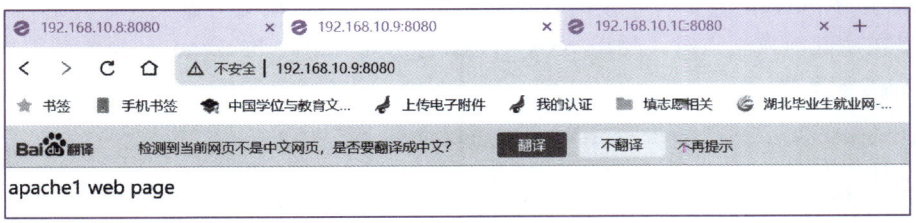

图 12-21 Apache1 服务器

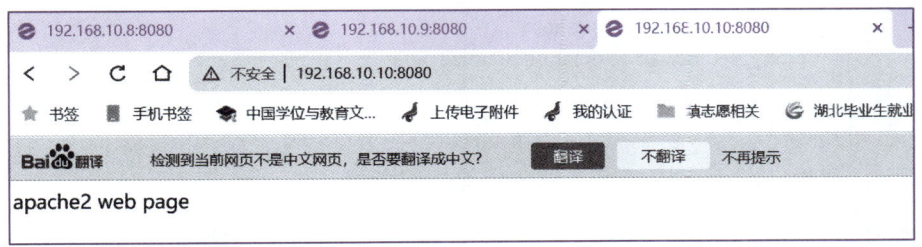

图 12-22 Apache2 服务器

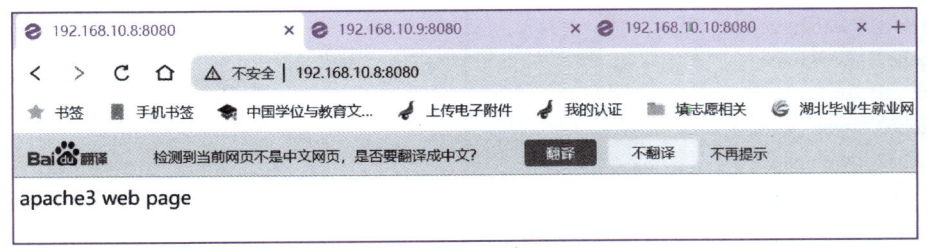

图 12-23 Apache3 服务器

1)Apache 服务的配置在本项目的任务 1 中已经做了详细说明,此处不再赘述。

2)生产环境中 3 台计算机的网页数据是一样的,本任务中为了能看到负载均衡的变化,设置成不一样的页面。

步骤 3:安装 nginx 软件包。在任务 2 中已经有详细过程,此处不再赘述。

步骤 4：配置 Nginx 配置文件中服务器集群。

在 192.168.10.20 的主机中安装 Nginx 服务，在 nginx.conf 的 http 块中配置 upstream 指令定义后端的服务器集群，同时指定集群中主机的访问 IP 地址和端口，根据后端服务器的性能来定义加权轮询。在本任务中 Apache1、Apache2 和 Apache3 的权重比为 3:2:1，同时定义轮询算法为最少连接算法。

```
[root@openEuler01 ~]# vim /etc/nginx/nginx.conf
http {
    upstream backend_cluster {
        server 192.168.10.8:8080 weight=3;
        server 192.168.10.9:8080 weight=2;
        server 192.168.10.10:8080 weight=1;
        least_conn;
    }
```

步骤 5：Nginx 配置文件中反向代理的配置。定义好后端服务器集群后，通过 location 命令定义在访问前端站点时，使用 proxy_pass 将访问流指向 backend_cluster 集群中定义的后面的 Web 服务器。

```
[root@openEuler01 ~]# cat /etc/nginx/conf.d/hgpu.edu.cn.conf
    server {
        listen 80;                                    #代理服务器监听 80 号端口
        location / {
            proxy_pass http://backend_cluster;        #注意与 upstream 后的名称一致
            proxy_set_header Host $host;
            proxy_set_header X-Real-IP $remote_addr;
        }
    }
```

步骤 6：通过 curl 命令模拟客户端访问前端服务器。

```
[root@openEuler01 nginx]# for i in {1..12};do curl http://192.168.10.20;done
apache2    web page
apache1    web page
apache1    web page
apache2    web page
apache1    web page
apache3    web page
apache2    web page
apache1    web page
apache1    web page
apache2    web page
apache1    web page
apache3    web page
```

从脚本的 12 次执行结果可以看出，apache1 web page 被访问了 6 次，apache2 web page 被访问了 4 次，apache3 web page 被访问了两次，它们被访问的概率比值恰好就是负载均衡中权重设置的 3:2:1。

12.3 能力拓展

微课 12-7
Web 服务器
证书的实现

拓展任务 1：Web 服务器证书的实现

在本项目的 Apache 和 Nginx 实现 Web 服务任务中，客户端与服务器之间所有的信息以明文方式传输，这在需要传输账号密码的环境中是不安全的，如网银的登录等。使用 HTTPS 协议能将服务器与客户机之间传输的数据加密，从而提高数据的安全性。HTTPS 即 HTTP+SSL/TLS，通过在 HTTP 和 TCP 之间加入 SSL/TLS 协议层，确保数据在传输过程中的机密性、完整性和身份验证。

在配置 Apache 的 SSL/TLS 时，CA（Certificate Authority，证书颁发机构）是确保网站安全性和可信性的核心角色。CA 是一个受信任的第三方机构，负责颁发、管理和验证数字证书。这些证书用于证明网站身份的真实性，并建立客户端（如浏览器）与服务器之间的加密通信。

（1）CA 在 SSL 中的作用

1）身份验证。CA 会验证申请证书的网站所有者身份（如域名所有权、企业信息等），防止攻击者伪造网站。

2）签发证书。通过审核后，CA 会生成一个数字证书，包含网站的公钥、域名、有效期等信息，并使用 CA 的私钥对该证书进行数字签名。

3）建立信任链。浏览器和操作系统内置了受信任的根证书（来自权威 CA，如 Let's Encrypt、DigiCert 等），当用户访问网站时，浏览器会验证：

- 证书是否由可信 CA 签发（通过签名验证）。
- 证书是否在有效期内。
- 证书中的域名是否与当前访问的域名匹配。

4）加密通信。证书中的公钥用于建立 SSL/TLS 加密连接（如协商对称加密密钥），确保数据传输的机密性和完整性。

（2）证书的两种签名方式

1）自签名证书：可自行生成，但浏览器会标记为"不安全"（因缺乏 CA 的信任链）。

2）CA 签名证书：由受信任的 CA 签发，浏览器自动信任，适合生产环境。

（3）获取 CA 证书的流程

1）生成 CSR（证书签名请求）和私钥。

2）向 CA 提交 CSR，完成验证流程（如域名验证、企业验证等）。

3）CA 签发证书后，将其配置到 Apache 中。

（4）常见的 CA 类型

1）公开可信 CA：如 Let's Encrypt（免费）、DigiCert、Sectigo 等被全球浏览器所信任、适合对外公开的网站。

2）私有 CA（内部 CA）：企业或组织自建的 CA，用于内部系统（如内网、测试环境）。

需要手动在客户端安装私有 CA 的根证书才能建立信任。

步骤 1：更新 dnf 源中软件包，确保使用最新的软件包。

```
[root@hgpu ~]# dnf update -y
[root@hgpu ~]# reboot
```

> 由于软件源更新中包含了内核更新，所以需要重启生效。

步骤 2：安装 Apache 和 SSL 模块，并关闭 SELinux。

```
[root@hgpu ~]# dnf -y install httpd mod_ssl
#检查软件包是否安装成功
[root@hgpu ~]# rpm -qa | grep httpd
httpd-tools-2.4.51-23.oe2203sp4.x86_64
httpd-filesystem-2.4.51-23.oe2203sp4.noarch
openEuler-logos-httpd-1.0-9.oe2203sp4.noarch
httpd-2.4.51-23.oe2203sp4.x86_64
[root@hgpu ~]# rpm -qa | grep mod_ssl
mod_ssl-2.4.51-23.oe2203sp4.x86_64
[root@hgpu ~]# setenforce 0
```

> HTTPS 访问需要配置 SSL 证书，该功能需要 mod_ssl 支持。

步骤 3：生成自签名证书。

1）创建证书存放目录。

```
[root@hgpu ~]# mkdir -p /etc/pki/tls/{certs,private}
```

2）生成私钥和证书（有效期 365 天）。

```
[root@hgpu ~]# openssl req -x509 -nodes -days 365 -newkey rsa:2048
-keyout /etc/pki/tls/private/hgpu.edu.cn.key
-out /etc/pki/tls/certs/hgpu.edu.cn.crt
```

3）按提示填写信息（重点注意 Common Name 要填写域名，且与网站域名一致）。

```
Country Name (2 letter code) [XX]: CN
State or Province Name (full name) []: HuBei
Locality Name (eg, city) []: HuangGang
Organization Name (eg, company) []: HGPU
Organizational Unit Name (eg, section) []: IT
Common Name (eg, your name or server's hostname) []: hgpu.edu.cn
Email Address []: admin@hgpu.edu.cn
```

4）设置并查看私钥权限。

```
[root@hgpu ~]# chmod 600 /etc/pki/tls/private/hgpu.edu.cn.key
[root@hgpu ~]# ls -l /etc/pki/tls/private/hgpu.edu.cn.key
-rw-------. 1 root root 1704 Feb 12 10:05 /etc/pki/tls/private/hgpu.edu.cn.key
```

> 自签名证书即由本机生成并用本机的私钥来签名的一种证书。在 Linux 中可以通过 openssl 命令创建自签名证书，来生成私钥和证书文件。

步骤 4：创建网站根目录和测试页面。

[root@hgpu ~]# mkdir /var/www/hgpu

[root@hgpu ~]# echo "Hello, HTTPS Test Page" | tee /var/www/hgpu/index.html
Hello, HTTPS Test Page

步骤 5：配置虚拟主机。

配置基于域名的虚拟主机，通过编辑主配置文件，将用户通过 HTTP 访问强制跳转至 HTTPS，再在 HTTPS 配置块中指定网页存放的根路径、CA 证书的存放路径以及日志存放路径。

```
#编辑配置文件
vi /etc/httpd/conf.d/hgpu.conf

#添加以下内容
# HTTP 强制跳转 HTTPS
<VirtualHost *:80>
    ServerName hgpu.edu.cn
    ServerAlias www.hgpu.edu.cn
    Redirect permanent    /    https://hgpu.edu.cn/
</VirtualHost>

# HTTPS 配置
<VirtualHost *:443>
    ServerAdmin admin@hgpu.edu.cn
    DocumentRoot    "/var/www/hgpu"
    ServerName      hgpu.edu.cn
    ServerAlias     www.hgpu.edu.cn
    SSLEngine on
    SSLCertificateFile /etc/pki/tls/certs/hgpu.edu.cn.crt
    SSLCertificateKeyFile /etc/pki/tls/private/hgpu.edu.cn.key

    ErrorLog "/var/log/httpd/hgpu-ssl-error.log"
    CustomLog "/var/log/httpd/hgpu-ssl-access.log" combined
        <Directory "/var/www/hgpu">
        AllowOverride None
        Require all granted
        Options-Indexes
        </Directory>
</VirtualHost>
```

步骤 6：启动服务，设置开机自启。

 [root@hgpu ~]# systemctl enable --now httpd
Created symlink /etc/systemd/system/multi-user.target.wants/httpd.service → /usr/lib/systemd/system/httpd.service.

#检查服务状态

```
[root@hgpu ~]# systemctl status httpd
```

> 使用--now 选项，可以同时启动服务。

步骤 7：配置防火墙，放行相关服务。

```
[root@hgpu ~]# firewall-cmd --permanent --add-service={http,https}
success
[root@hgpu ~]# firewall-cmd --reload
Success
[root@hgpu ~]# firewall-cmd --list-all
```

步骤 8：访问验证。

1) 服务器本地测试。通过 curl 命令访问网页，--insecure 选项表示忽略自签名证书的验证，301 表示已经将页面重定向到了 HTTPS，表明服务配置没有问题。

```
[root@hgpu ~]# curl --insecure http://hgpu.edu.cn
<!DOCTYPE HTML PUBLIC "-//IETF//DTD HTML 2.0//EN">
<html><head>
<title>301 Moved Permanently</title>
</head><body>
<h1>Moved Permanently</h1>
<p>The document has moved <a href="https://hgpu.edu.cn/">here</a>.</p>
</body></html>

#通过 HTTPS 访问网页，就能够正常访问到网页内容
[root@hgpu ~]# curl --insecure https://hgpu.edu.cn
Hello,HTTPS Test Page

#使用 curl 命令的-I 选项，可以检查是否成功重定向
[root@hgpu ~]# curl -I http://hgpu.edu.cn
HTTP/1.1 301 Moved Permanently
Date: Wed, 12 Feb 2025 07:12:38 GMT
Server: Apache/2.4.51 (Unix) OpenSSL/1.1.1wa
Location: https://hgpu.edu.cn/
Content-Type: text/html; charset=iso-8859-1
```

2) 通过 Web 页面进行测试。由于没有配置 DNS 解析，要想在其他主机上通过域名访问该服务器，需要修改主机的 hosts 文件，在本地实现域名解析。

Windows 的 hosts 文件位于 C:\Windows\System32\drivers\etc 目录下，打开文件添加以下内容并保存。

```
IP hgpu.edu.cn
```

通过浏览器访问 http://hgpu.edu.cn，由于配置 HTTP 重定向，会自动重定向到 HTTPS，如图 12-24 和图 12-25 所示。

图 12-24　私密性提醒

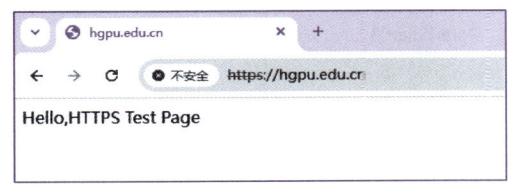

图 12-25　Web 页测试访问成功

> 图 12-25 中出现"不安全"提示，是因为自签名证书不能取得客户端浏览器的信任。

拓展任务 2：LNMP 搭建（结合 NFS 与 DNS）

LNMP 即 Linux、Nginx、MariaDB、PHP，是生产环境中常用的一种构建 Web 服务的软件搭配。其中，Linux 作为底层的网络操作系统，Nginx 作为 Web 服务软件，MariaDB 作为数据库，PHP 作为动态编程环境。本任务叠加一个 NFS 服务作为网络存储，实现存储与服务的隔离，可以很容易实现服务能力的扩展，同时保证数据的一致性，这也是云计算时代常用的一种应用架构模式。本任务将通过 openEuler 22.03 搭建 LNMP 架构，并在 LNMP 架构中使用 Wordpress 搭建一个网站，通过该网站发表文章。其中 Wordpress 的网站内容存放在 NFS 中，网站域名通过 DNS 解析。

整个框架结构如图 12-26 所示。

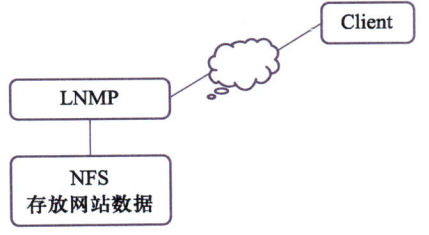

微课 12-8
LNMP 架构
说明

图 12-26　生产环境中的 Web 服务架构

本任务架构说明如下。

操作系统：openEuler 22.03。

软件包：Nginx，MySQL（MariaDB），PHP，NFS，DNS。

服务器：openEuler01（Nginx，PHP）、openEuler02（MySQL）、openEuler03（NFS Server,DNS）。

节点分配如下。
- openEuler01：192.168.1.10（Nginx + PHP）。
- openEuler02：192.168.1.20（MariaDB）。
- openEuler03：192.168.1.30（NFS + DNS）。

任务架构如图 12-27 所示。

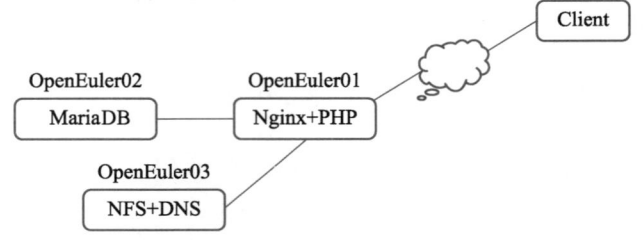

图 12-27　LNMP+DNS+NFS 架构

微课 12-9
LNMP 基础配置

步骤 1：基础配置。

1）配置主机名。命令如下：

```
openEuler01：
# hostnamectl set-hostname openEuler01.hgpu.edu.cn
openEuler02：
# hostnamectl set-hostname openEuler02.hgpu.edu.cn
openEuler03：
# hostnamectl set-hostname openEuler03.hgpu.edu.cn
```

2）配置 IP 地址。命令如下：

```
openEuler01：
[root@openEuler01 ~]# nmcli connection modify ens33 ipv4.method manual ipv4.addresses 192.168.1.10/24 ipv4.gateway 192.168.1.2 ipv4.dns 114.114.114.114 autoconnect yes
    [root@openEuler01 ~]# nmcli connection up ens33

openEuler02：
[root@openEuler02 ~]# nmcli connection modify ens33 ipv4.method manual ipv4.addresses 192.168.1.20/24 ipv4.gateway 192.168.1.2 ipv4.dns 114.114.114.114 autoconnect yes
    [root@openEuler02 ~]# nmcli connection up ens33

openEuler03：
[root@openEuler03 ~]# nmcli connection modify ens33 ipv4.method manual ipv4.addresses 192.168.1.30/24 ipv4.gateway 192.168.1.2 ipv4.dns 114.114.114.114 autoconnect yes
    [root@openEuler03 ~]# nmcli connection up ens33
```

3）禁用 SELinux（全部节点执行下面命令）。命令如下：

openEuler01
sed –i 's/SELINUX=enforcing/SELINUX=disabled/g' /etc/selinux/config

openEuler02
sed –i 's/SELINUX=enforcing/SELINUX=disabled/g' /etc/selinux/config

openEuler03
sed –i 's/SELINUX=enforcing/SELINUX=disabled/g' /etc/selinux/config

步骤 2：更新 dnf 软件源，确保使用的软件包为最新版本。由于软件源更新中包含了内核更新，所以需要重启生效。

openEuler01
dnf –y update
reboot

openEuler02
dnf –y update
reboot

openEuler03
dnf –y update
reboot

步骤 3：配置 DNS 服务器（openEuler03）。该 DNS 服务器用于 3 个主机之间的主机名解析以及 wordpress 网页的域名解析。

1）安装 DNS 服务器所需的软件包。命令如下：

[root@openEuler03 ~]# dnf –y install bind bind-utils

2）编辑配置文件/etc/named.conf。修改以下内容，其中 any 表示任何主机都允许通过该 DNS 服务器进行域名解析，zone 配置块用于指定解析文件名称。

```
options{
        listen-on port 53 { any; };
        allow-query      { any; };
};

zone "hgpu.edu.cn" IN {
        type master;
        file "hgpu.edu.cn.zone";
        allow-update {none; };
};
```

3）创建区域配置文件/var/named/hgpu.edu.cn.zone。

[root@openEuler03 ~]# vi /var/named/hgpu.edu.cn.zone
$TTL 1D
@   IN SOA ns.hgpu.edu.cn. admin.hgpu.edu.cn. (

```
                            2023082201 ; serial
                            1D         ; refresh
                            1H         ; retry
                            1W         ; expire
                            3H )       ; minimum

            IN NS    ns.hgpu.edu.cn.
ns          IN A     192.168.1.30


openEuler01 IN A 192.168.1.10
openEuler02 IN A 192.168.1.20
openEuler03 IN A 192.168.1.30
www         IN CNAME openEuler01.hgpu.edu.cn.
```

4）启动服务，并配置防火墙放行 DNS 服务。命令如下：

```
[root@openEuler03 ~]# systemctl enable --now named.service
[root@openEuler03 ~]# firewall-cmd --permanent --add-service=dns
success
[root@openEuler03 ~]# firewall-cmd --reload
success
```

5）所有节点配置 DNS 客户端参数。命令如下：

```
[root@openEuler01 ~]# echo "nameserver 192.168.1.30" > /etc/resolv.conf
[root@openEuler02 ~]# echo "nameserver 192.168.1.30" > /etc/resolv.conf
[root@openEuler03 ~]# echo "nameserver 192.168.1.30" > /etc/resolv.conf
```

6）DNS 验证。能够通过主机名解析到各个节点的 IP 地址，则表明 DNS 配置正确。

```
[root@openEuler01 ~]# nslookup openEuler01
Server:         192.168.1.30
Address:        192.168.1.30#53

Name:   openEuler01.hgpu.edu.cn
Address: 192.168.1.10

[root@openEuler01 ~]# nslookup openEuler02
Server:         192.168.1.30
Address:        192.168.1.30#53

Name:   openEuler02.hgpu.edu.cn
Address: 192.168.1.20

[root@openEuler01 ~]# nslookup openEuler03
Server:         192.168.1.30
Address:        192.168.1.30#53

Name:   openEuler03.hgpu.edu.cn
Address: 192.168.1.30
```

步骤 4：配置 NFS 服务（openEuler03）。NFS 可以用于文件共享，即其他节点可以通过 NFS 协议挂载该服务器的共享目录。通过该功能，可以将 wordpress 所需的文件保证在 NFS 的共享目录中。

1）安装 NFS 服务所需的软件包。命令如下：

[root@openEuler03 ~]# dnf -y install nfs-utils

2）创建共享目录。命令如下：

[root@openEuler03 ~]# mkdir -p /share/wordpress
[root@openEuler03 ~]# chmod 777 /share/wordpress/

3）编写配置文件/etc/exports。命令如下：

[root@openEuler03 ~]# vi /etc/exports
/share/wordpress 192.168.1.10(rw,sync)

4）启动服务并配置防火墙。命令如下：

[root@openEuler03 ~]# systemctl enable --now nfs
[root@openEuler03 ~]# firewall-cmd --permanent --add-service={nfs,mountd,rpc-bind}
success
[root@openEuler03 ~]# firewall-cmd --reload
success

5）验证 NFS 服务可用行性。能够通过 NFS 协议将共享目录进行挂载，则表示 NFS 配置正确。

[root@openEuler01 ~]# dnf -y install nfs-utils
[root@openEuler01 ~]# showmount -e openEuler03
Export list for openEuler03:
/share/wordpress 192.168.1.10
[root@openEuler01 ~]# mount -t nfs openEuler03:/share/wordpress /mnt
[root@openEuler01 ~]# df -h /mnt/
Filesystem   Size Used Avail Use% Mounted on
openEuler03:/share/wordpress 188G 1.9G 176G   2% /mnt

步骤 5：配置数据库（openEuler02）。数据库用于存放 wordpress 的核心数据，如文章和页面、用户信息、网站设置等内容。MariaDB 是 MySQL 的一个分支。由于担心 Oracle 在收购 MySQL 后对其开源性质和未来发展产生影响，MySQL 的原始开发者及其团队决定创建 MariaDB，因此 MariaDB 与 MySQL 高度兼容。

1）安装数据库所需软件。命令如下：

[root@openEuler02 ~]# dnf -y install mariadb-server

2）数据库初始化。命令如下：

[root@openEuler02 ~]# systemctl enable --now mariadb
[root@openEuler02 ~]# mysql_secure_installation
Enter current password for root (enter for none):   #直接回车
Switch to unix_socket authentication [Y/n] n   #输入 n，不切换认证方式
Change the root password? [Y/n] Y   #输入 Y，修改密码

```
New password: openEuler@123
Re-enter new password: openEuler@123              #输入密码时不会显示
Remove anonymous users? [Y/n] Y                   #输入 Y,移除匿名用户
Disallow root login remotely? [Y/n] Y             #输入 Y,禁止 root 用户远程登录
Remove test database and access to it? [Y/n] Y
Reload privilege tables now? [Y/n] Y              #输入 Y,刷新权限表
```

3)通过客户端以 root 身份登录到数据库服务器。命令如下:

```
[root@openEuler02 ~]# mysql -u root
Welcome to the MariaDB monitor.  Commands end with ; or \g.
Your MariaDB connection id is 22
Server version: 10.5.25-MariaDB MariaDB Server

Copyright (c) 2000, 2018, Oracle, MariaDB Corporation Ab and others.

Type 'help;' or '\h' for help. Type '\c' to clear the current input statement.
```

4)创建名称为 wordpress 的数据库。命令如下:

```
MariaDB [(none)]> create database wordpress;
Query OK, 1 row affected (0.000 sec)
```

5)创建用户 wordpress,密码为 openEuler@123。命令如下:

```
MariaDB [(none)]> create user 'wordpress' identified by 'openEuler@123';
Query OK, 0 rows affected (0.001 sec)
```

6)允许 wordpress 用户访问 wordpress 数据库中的所有数据表。命令如下:

```
MariaDB [(none)]> grant all privileges on wordpress.* to 'wordpress';
Query OK, 0 rows affected (0.001 sec)
```

7)刷新权限表,让权限配置生效。命令如下:

```
MariaDB [(none)]> flush privileges;
Query OK, 0 rows affected (0.001 sec)

MariaDB [(none)]> exit
Bye
```

8)配置防火墙。该数据库服务只用于存放 wordpress 的数据,所以仅允许 openEuler01 节点访问该数据库。MySQL 数据库访问端口为 3306,是基于 TCP 进行访问,所以防火墙需要添加以下明细规则。

```
[root@openEuler02 ~]# firewall-cmd --permanent --add-rich-rule='rule family="ipv4" source address="192.168.1.10" port port="3306" protocol="tcp" accept'
success
[root@openEuler02 ~]# firewall-cmd --reload
success
```

9)验证数据库可用性。在 openEuler01 节点使用 wordpress 用户登录数据库,能够正常登录以及能够查看到 wordpress 数据库,表示数据库配置正确。

```
[root@openEuler01 ~]# dnf -y install mysql
[root@openEuler01 ~]# mysql -u wordpress -p -h openEuler02
Enter password:
Welcome to the MySQL monitor.    Commands end with ; or \g.
Your MySQL connection id is 29
Server version: 5.5.5-10.5.25-MariaDB MariaDB Server

Copyright (c) 2000, 2025, Oracle and/or its affiliates.

Oracle is a registered trademark of Oracle Corporation and/or its
affiliates. Other names may be trademarks of their respective
owners.

Type 'help;' or '\h' for help. Type '\c' to clear the current input statement.

mysql> show databases;
+--------------------+
| Database           |
+--------------------+
| information_schema |
| wordpress          |
+--------------------+
2 rows in set (0.01 sec)
```

步骤 6：Web 服务配置(openEuler01)。部署 wordpress 的网页需要安装 Nginx 以及 PHP 组件，用于连接 Nginx 和数据库，其功能如下。

- Nginx：处理静态文件并将 PHP 请求转发给 PHP-FPM。
- php：执行 WordPress 的 PHP 代码。
- php-fpm：管理 PHP 进程并处理动态请求。
- php-mysqlnd：使 PHP 能够与 MySQL/MariaDB 数据库交互。

微课 12-11 LNMP 架构实现（2）

1）安装 Web 服务所需的软件包。命令如下：

```
[root@openEuler01 ~]# dnf -y install nginx php php-fpm php-mysqlnd -y
```

2）配置 PHP-FPM，修改下面两行内容：

```
[root@openEuler01 ~]# vi /etc/php-fpm.d/www.conf
user = nginx
group = nginx
```

3）配置 Nginx 虚拟主机。命令如下：

```
[root@openEuler01 ~]# vi /etc/nginx/conf.d/wordpress.conf
server {
    listen 80;
    server_name www.hgpu.edu.cn hgpu.edu.cn;
    root /var/www/html;
    index index.php;
```

```
        location / {
            try_files $uri $uri/ /index.php?$args;
        }

        location ~ \.php$ {
            fastcgi_pass unix:/run/php-fpm/www.sock;
            fastcgi_index index.php;
            include fastcgi.conf;
        }
    }
```

4）挂载 NFS 存储，配置开机自动挂载。命令如下：

```
[root@openEuler01 ~]# mount -t nfs openEuler03:/share/wordpress /var/www/html/
[root@openEuler01 ~]# echo "openEuler03:/share/wordpress /var/www/html/ nfs defaults 0 0" >> /etc/fstab
```

5）配置防火墙，启动服务。命令如下：

```
[root@openEuler01 ~]# firewall-cmd --permanent --add-service=http
success
[root@openEuler01 ~]# firewall-cmd --reload
success
[root@openEuler01 ~]# systemctl enable --now php-fpm.service nginx.service
```

步骤 7：安装与配置 WordPress。

1）下载并解压 WordPress。命令如下：

```
[root@openEuler01 ~]# cd /var/www/html
#通过 curl 下载最新的 WordPress 安装包
[root@openEuler01 html]# curl -O https://cn.wordpress.org/wordpress-6.8-zh_CN.tar.gz
[root@openEuler01 html]# tar -xzvf wordpress-6.8-zh_CN.tar.gz
[root@openEuler01 html]# mv wordpress/* .
[root@openEuler01 html]# rm -rf wordpress-6.8-zh_CN.tar.gz
```

2）配置数据库连接，指定在数据库配置中创建的数据库名称、用户名、密码和数据库所在的主机。

```
[root@openEuler01 html]# cp wp-config-sample.php wp-config.php
[root@openEuler01 html]# vi wp-config.php
define( 'DB_NAME', 'wordpress' );
define( 'DB_USER', 'wordpress' );
define( 'DB_PASSWORD', 'openEuler@123' );
define( 'DB_HOST', 'openEuler02' );
```

3）配置文件权限。命令如下：

```
[root@openEuler03 html]# find /var/www/html -type f -exec chmod 755 {} \;
[root@openEuler03 html]# find /var/www/html -type f -exec chown nginx:nginx {} \;
```

需要在 NFS 服务器中创建与 openEuler01 同账户 ID 和组 ID 的 Nginx 账号。

步骤 8：验证。

1）配置宿主机 DNS 为 192.168.1.30，如图 12-28 所示。

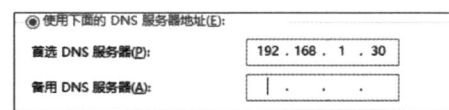

微课 12-12
LNMP 架构
实现（3）

图 12-28　配置宿主机 DNS

2）通过浏览器访问 www.hgpu.edu.cn/WP-admin/install.php 页面，配置登录使用的用户名和密码，如图 12-29 所示，然后单击 Install WordPress 按钮开始安装。

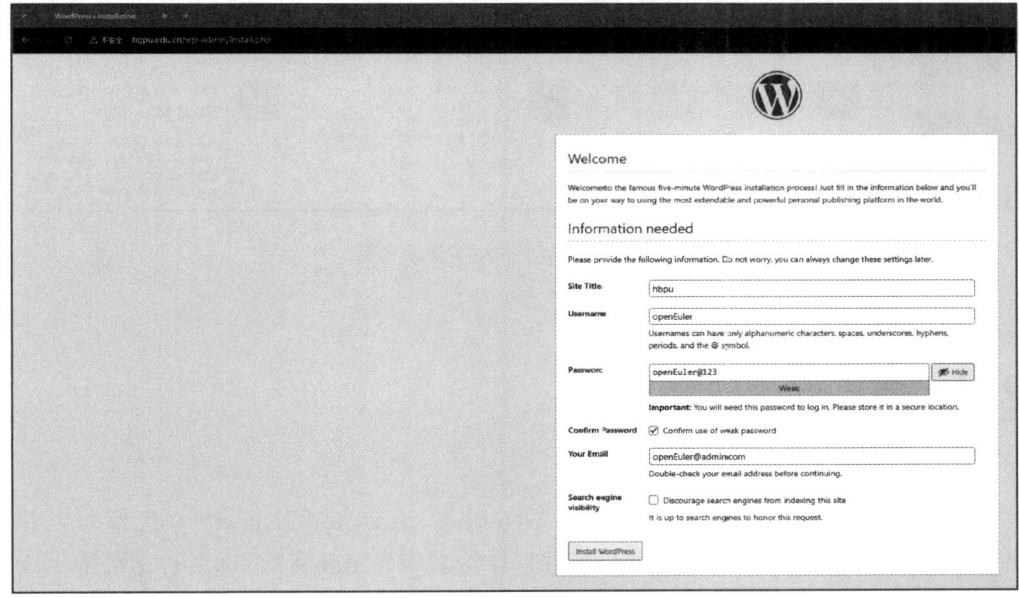

图 12-29　配置登录用户名

3）安装完成后，单击 Log In 按钮打开登录页面，如图 12-30 所示。

图 12-30　利用配置的用户名和密码登录

4）输入步骤 2 中配置的用户名及密码，即可登录到 WordPress 管理页面并快速实现站点建设，如图 12-31 所示。

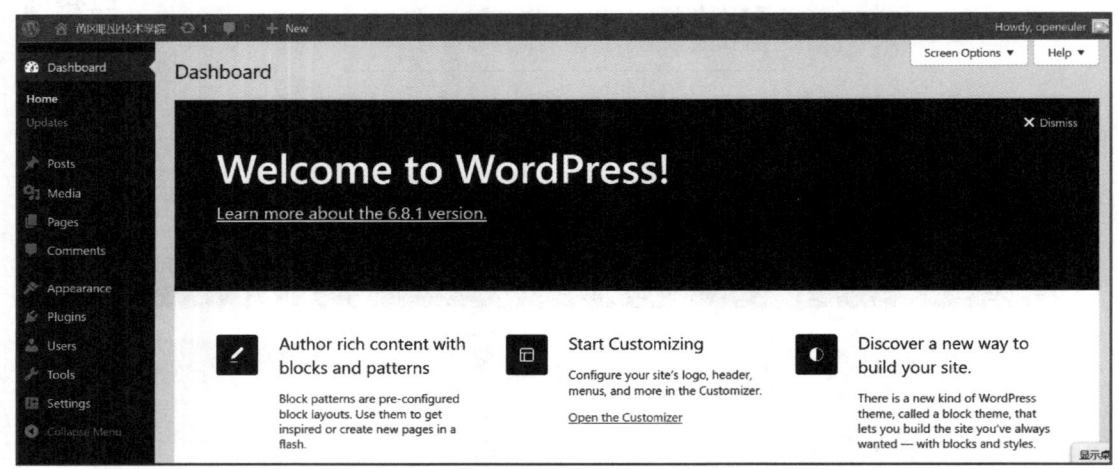

图 12-31　WordPress 管理页面

12.4　项目小结

本项目主要介绍了 DNS 服务的应用、Web 服务（Apache 与 Nginx）的配置与应用。通过配置主辅 DNS、实现 HTTPS 等任务实践，学习者应当熟练掌握 DNS 区域配置、Web 服务器搭建、虚拟主机设置的相关知识与技能，并进一步拓展负载均衡、证书配置等能力。

12.5　思考与练习

文本：参考答案

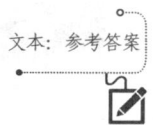

一、简答题

1．简述 Web 服务的三要素及其含义。
2．简述有哪些 Web 服务软件，及其各自的特点。
3．简述正向代理和反向代理及其各自适用场合。
4．什么叫负载均衡技术，为什么要用到这种技术，它们可以解决网络应用中哪些问题？
5．什么叫网络存储，利用网络存储可以带来哪些好处？

二、HCIA 相关考题

1．【单选题】使用 Nginx 作为负载均衡器，将流量转发至后端 Nginx 服务集群 Web01（10.0.0.7）和 Web02（10.0.0.8）。在实际转发分配中，要求在保证所有服务都可以接收到请求的情况下，让 Web01 接受更多请求。下列配置可以实现上述要求的是（　　）。

A.
```
upstream loadpass {
    server 10.0.0.7:80;
     server 10.0.0.8:80;
}
```

B.
```
upstream loadpass {
    server 10.0.0.7:80 weight=5;
    server 10.0.0.8:80;
}
```

C.
```
upstream loadpass {
     ip_hash;
     server 10.0.0.7:80 weight=5;
     server 10.0.0.8:80 down;
}
```

D.
```
upstream loadpass {
    server 10.0.0.7:80;
    server 10.0.0.8:80 backup;
}
```

2. 【单选题】下列符合 HTTP 的工作机制的是（　　）。
   A. 客户向 Apache 服务器发起请求，Apache 服务器通过路径重定向找到对应的资源，将其反馈给用户，同时保存一份到数据库中，进行事务记录
   B. 客户向 Web 服务器发起请求，Web 服务器收到请求后，可从其他 Web 服务器上读取和调用所需的资源，然后进行整合，并将其反馈给客户
   C. 客户向 Apache 服务器发起请求，Apache 服务器检查 firewalld 的策略，将符合放行规则的资源反馈给用户
   D. 客户向 Web 服务器发起请求，为 Web 服务器进行负载均衡的 lvs 会首先对该请求进行响应，并检查客户端所请求的资源是否在本地缓存，如果有，直接反馈给客户；如果没有再向后端的 Web 服务器进行获取，最后反馈给客户

3. 【单选题】某工程师使用 Nginx 的虚拟主机功能，对于同一台服务器上的不同资源，使用不同的端口号来区分。配置完成后，发现不同端口访问的是同一个资源，那么可能存在的配置错误是（　　）。
   A. 关于虚拟主机的子配置文件 vhost.conf 中 server 模块的 root 配置相同，且未配置 index
   B. 主配置文件 conf.d 中未包含虚拟主机相关的配置
   C. 关于虚拟主机的子配置文件 vhost.conf 中 server 模块的 index 配置相同
   D. 主配置文件 conf.d 中也添加了相同的配置

4.【单选题】使用 Apache 搭建网站服务集群，两台服务器的 IP 地址分别为 10.0.0.1 和 10.0.0.2，前端使用 Nginx 作为负载均衡代理，其 IP 地址为 192.168.1.1，使用 DNS 服务进行地址解析，用户访问 www.test.com 时即可访问该站点。在 DNS 配置中配置（　　）解析可以实现用户需求。

  A．www AAA 192.168.1.1　　　　B．www PTR 192.168.1.1
  C．www A 192.168.1.1　　　　　D．www MX 192.168.1.1

5.【单选题】某工程师下载了 Nginx 的源码包，在安装完编译依赖环境之后，需要使用（　　）工具执行编译构建。

  A．Ninja　　　B．make　　　C．GNU　　　D．newlib

6.【单选题】某工程师配置 Nginx 为后端服务器作负载均衡，根据以下配置分析，服务器响应访问次数最多的服务器是（　　）。

```
upstream xxx{
    server 192.168.1.11 down;
    server 192.168.1.12 weight=2;
    server 192.168.1.13;
    server 192.168.1.14 backup;
}
```

  A．192.168.1.11　　　　　　B．192.168.1.12
  C．192.168.1.13　　　　　　D．192.168.1.14

7.【单选题】下列命令可以用于判断 Nginx 是否启用了负载均衡配置的是（　　）。

  A．grep location /etc/nginx
  B．grep upstream /etc/nginx/nginx.conf /etc/nginx/conf.d/
  C．grep proxy_pass /etc/nginx/*
  D．grep server /etc/nginx/nginx.conf /etc/nginx/conf.d/

8.【单选题】某企业使用 Nginx 进行负载均衡，工程师在日常运维过程中发现 Nginx 从来没有向某个后端服务器转发过请求。导致该问题的最可能原因是（　　）。

  A．该后端服务器被配置为 weight=0
  B．该后端服务器 maxconns 配置为 1
  C．该后端服务器被配置为 down
  D．该后端服务器没有配置 weight

9.【单选题】企业的管理员使用 Nginx 为 3 台 Apache 服务器提供反向代理，被代理的 URL 分别为 www.test80.com:80、www.test81.com:81 和 www.test82.com:82。配置完成后，用户通过 www.test.com:80 可以访问对应的业务。如果 Nginx 服务所使用的网卡绑定在 public zone，根据最小化的安全策略，管理员应在 Nginx 上的 public zone 中放行（　　）号端口。

  A．82　　　B．80、81、82、53　　　C．80　　　D．81

10.【多选题】某工程师使用 Nginx 为 3 台 Apache 服务器提供负载均衡功能。配置完成后，工程师进行测试时发现每次访问都是同一台 Apache 服务器响应。造成这种现象的可能原因是（　　）。

  A．Nginx 配置了 IP Hash 算法

B. 剩余两台服务器被添加了 backup 配置
C. Nginx 配置了虚拟主机
D. 剩余两台 Apache 服务器出现故障

11.【多选题】下列关于 Apache 和 Nginx 区别的说法中，正确的是（　　）。
   A. Nginx 相对于 Apache 更轻量级且抗并发能力强
   B. Apache 默认使用同步多进程模型，即一个连接对应一个进程；Nginx 则是异步的，可以多个连接对应一个进程
   C. Nginx 相对于 Apache 配置更简洁，且静态文件处理性能更高
   D. Nginx 相对于 Apache 性能更加稳定

12.【多选题】某工程在 Nginx 的配置文件中添加了以下配置。关于该配置的描述正确的是（　　）。

```
upstream image{
        server 10.0.0.41:82;
        server 10.0.0.42:82;
}
```

   A. image 是固定参数，不可随意更改
   B. Nginx 为两台 server 提供了负载均衡功能，使用的是默认的轮询加权算法
   C. 配合 sever 模块，可实现对两台业务的四层或工层代理
   D. 客户端访问两台 server 时，目的端口号必须是 82

13.【多选题】Nginx 作为 Web 服务器的反向代理时，会涉及的工作步骤有（　　）。
   A. 后端服务器直接将资源发送给客户端，后端服务器将资源返回给 Nginx，然后再由 Nginx 发送给客户端
   B. Nginx 核对发送来的请求是否合法
   C. Nginx 在收到客户端发送的请求后，将请求转发到后端服务器
   D. 客户端向 Nginx 发送请求

14.【多选题】Apache 和 Nginx 都支持虚拟机功能，下列（　　）是两者同时支持的区分不同主机的方式。
   A. 域名　　B. MAC 地址　　C. IP 地址　　D. 端口号

15.【判断题】修改 Apache 服务器的监控端口，可使用 awk 命令对配置的 listen 字段进行修改。（　　）

16.【判断题】NFS 服务器提供共享存储时，如果需要向所有用户开放共享目录/share/data 的读写权限，需要在配置文件/etc/exports 中添加/share/data *(ro,sync)。（　　）

17.【判断题】Nginx 和 Apache 一样，均采用模块化的设计，支持丰富的第三方模块，并且支持利用 Linux 多线程原理实现客户端请求的并发处理。（　　）

18.【判断题】在一台 Apache 服务器上运行了多台虚拟主机，每个虚拟主机可以对应多个 Web 服务，用户可以使用不同的端口号来访问到不同的资源。（　　）

19.【判断题】在 LNMP 架构中，firewalld 需要在每个节点中都开启并配置。在 Nginx 服务器中，需要放通其对应的业务端口，同时需要放通访问数据库的端口。在数据库服务器中，需要放通对应的业务端口即可。（　　）

20.【判断题】某企业使用 LNMP 架构搭建了一套 Web 服务集群,客户端发起请求时的目的端口为 80,服务器端可以使用非 80 端口给反向代理提供资源。(   )

21.【判断题】在 Nginx 作为反向代理时,客户端向代理请求资源时使用的端口,可以和服务器提供服务端口不一致。(   )

22.【判断题】某企业计划搭建 Web 服务集群,为了实现 Web 服务的高可用,可以通过 Nginx 提供的 7 层负载均衡功能来实现。(   )

参 考 文 献

[1] 华为技术有限公司. openEuler 官方文档[EB/OL]. https://openeuler.org，2024.

[2] STALLINGS W. 操作系统：精髓与设计原理[M]. 9 版. 北京：机械工业出版社，2020.

[3] 教育部产学合作协同育人项目组. 基于 openEuler 的教育新型基础设施建设项目案例集[R]. 北京，2023.

[4] 王伟，李华. openEuler 系统开发与运维实战[M]. 北京：人民邮电出版社，2023.

[5] openEuler 社区. openEuler 操作系统项目实战指南[EB/OL]. https://forum.openeuler.org，2024.

[6] 国际操作系统峰会组委会. 开源操作系统技术与教育融合创新[C]. 杭州：浙江大学出版社，2023.

[7] 华为技术有限公司. openEuler 操作系统教程[EB/OL]. https://e.huawei.com/cn/talent/outPage/#/sxz-course/home?courseId=4sp8TQzcG1ugTMZKTQFo8nyYgmk，2024.

[8] 艾媒咨询. 2023 年中国信创产业发展白皮书[R]. 广州：中国信创产业大会，2023.

郑重声明

高等教育出版社依法对本书享有专有出版权。任何未经许可的复制、销售行为均违反《中华人民共和国著作权法》，其行为人将承担相应的民事责任和行政责任；构成犯罪的，将被依法追究刑事责任。为了维护市场秩序，保护读者的合法权益，避免读者误用盗版书造成不良后果，我社将配合行政执法部门和司法机关对违法犯罪的单位和个人进行严厉打击。社会各界人士如发现上述侵权行为，希望及时举报，我社将奖励举报有功人员。

反盗版举报电话　（010）58581999　58582371
反盗版举报邮箱　dd@hep.com.cn
通信地址　北京市西城区德外大街 4 号
　　　　　高等教育出版社知识产权与法律事务部
邮政编码　100120

读者意见反馈

为收集对教材的意见建议，进一步完善教材编写并做好服务工作，读者可将对本教材的意见建议通过如下渠道反馈至我社。

咨询电话　400-810-0598
反馈邮箱　gjdzfwb@pub.hep.cn
通信地址　北京市朝阳区惠新东街 4 号富盛大厦 1 座
　　　　　高等教育出版社总编辑办公室
邮政编码　100029

资源服务提示

授课教师如需获得本书配套的 PPT 课件、电子教案、习题解答等教学资源，请登录"高等教育出版社产品信息检索系统"（xuanshu.hep.com.cn）搜索下载，首次使用本系统的用户，请先进行注册并完成教师资格认证。